UG853008

酒水知识与酒吧管理

主　编　胡湘兰

副主编　徐运保　张雪婷

湘潭大学出版社

XIANGTAN UNIVERSITY PRESS

前　言

“酒水知识与酒吧管理”是我国高等院校旅游管理、酒店管理等专业的必修课程，本书以高等院校培养高素质复合型人才的要求为标准，理论结合实践，介绍中外酒水和饮料的基础知识与酒水调制操作，以及酒吧管理的相关内容。

本书共分八章，第一章主要介绍酒的基础知识。第二章和第三章分别介绍了酿造酒和蒸馏酒的基础知识，包括啤酒、黄酒、清酒、葡萄酒、中国白酒和国外蒸馏酒等的历史与发展、分类与特点。第四章介绍鸡尾酒，包括鸡尾酒基础知识、鸡尾酒的创新与设计。第五章介绍茶、咖啡与其他饮品。第六章介绍中国酒文化，特别是对中国酒文化内涵的分析与探讨是本章的特色与亮点，对中国酒文化在现代社交礼仪中的运用进行了详细阐述。第七章和第八章则对国外酒文化与酒吧管理做了详细的介绍，包括酒吧文化内涵、酒吧管理流程等。本书既可以作为旅游管理、酒店管理等专业的教材，也可以作为旅游、酒店酒吧餐厅、休闲服务等行业的培训教材，同时对酒水爱好者也有很好的参考价值。

本书为湖南省一流本科课程“酒吧服务与管理”配套教材，主编胡湘兰为课程主持人，有近二十年的一线教学经验，从事酒水知识与酒水文化研究已有十余年。本书配套建设有线上视频学习课程，可点击链接加入课程网站进行学习与教学。徐运保、张雪婷任本书副主编，在编写过程中，刘荆州、李佳鹏、琚凌利、黎广杰、龙瑾偲等同学参与了资料收集与修改校对等工作，在此，对他们的付出和参与表示感谢！

课程视频教学网址：

https：//mooc1－1. chaoxing. com/course/207546353. html

目　录

第一章　酒的基础知识

第一节　酒的起源

一、酒的概念

酒水，是一切含酒精饮料与不含酒精饮料的统称。酒是指含酒精的饮料，水是指不含酒精的饮料。

二、中国酒的起源与发展

中国是卓立世界的文明古国，是酒的故乡。中华民族五千年历史长河中，酒和酒文化一直占据着重要地位。酒是一种特殊的食品，属于物质的，但又同时融于人们的精神生活中。酒文化作为一种特殊的文化形式，在传统的中国文化中有其独特的地位。在几千年的文化史中，酒几乎渗透到社会生活中的各个领域。中国是世界上最早酿酒的国家之一，也是世界三大酒系的发源地之一。中国的饮酒已经摆脱了单纯的食用价值，凝结了人类物质生产与精神创作的成果，从而上升为一种饮食文化。中国酒文化以其悠久的历史、博大精深的蕴涵，在世界酒文化之林中独领风骚，中国酒文化蕴涵丰富、自成体系，具有很大的精神文化价值。

（一）中国酒的起源

中国酒文化起源于酒的酿造，千百年来，它与人类的日常生活密切相关。在五千年文明的中华大地上，酒的酿造源远流长。但何时发明了酒，又是如何发明了酒，酒的起源究竟如何却有很多争议，在民间有着多种关于酒的传说，其中流传最为广泛的有以下四种：其一是猿猴酿酒传说，相传猿猴采食野果后把吃剩的野果放在石洼中，由于野果自然发酵，产生酒味。猿猴尝后，觉得味道极美，飘飘欲仙，聪明的猿猴便集体采摘，储藏时果，酝酿成酒。在中国的历史文献中，对“猿酒”也有不少的记载。《清稗类钞·粤西偶记》中记载：“粤西平乐等府，山中多猿，善采百花酿酒。”《紫桃轩杂缀·篷栊夜话》中也曾记载：“黄山多猿猱，春夏采杂花果于石洼中，酝酿成酒，香气溢发，闻数百步。”其二是仪狄酿酒说，传说仪狄是夏禹的一个臣子，有人说她是大禹的女儿，也有人说她是黄帝的女儿，无从考证，但认为她是一位酿酒师，能酿出质地醇美的酒醪这倒是一致的。先秦史官撰写的《世本》和西汉的《战国策·魏策二》中均有明确、详细的记载，“仪狄始作酒醪，变五味”，认为仪狄是酒的始作人。汉代刘向编辑的《战国策》则进一步说明："昔者，帝女令仪狄作酒而美，进之禹，禹饮而甘之，遂疏仪狄，绝旨酒，曰：'后世必有以酒亡其国者。'"今天我国很多地方仍然将仪狄奉为酒神。其三是黄帝酿酒传说，据传上古时期，黄帝发明了"酒泉之法"，黄帝命岐伯备齐五种谷物，加以蒸煮并放在陶器中储存，几天后，黄帝派人将陶器抬出来，用小樽倒了一杯陶器中的液体来喝，喝了一口，入口甘洌清甜，神清气爽，并说道："此物，甘美可口，玉液琼浆，天工造物，神妙之水，即可当药用之，亦可当醪醴饮之。"其四是杜康酿酒说，"杜康作酒"在民间广为流传，特别是三国时期曹操的《短歌行》中的"慨当以慷，忧思难忘。何以解忧？唯有杜康"。在这里，杜康已成为美酒的代名词了，人们都因此把他当作酿酒祖师爷，今天日本清酒行业将酿酒技师尊为"杜氏"也从侧面证实杜康酿酒传说的真实性。

其实无论哪种传说，其本质都是人类的祖先从大自然中受到了启发，开创了酿酒的先河，经过长期的探索、实践和总结，掌握和完善了酿酒技术，并创造了辉煌、生生不息的世界酒文化。

（二）中国酒的发展阶段

在几千年漫长的历史过程中，中国传统酒呈阶段性发展：

1. 第一阶段：公元前4000年一公元前2000年，即由新石器时代的仰韶文化早期到夏朝初年，这个阶段，经历了漫长的2000年，是我国传统酒的启蒙期。用发酵的谷物来泡制水酒是当时酿酒的主要形式。这个时期是原始社会的晚期，先民们无不把酒看作是一种含有极大魔力的饮料。

2. 第二阶段：从公元前2000年的夏王朝到秦王朝，历时约1800年，这一阶段为我国传统酒的成长期。在这个时期，由于有了火，出现了五谷六畜，加之酒曲的发明，我国成为世界上最早用曲酿酒的国家，殷商时期，用人工酒曲酿酒技术已经成熟，酒的产量和质量得到很大的提高，加上农产品的剩余，为酒的发展奠定了基础；酒曲，是我国特有的促进酿酒原料发酵的糖化发酵剂，曲的出现是古代发酵技术最大的发明，并给现代工业发酵带来了深远的影响。醴、酒等品种的产出，仪狄、杜康等酿酒大师的涌现，为中国传统酒的发展奠定了坚实的基础。就在这个时期，酿酒业得到很大发展，并且受到重视，官府设置了专门酿酒的机构，酒由官府控制。酒成为帝王及诸侯的享乐品，饮用范围主要局限于社会的上层，但即使是上层，对酒也往往存有戒心。因为夏代的夏桀、商代的纣王均是嗜酒好色、以酒误国的帝王。周武王灭商后，对殷商嗜酒误国记忆犹新，故周朝一建立，即下令禁饮酒。上至贵族下至平民，均不得"群饮""纵饮"，当时酒主要用于祭祀，并且随着酿酒技术的发展，饮酒在周代非但是"禁而不绝"，相反，却日益扩大，并开始出现了原始的"卖酒"行业。我国在殷商时期，饮酒已达到第一个高峰期，从商代贵族墓中的随葬酒器都紧贴棺木，而其他随葬品放于椁外，即可见一斑。

3. 第三阶段：秦王朝到公元1000年的北宋，历时约1200年，是我国传统酒的成熟期。在这一阶段中，《齐民要术》等科技著作问世；李白、杜甫、白居易、杜牧等酒文化名人辈出。各方面的因素促使中国传统酒的发展进入了灿烂的黄金时代。

酒之大兴，始自东汉末年至魏晋南北朝时期。这主要是由于当时长达两个多世纪的战乱纷争，统治阶级内部产生了不少失意者，文人墨客崇尚空谈，不问政事，借酒浇愁，狂饮无度，使酒业大兴。到了魏晋，酒业更大兴起来了，饮酒不但盛行于上层，而且普及到民间的普通人家。社会上沽酒饮酒之风盛行，嗜酒之徒日众。这一阶段的汉唐盛世及欧、亚、非陆上贸易的兴起，使中西酒文化得以互相渗透，为中国白酒的发明及发展进一步奠定了基础。

唐宋以前酒的度数很低，唐以后开始出现了“烧酒”即“白酒”。新丰酒、兰陵美酒等名优酒开始涌现；黄酒、果酒、药酒及葡萄酒等酒品也有了发展；果酒原是人类最早发明的酒类，是果实在自然中成熟破裂并与酵母菌接触经自然发酵酿成的一种酒，在西汉张骞出使西域，将栽培葡萄的种子和技术传入中原，使我国葡萄酒的人工酿造成为可能。汉武帝时就已用葡萄酒“赏赐群臣”。千百年来，我国果酒品种繁多、风味各异。汉时禁民间酿酒，只准官酿官卖，对酒实行专卖。唐宋时期，朝廷进一步禁私酿、倡导官酿，到宋时更是制订了法律，对私酿私卖者严惩。但酒禁只能禁百姓，官家私酿成风，故美酒迭出，名品林立。至元明清酒禁更荒弛，而私酿之风更盛。

4. 第四阶段：公元 1000 年的北宋到公元 1840 年的晚清时期，历时 840 年，是我国传统酒的提高期。也有说由于西域的蒸馏器传入我国，从而导致了举世闻名的中国白酒的发明。时已迅速普及了酒精浓度较高的蒸馏白酒。从此，这 800 多年来，白、黄、果、葡、药五类酒竞相发展，绚丽多彩，而中国白酒则深入生活，成为人们普遍接受的饮料佳品。元代，朝廷对果酒的酿造十分重视和提倡，虽下过禁酒令，但独对葡萄酒酿造“网开一面”，因此葡萄酒十分流行，但明清时代逐渐衰弱，特别是鸦片战争后洋酒入侵，葡萄酒产业几近绝迹。

5. 第五阶段：公元 1840 年到现在，历时 180 多年，是我国传统酒的变革期。在此期间，西方先进的酿酒技术与我国传统的酿造技艺争放异彩，使我国酒苑百花争艳，春色满园。啤酒、白兰地、威士忌、伏特加及日本清酒等外国酒在我国立足生根；竹叶青、五加皮、玉冰烧等新酒种产量迅速增长；传统的黄酒、白酒也琳琅满目，各显特色。特别是在这一时期的后期，即新中国建立以后，中国酿酒事业进入了空前繁荣的时代。酒早先作为士大夫的特权，但随着历史的发展和变迁，酒逐渐普及、渗透到民间每一个角落，各种民间饮酒习俗也日益得到发展，酒成为各种节庆、祭祀、红白事、亲朋相聚、吟诗唱酬的重要习俗，因此也产生各种饮酒的礼俗和规矩。

第二节　酒的分类及其特点

一、按照酒种分类

酒的种类包括白酒、啤酒、葡萄酒、黄酒、米酒、药酒等。

（一）白酒（蒸馏酒）

白酒是中国特有的一种蒸馏酒，以曲类、酒母为糖化发酵剂，以淀粉（糖质）为原料，经蒸煮、糖化、发酵、蒸馏、陈酿和勾兑酿制而成，又称烧酒、老白干、烧刀子等。酒质无色（或微黄）透明，气味芳香纯正，入口绵甜爽净，酒精含量较高，经储存老熟后，具有复合香味。

（二）啤酒

啤酒是人类最古老的酒精饮料之一，是继水和茶之后世界上消耗量排名第三的饮料。啤酒于20世纪初传入中国，属外来酒种。啤酒是以大麦芽、酒花、水为主要原料，经酵母发酵作用酿制而成的饱含二氧化碳的低酒精度酒。国际上的啤酒大部分均添加辅助原料。

（三）葡萄酒

葡萄酒是用新鲜的葡萄或葡萄汁经发酵酿成的酒精饮料，其酒精度高于啤酒而低于白酒。葡萄酒营养丰富，保健作用明显，能调整新陈代谢，促进血液循环，防止胆固醇增加。

（四）黄酒

黄酒是中国特有的酒，属于酿造酒，在世界三大酿造酒（黄酒、葡萄酒和啤酒）中占有重要的地位。黄酒是一种以稻米为原料酿制成的粮食酒，其酿酒技术独树一帜，是东方酿造界的典型代表。其中以浙江绍兴黄酒为代表的麦曲稻米酒是历史最悠久、最有代表性的黄酒。山东即墨老酒是北方粟米黄酒的代表，福建龙岩沉缸酒、福建老酒则是红曲稻米黄酒的典型代表。不同于白酒，黄酒没有经过蒸馏，所以其酒精含量低于20%。不同种类的黄酒呈现出米色、黄褐色或红棕色等不同颜色。

（五）米酒

米酒，又叫酒酿、甜酒，古人称之为醴，用糯米酿制，是中国汉族和大多数少数民族传统的特产酒。在南方，米酒是一种常见的传统风味小吃，其主要原料是江米，所以也叫江米酒。在北方，酒酿一般被称为米酒或甜酒。其酿制工艺简单，口味香甜醇美，含酒精量极低，因此深受人们的喜爱。我国用优质糯米来酿米酒已经有上千年的悠久历史。现如今，大多数米酒采用工业化方式来生产。

（六）药酒

药酒，是将强身健体的中药与酒“溶”于一体的酒，配制方便、药性稳定、安全有效。因为酒精是一种良好的有机溶剂，中药的各种有效成分都易落于其中，药借酒力、酒助药势，两者相辅相成，提高疗效。

二、按照酿造方法分类

（一）酿造酒

酿造酒又称发酵酒、原汁酒，是利用酵母让淀粉或糖质原料进行发酵，产生酒精从而形成的酒。其生产过程包括糖化、发酵、过滤、杀菌等。世界三大酿造酒有黄酒、葡萄酒和啤酒，日本清酒也属于酿造酒。

（二）蒸馏酒

蒸馏酒的原料一般富含天然糖分或淀粉等物质，如蜂蜜、甘蔗、甜菜、水果、玉米、高粱、稻米、麦类、马铃薯等。糖和淀粉经酵母发酵后产生酒精，利用酒精的沸点（78 ℃）和水的沸点（100 ℃）之间的差异，用蒸馏的方法从中蒸出并收集到酒精成分和香味物质。

（三）配制酒

配制酒又称调制酒，不专属于某个酒的类别，是混合的酒品。配制酒主要有两种配制工艺：一种是在酒和酒之间进行勾兑配制，另一种是将酒和非酒精物质（包括液体、固体和气体）进行勾调配制。配制酒的基酒可以是原汁酒，也可以是蒸馏酒，还可以两者兼而用之。如中国的药酒、滋补酒，西方的鸡尾酒都属于配制酒。

三、按照酒精浓度分类

任何含有糖分的液体，经过发酵便会产生醇。醇包括甲醇、乙醇等几种，甲醇有毒性，饮用后会中毒；乙醇无毒性，能刺激人的神经和促进血液循环，但过量饮用也会引起中毒。酒类的主要成分是乙醇，俗称酒精，是一种无色透明、气味飘逸的易燃、易挥发液体，其沸点为 78 ℃，冰点为－114 ℃。

酒瓶上标示的酒精浓度表示酒中含乙醇的体积百分比，通常以 20 ℃时的体积百分比表示。依照酒精浓度的不同将酒分为高度酒、中度酒和低度酒三类。

（一）高度酒

高度酒是指 40 度以上的酒，如高度白酒、白兰地和伏特加。

（1）高度白酒

酒精浓度在 40 度以上，多在 55 度以上，一般不超过 65 度。优质白酒（一般都在 40 度以上）必须有适当的储存期，泸型酒至少需要储存 3～6 个月，多在 1 年以上；汾型酒储存期为 1 年左右；茅型酒要求储存 3 年以上。

（2）白兰地

世界上生产白兰地的国家很多，但以法国出品的白兰地最为著名。白兰地也是高度酒的代表，酒精浓度为 40～43 度（勾兑的白兰地酒在国际上的标准是 42～43 度），色泽金黄晶亮，口感柔和，味道纯正，富有吸引力。

（3）伏特加

伏特加是俄罗斯的传统酒精饮料，经过蒸馏制成高达 95 度的酒精，再用蒸馏水淡化至 40～60 度，并经过活性炭过滤，使酒质更加晶莹澄澈，无色且清淡爽口，使人感到不甜、不苦、不涩，形成伏特加酒独具一格的特色。因为伏特加酒是最具有灵活性、适应性和变通性的一种酒，所以非常适合作为调制鸡尾酒的基酒。

（二）中度酒

中度酒是指酒精浓度为20～40度的酒。饮料酒的低度化是全球性的发展趋势，它也促进了中度酒的生产。像法国白兰地的一些酒商，就在中国推出了酒精浓度为30度的产品。值得一提的是，有些低度的酿造酒也会被加烈变成中度酒，比如一些葡萄酒，在其生产过程中添加了少量食用酒精或白兰地，使成品酒的酒精浓度达到20度左右，可以称其为加烈葡萄酒。

（三）低度酒

低度酒是指酒精浓度在20度以下的酒，如啤酒、黄酒、葡萄酒和日本清酒等。

特别说明的是，啤酒的度数有两种表示方法，其一是酒精度数，其二是麦芽汁的浓度。以12度的啤酒为例，其度数是指麦芽汁发酵前浸出物的浓度为12%（重量比）。麦芽汁中的浸出物是多种成分的混合物，以麦芽糖为主，啤酒的酒精是由麦芽糖转化而来的。由此可知，啤酒的酒精浓度低于12度。如常见的浅色啤酒酒精含量为3%～3.8%，浓色啤酒酒精含量为4%～5%。一般来说，葡萄酒的酒精含量大都为8%～15%，它主要由葡萄果实中的含糖量决定。虽然葡萄酒的发酵是很复杂的化学反应过程，但是其中最主要的化学变化是糖在酵母菌的作用下转化为酒精和二氧化碳。其发酵过程可以简单表示为：葡萄中的糖分+酵母菌→酒精+二氧化碳+热量。因而葡萄的含糖量高，转化出的酒精浓度相应就高，而葡萄本身含糖量低，转化出的酒精浓度就低。

日本清酒虽然在制作方法上借鉴了中国黄酒的酿造法，但是与中国的黄酒有很大区别。清酒色泽呈淡黄色或无色，清亮透明，芳香宜人，口味纯正，绵柔爽口，其酸、甜、苦、涩、辣诸味协调，酒精含量在15%以上，含多种氨基酸、维生素，是一种营养丰富的酒。

四、按照饮用时间分类

不同的酒种适合在不同时间饮用，按照饮用时间将其进行分类，分为开胃酒、佐餐酒、利口酒。

（一）开胃酒

开胃酒又称餐前酒。在餐前饮用能够刺激胃口，增加食欲。开胃酒主要是以葡萄酒或蒸馏酒为酒基，加入植物的根、茎、叶、药材、香料等配制而成的调配酒。常见的开胃酒有味美思、比特酒和茴香酒。

（1）味美思

味美思是以葡萄酒为基酒，加入植物、药材等物质浸制而成的，酒精浓度在18度左右。最好的味美思是法国和意大利生产的，几乎所有酒吧用的味美思都是这两个国家生产的。味美思分为特干（extra dry）、干（dry）、甜（sweet）几种，主要是根据酒中含糖分的多少来区分。通常干是指含糖分极少或不含糖分，甜则是指含糖分较多。从颜色上分，味美思又有白和红两种，通常干味美思是无色透明或浅黄色的，甜味美思是红色或玫瑰红的。

（2）比特酒

比特酒也称必打士，是葡萄酒或某些蒸馏酒加入植物根茎和药材配制而成的，酒精浓度在 16～40 度，味道苦涩。

（3）茴香酒

茴香酒是用蒸馏酒与茴香油配制而成的，口味香浓刺激，分染色和无色两种，一般有明亮的光泽，酒精浓度约为 25 度，流行于北非及地中海沿岸。往透明的茴香酒中倒入水或冰块，1 秒之内酒液便混浊起来，变成乳白色的悬浊酒，尤其奇妙的是，茴香精油的烯物质被稀释后会出现白色结晶。茴香酒的口味像八角卤水的味道，一开始接触可能会稍感不适，但茴香酒爱好者着实对这种奇特的味道上瘾。

（二）佐餐酒

佐餐酒是在进餐时饮用的酒，通常为葡萄酒。佐餐酒或低度葡萄酒是一种发酵的葡萄汁，其酒精含量相比于常见的葡萄酒酒精含量较低，而且，佐餐酒不起泡。根据美国的标准，佐餐酒的酒精含量不高于 14%，而在欧洲，低度葡萄酒的酒精含量是 8.5%～14%。如果葡萄酒的酒精含量不高于 14%，并且未含有气泡，那么它就属于佐餐酒或低度酒。

（三）利口酒

利口酒（Liqueur）也被称为餐后甜酒，是由法语 Liqueur 音译而来，它是以蒸馏酒（白兰地、威士忌、朗姆酒、金酒、伏特加、龙舌兰）为基酒配制各种调香物品，并经过甜化处理的酒精饮料，具有高度和中度的酒精浓度，颜色娇美，气味芬芳独特，酒味甜蜜。

五、按照原料分类

用于制造酒的原料有很多，按照原料可以将酒分为水果酒和粮食酒。

（一）水果酒

水果酒是水果本身的糖分经酵母菌发酵后成为含酒精的酒，具有水果的风味，也叫果子酒。民间的许多家庭常会自酿一些水果酒来饮用，如自制的李子酒、葡萄酒等。水果的表皮上通常都存在一些野生的酵母，因而制作水果酒时不需要额外添加酵母也会发酵。但民间传统做酒的方法往往费时费力，也容易被污染，所以外加一些活性酵母是快速酿造水果酒的理想方法。

水果酒中虽然含有酒精，但是一般为 5～10 度，最高的也只有 14 度，与其他酒类相比度数相当低。如今国内市场上出现了越来越多的水果酒，如枸杞酒、青梅酒等。营养学家指出，与白酒、啤酒相比，水果酒的营养价值更高，对健康的好处也更胜一筹，因而可以当作饭后或睡前的饮料来喝。

水果酒是汲取了水果中的全部营养而做成的酒，水果酒中含有丰富的维生素和人体所需的氨基酸。在制作水果酒时，水果中的营养成分绝大多数会溶解在水果酒里，有些水果所含有的营养不能直接通过生食来获取，却可以通过饮用水果酒来获取。除了营养物质，水果酒里还含有大量的多酚，在人体中可以起到抑制脂肪堆积的作用。此外，与其他酒类相比，水果酒对护理心脏、调节女性情绪有着更为明显的作用。

（二）粮食酒

粮食酒主要有啤酒、米酒及中国白酒。

中国白酒是粮食酒中独具一格的酒类，它是由麦黍、高粱、玉米、红薯、米糠等粮食发酵、曲酿、蒸馏而成的一种饮料。其酒液无色透明，故称为白酒。纯粮白酒是一种高浓度的酒精饮料，根据所用糖化、发酵菌种和酿造工艺的不同，它可分为大曲酒、小曲酒、麸曲酒三大类，其中曲酒又可分为固态发酵酒与液态发酵酒两种。纯粮白酒不同于黄酒、啤酒和水果酒，除了含有极少量的钠、铜、锌，几乎不含维生素和钙、磷、铁等，所含有的仅是水和乙醇（酒精）。白酒有活血通脉、助药力、增进食欲、消除疲劳、陶冶情操、御寒提神等功效。饮用少量低度白酒可以扩张心脑血管，促进血液循环，以延缓胆固醇等脂质在血管壁的沉积，对循环系统及心脑血管有利。

第二章　酿造酒

酿造酒（Fermented Alcoholic Drink）又称发酵酒、原汁酒，是借着酵母作用，让含淀粉和糖质原料的物质进行发酵，产生酒精成分而形成酒。其生产过程包括糖化、发酵、过滤、杀菌等。根据制酒的原料不同，酿造酒主要分为葡萄酒和谷物发酵酒。其中谷物发酵酒又以啤酒、黄酒、清酒为代表。

第一节　啤　酒

啤酒是历史记载最古老的酒精饮料之一，是位于水和茶之后世界上消耗量排名第三的饮料。啤酒于 19 世纪末传入中国，属于外来酒种，是由英语“beer”译成中文“啤”，称其为“啤酒”，且沿用至今。

啤酒

啤酒的主要原料为大麦芽，淀粉类辅料为大米，在此基础上，加入啤酒花，经过液态糊化和糖化，再经过液态发酵酿制而成。其酒精含量较低，具有人们喜爱的风味，含有蛋白质、维生素、矿物质等多种营养成分，容易被人体吸收利用。研究表明，啤酒具有促进胃液分泌的作用。另外，人体很易消化吸收其中的低分子糖和氨基酸，在体内产生大量热能，因此，啤酒又往往被人们称为“液体面包”。

一、啤酒的历史

（一）啤酒在世界的发展

啤酒的起源与谷物的起源密切相关，人类使用谷物制造酒类饮料已有 8000 多年的历史。已知最古老的酒类文献，是公元前 6000 年左右巴比伦人用黏土板雕刻的献祭用啤酒制作法。公元前 4000 年美索不达米亚地区已有用大麦、小麦、蜂蜜制作的 16 种啤酒的记载。

公元前3000年起开始使用苦味剂添加在啤酒里。公元前18世纪，古巴比伦国王汉谟拉比颁布的法典中，已有关于啤酒的详细记载。公元前1300年左右，古埃及的啤酒作为国家管理下的优秀产业得到高度发展。拿破仑的埃及远征军在埃及发现的罗塞塔石碑上的象形文字表明，在公元前196年左右当地已盛行啤酒酒宴。

啤酒的酿造技术是由埃及通过希腊传到西欧的。1881年，丹麦人埃米尔·克里斯蒂安·汉森（Emil·Christian·Hansen）发明了酵母纯粹培养法，使啤酒酿造科学得到飞跃的进步，由神秘化、经验主义走向科学化。蒸汽机的应用、1873年林德冷冻机的发明，使啤酒的工业化大生产成为现实。全世界啤酒年产量已居各种酒类之首。

（二）啤酒在中国的发展

19世纪末，啤酒输入中国。当时中国的啤酒业发展缓慢，分布不广，产量不大。1949年后，中国啤酒工业发展较快，并逐步摆脱了原料依赖进口的落后状态。

中国最早建立的啤酒厂是1900年由俄国人在哈尔滨开办的乌卢布列夫斯基啤酒厂（《哈尔滨历史编年》）。清末的啤酒厂基本上都控制在外国人手中。直到1915年，才在北京建立了由中国人投资的双合盛啤酒厂。1949年前，中国只有七八个啤酒厂，绝大多数由外国人所控制。酒花和麦芽主要从国外进口，啤酒的销售对象也主要是在华的外国商人及军队，还有一部分“上层社会”的人士。普通老百姓几乎无法享受。1940年，全国啤酒产量达到4万吨，其中大多数为日本侵略者军用。到1949年，全国的啤酒年产量仅达到7000余吨，还不足目前一个小型啤酒厂的年产量。

目前，由于严重的供过于求矛盾长期存在，中国的啤酒行业是国内饮料市场竞争最激烈的行业之一。大多数的品牌都还处于地域性品牌阶段，品牌知名度和市场影响力较低，而且产品主要是低档产品，市场竞争也主要集中于低档产品，而中高档以上的啤酒市场则大部分被洋品牌啤酒所瓜分。随着啤酒市场竞争程度的日益加剧，为了能够更加迅速有效地实现最终消费，越来越多的啤酒企业在市场营销运作中都将目光集中到了终端，终端的争夺战日益激烈，中高档啤酒市场更是如此。除地摊、大排档、小餐馆等外，中高档啤酒成为餐饮、娱乐终端市场的消费主流，尤其在经济水平较好的大中城市，中高档啤酒附加值高，开拓中高档啤酒市场是提高企业经济效益的重要途径，而城市市场消费水平较高，中高档啤酒市场容量不断扩大，前景非常广阔。

（三）中国啤酒的三个发展阶段

新中国成立以来，啤酒工业的发展经历了三个阶段：

第一阶段：从1949年到1978年，是啤酒工业的调整和发展阶段，新建了一批新的啤酒厂，啤酒年产量的平均增长速度为38.2%。1963年至1972年，速度虽有所放慢，但啤酒产量仍增长1.4倍。到1978年，中国的啤酒年产量达到40万吨。在这一阶段，啤酒科学研究、教育、人才培养等方面的工作为啤酒工业今后的发展打下了基础。

第二阶段：从1979年至1988年，啤酒生产全面发展。全国除西藏外，各省、区、市都建立了啤酒厂，全国除轻工系统外，其他很多部门都建立了啤酒厂。一些啤酒厂的规模也越来越大，如在 1980 年，中国共生产啤酒 68.8 万吨。中国的啤酒工业高速发展，其主要特点是扩建和新建的啤酒厂如雨后春笋般涌现，啤酒生产规模也逐步扩大，在有的省份，几乎每个县市都有啤酒厂。据 1987 年的统计，在浙江省就有啤酒厂 104 个，由于实行改革开放政策，从国外引进技术、装备、人才，加快了啤酒工业的发展，如从国外引进了啤酒生产线，尤其是啤酒灌装线，产量翻番的时间缩短，如 1982 年，全国啤酒产量为 117 万吨，到 1985 年，啤酒产量就达到 310.4 万吨，1988 年，啤酒产量又翻了一番，达到 654 万吨。

第三阶段：从 1989 年至今，中国的啤酒工业进入了旺盛的成熟期，继续以高速度发展，在高速发展的同时，开始对啤酒的质量、啤酒工业的经济效益更加重视，啤酒工业的规模按照国际上的惯例，开始向大型化、集团化方向发展，一些中小型啤酒厂被大型啤酒厂兼并。

我国的啤酒工业经历了这三个阶段后，得到了突飞猛进的发展，到现在中国已经成为世界第一啤酒生产大国。

中国啤酒业，确有一些骄人之面。但在认真分析中国啤酒业市场结构、竞争水平等情形后，可以发现中国虽然已是啤酒生产大国，但并没达到啤酒强国水平。要实现由啤酒生产大国到强国的质的转变，还需要正视并解决当前啤酒业存在的一系列不合理的现象、问题。由于中国啤酒行业长期疯狂地兼并、收购，大规模地重复建设，扩充产能，加剧了市场的无序竞争，加上国外资本的介入，整个行业陷入了垄断泥潭。中国啤酒业如果不能正视这些问题，不但啤酒强国的梦想不能实现，就连啤酒大国的地位也难以保全。

二、啤酒的酿造

啤酒生产大致可分为麦芽制造、啤酒酿造、啤酒灌装三个主要过程。

麦芽的处理主要有四大步骤：浸麦、发芽、干燥、除根。处理好的麦芽要经过提纯，挑选出优质麦芽，经过粉碎，加入大米等辅料和水进行搅拌、糊化、糖化，把麦芽的营养溶解在水中。简单地说，就是加入水、麦芽，经过高温煮成麦汁。麦汁包含了麦芽溶解于水中的全部营养物质，为酵母所利用，是啤酒发酵的基础，这道工序所生成的并不是啤酒，只是麦汁。

麦汁要采用蒸汽进行加热，加入啤酒花。在煮沸过程中，一方面使蛋白质凝固，浸出酒花苦味和香味；另一方面麦汁煮沸蒸发出多余水分，达到一定浓度。在麦汁煮沸工艺中，采用内加热器、低压煮沸等新技术，由于煮沸锅容量的增大、煮沸强度的提高，煮沸过程蒸发水分形成大量二次蒸汽，得到原麦汁。

煮沸后的麦汁温度相当高，如果直接添加酵母，就会把酵母菌烫死，因此，必须要先将麦汁冷却下来。冷却的原理就是麦汁从冷却板的铜管中流过，冰水从外面流。随后，麦汁在冷却机当中冷却，加入酵母，放置于发酵罐当中。经过一星期左右，麦汁的糖分被分解为酒精与二氧化碳，形成最原始的嫩啤酒。虽然嫩啤酒已经可以喝了，但是口味还不太成熟，比较酸涩。

嫩啤酒要经过二次发酵，也叫后发酵。嫩啤酒要在这里的酒桶中继续零度储存二十天以上，才会形成更加醇厚的味道，在这一发酵过程中，嫩啤酒中的不成熟物质会得到分解，二氧化碳会溶入啤酒中。

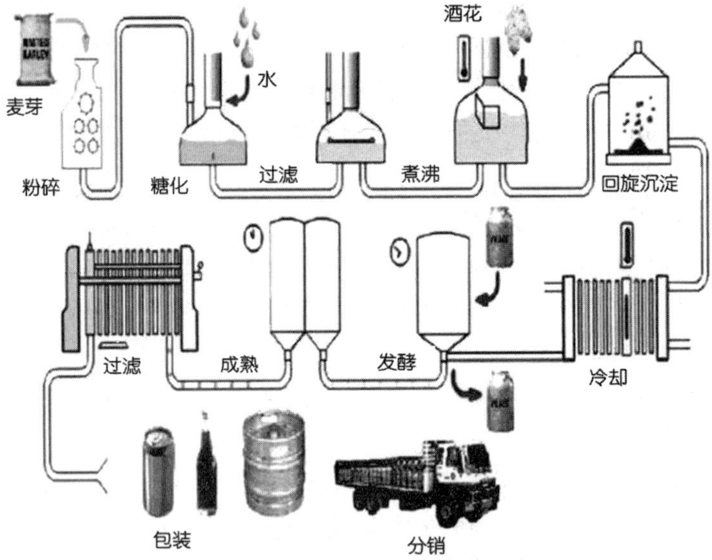

啤酒的酿造过程

发酵后的啤酒，从理论上讲，口味成熟，二氧化碳饱和，但是其内仍存在一定量的固体小颗粒，必须将其过滤掉。啤酒过滤便是啤酒酿造过程中改进质量的最后一道处理工序，该工序质量控制的好坏，直接影响到最终成品酒的质量，无论是啤酒的感官要求、理化指标，还是啤酒的风味稳定性，都与啤酒的过滤有着非常密切的关系。过滤好的啤酒，经过工业设备的包装便呈现在消费者的面前。

三、啤酒的分类

啤酒的种类很多，而且根据不同标准可划分成众多类型。常见的划分方式包括酿造工艺、地理区域、酒的颜色、除菌方式。

（一）按酿造工艺划分

根据酿造工艺，啤酒可划分为最常见的拉格 Lager、艾尔 Ale 以及少见的拉比克 Lambic，由于拉比克工艺仅在比利时少量存在，所以通常被认为只有拉格和艾尔，但实际拉比克是最独特，酿造难度也是最高的。

拉格啤酒是如今最常见的啤酒种类，其发酵温度为 5～10℃的低温，发酵时酵母在液体下面工作，亦被称为“下发酵”，酿造周期比较短，是在工业化之后才出现的酿造工艺，酿出来的啤酒风味比较单调，但口感比较清爽，有明显的苦味，其中以淡色拉格为主，国内啤酒基本都是这种工艺酿造的。

艾尔啤酒也就是如今常说的精酿啤酒，目前受欢迎度越来越高，虽然在国内近些年才兴起，但在世界范围，艾尔工艺才是最传统的，其发酵温度在 10～20℃，发酵时酵母在液体上面工作，亦被称为“上发酵”，酿造周期比较长，在国外这种酿造工艺一直都存在，酿造出来的啤酒口感醇厚、风味多样，因此类型也是最多的。

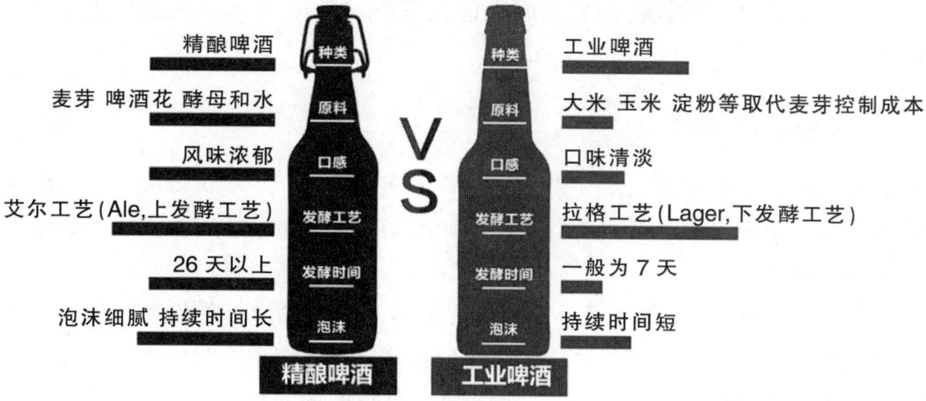

按发酵方式分类

拉比克啤酒属于自然酸酿啤酒，发酵温度为 10～16 ℃，利用空气中飘浮的野生酵母发酵，在发酵之前会采用开放式的铸铁锅炉煮汁，酿成啤酒后还会储存在橡木桶中 3 年才装瓶，通常拉比克啤酒采用软木塞封口，保存得当可以存放 20 年以上，具有极强的陈年能力，丝毫不输葡萄酒。不过拉比克啤酒极为少见，目前主要集中在比利时布鲁塞尔（Brussels）以西、兰比克（Lambeek）与沃尔沃特（Wolverten）之间的小镇。拉比克啤酒还细分为香槟啤酒 Gueuze、水果啤酒 Kriek，以及法老啤酒 Faro，口感风味各不相同。

（二）按地理区域划分

啤酒按不同的地域可分为英伦系、北欧系和比利时系。啤酒最早起源于欧洲地区，在工业还不发达的时代，决定啤酒酿造工艺的主要是地理位置（温度不同）。啤酒发展历史中，逐渐出现了三足鼎立的局面：以上发酵为代表的英伦系、上发酵和自然发酵闻名的比利时系和以下发酵为主的北欧系。

英伦系传承、保持了最古老的啤酒酿造工艺，以原本的艾尔（上发酵）为基础，开枝散叶出现了清淡的淡沫艾尔（Mid Ale）、苦涩的淡色艾尔（Pale Ale）。但英伦三岛的水质较硬，含硫酸钙较多，于是人们想出了应对办法：用烤制过的麦芽来降低水的酸碱值，并用麦芽的焦香来掩盖水质味道。这就是黑色波特啤酒（Porter）的来历。最初人们觉得波特挺不错，慢慢地开始觉得光有焦香味已经无法满足，如果能再加点煳味就更好了，于是出现了著名的世涛（Stout）。总体而言，英伦系的酒酒精度相对偏高。

除了英伦本土，在殖民统治时期，英国把本土的啤酒运到印度，只有海运方式，由于海上路途遥远，运过去的啤酒基本变质了，为了解决变质问题，英国人往啤酒里大量加入具有杀菌作用的啤酒花，于是印度淡色艾尔（India Pale Ale）出现了。这里要注意，这酒虽然名字里有印度两字，但是生产酿造和印度一丁点儿的关系都没有。

在啤酒界，比利时算得上是大放异彩的一个小国。对法国人来说，比利时是啤酒的代名词，乃至在很长一段时间里，挑剔的法国人只肯接受优质的比利时啤酒。

北欧系因为气候寒冷，做出了属于低温的拉格，于是就有了清爽的比尔森（Pilsner)、豪放的凯勒比尔（Kellerbier)、深邃的波克（Bock)、黑色的德国黑啤(Schwarzbier)，以及日后被美国发扬光大的淡啤酒（Pale Lager)，也就是我们所说的工业啤酒。

（三）按酒的颜色划分

啤酒是一种以小麦芽和大麦芽为主要原料，并加啤酒花，经过液态糊化和糖化，再经过液态发酵酿制而成的酒精饮料，其由于加工工艺及原材料等的不同，在颜色上就会存在一定的差异。

色度为3～14EBC（色度计量单位）的啤酒为淡色啤酒。与其他啤酒相比，淡色啤酒突出酒花的香味，给人以清爽适口的感觉，它是各类啤酒中产量最多的一种。淡色啤酒按原麦汁浓度的高低不同又可分为以下三种：低浓度的淡色啤酒，即原麦汁浓度小于10％的淡色啤酒，其口味多属淡爽型，酒花香味浓郁。中等浓度的淡色啤酒，即原麦汁浓度为10％～13％的淡色啤酒，其口味醇正柔和，酒花香味突出。高浓度的淡色啤酒，即原麦汁浓度大于13％的淡色啤酒，这类啤酒麦芽色泽较深，酒液黄中带棕色，其口味较粗重、浓稠。

浓色啤酒色度为15～40EBC（色度计量单位)，酒液呈棕红色或红褐色，介于淡色啤酒与黑色啤酒之间。浓色啤酒麦芽香味突出，口味醇厚，酒花口味较轻。由于该色调给人以温暖的感觉，所以比较适合较冷的季节饮用。按原麦汁浓度的高低不同，浓色啤酒又分为以下两种：高浓度浓色啤酒，即原麦汁浓度大于13％的浓色啤酒。低浓度浓色啤酒，即原麦汁浓度等于或小于13％的浓色啤酒，其口味较醇厚，苦味较轻，麦芽香味突出。

黑色啤酒色度为40EBC（色度计量单位）以上。黑色啤酒的色泽呈深棕色或黑褐色，酒体透明度较低。黑色啤酒麦芽香味突出，口味醇厚，泡沫多而细腻，苦味根据产品类型而有较大差异。

（四）按除菌方式划分

啤酒按除菌方式的不同可分为熟啤、生啤、鲜啤、扎啤和纯生啤。

熟啤是指经过巴氏杀菌或瞬时高温灭菌的啤酒，这种啤酒一般不会继续发酵，因此稳定性较好，可长期存放。但经高温灭菌的啤酒，各种水解酶类失去活性，且色泽、澄清度、口味和营养性方面都发生了变化，甚至失去了啤酒的新鲜口感。

生啤一般不经过巴氏杀菌或瞬时高温灭菌，而采用物理方法除菌来达到一定生物稳定性。这类啤酒喝起来比熟啤更加新鲜清爽，不过一般不耐储藏，应尽快饮用。

鲜啤一般不经过巴氏杀菌或瞬时高温灭菌。与生啤不同的是，鲜啤没有经过过滤，因此，成品鲜啤允许含有一定量的活酵母菌，这些酵母可以增进食欲，促进胃液分泌，加快消化。

扎啤是一种鲜啤，但又有别于普通鲜啤。扎啤是一种纯天然、无色素、无防腐剂、不加糖、不加任何香精的优质酒。通常扎啤是直接从生产线上注入全封闭的不锈钢桶中，喝之前只需通过扎啤机注入二氧化碳即可。这种酒避免了与空气的直接接触，因而味道更鲜更纯正。

纯生啤的酿造是啤酒界的一次革命。纯生啤是采用无菌膜过滤技术，滤除了酵母菌和杂菌，保质期可达 180 天。纯生啤与普通啤酒的根本区别在于，普通啤酒是经过高温灭菌处理的热啤酒。它减少了啤酒原有的香醇、新鲜味，存在口味上的不稳定性。而纯生啤则未经高温杀菌，其口味新鲜，酒香清醇，口味柔和。

四、几大国际啤酒品牌

1. Budweiser 百威。百威是世界知名的啤酒品牌，1876 年诞生于美国，1995 年进入中国市场，该品牌啤酒以其纯正的口感、过硬的质量赢得消费者的青睐。

2. HeineKen 喜力。喜力在 1864 年创立于荷兰阿姆斯特丹，是享誉国际的啤酒品牌，该品牌啤酒口感平顺甘醇，不含苦涩刺激味道。

3. Carlsberg 嘉士伯。嘉士伯啤酒属于十大品牌啤酒之一，1847 年创立于丹麦，嘉士伯集团是全球领先的啤酒集团，主要从事啤酒和软饮料的生产与销售，与足球的合作伙伴关系是嘉士伯引以为傲的传统。

4. Beck’s 贝克。Beck’s 起源于 16 世纪的德国，其优良的酿造技术，使 Beck’s 品牌传播至今，是德国啤酒的代表。

5. Corona 科罗娜。Corona 是世界十大啤酒品牌之一，1925 年创立于墨西哥，其独创的瓶口插柠檬的饮法广受欢迎，国内酒吧及较大的超市有销售。

国际啤酒品牌

6. Stella Artois 时代。Stella Artois 始于 1366 年，属于比利时生产的为数不多的下发酵拉格啤酒，是世界著名啤酒品牌，百威英博集团三大全球旗舰品牌之一。

7. Krombacher 科隆巴赫。Krombacher 源自 1803 年的德国，啤酒口味圆滑香甜，有特殊的啤酒花的气味。

8. Oettinger 奥丁格。Oettinger 始于 1731 年的德国，是德国销量较大的啤酒品牌，是德国拥有大型酒厂最多的品牌商之一。

9. Tiger 虎牌。Tiger 源自 1932 年的新加坡，是亚太酿酒集团的旗舰品牌，是亚洲风格与现代生活方式的象征，是亚洲最佳啤酒之一。

10. Kronenbourg1664 凯旋 1664。Kronenbourg1664 源自 1664 年的法国，是法国非常畅销的日常啤酒，采用清新怡人的蓝色钴玻璃瓶，酒以柑橘等水果来调味，色泽清纯，香甜可口，口味适合不常喝啤酒的人。

五、中国知名啤酒品牌

1. 青岛啤酒。青岛啤酒产自青岛啤酒股份有限公司，公司的前身是日耳曼啤酒公司青岛股份公司，1903 年由英、德两国商人合资开办，是最早的啤酒生产企业之一。青岛啤酒选用优质大麦、大米、上等啤酒花和软硬适度、洁净甘美的崂山矿泉水为原料酿制而成。原麦汁浓度为 12%，酒精含量 3.5%～4%。酒液清澈透明，呈淡黄色，泡沫清白、细腻而持久。

2. 雪花啤酒。华润雪花啤酒（中国）有限公司（简称华润雪花啤酒）成立于 1993 年，是一家生产、经营啤酒的全国性的专业啤酒公司，总部位于中国北京。

3. 燕京啤酒。燕京啤酒成立于 1980 年，总部位于北京，是中国最大啤酒企业集团之一。

4. 山城啤酒。山城啤酒创牌于 1958 年，是重庆啤酒股份有限公司旗下的品牌，一直以来有“北有燕京、南有珠江、东有青岛、西有重啤”这一说法。

5. 珠江啤酒。珠江啤酒是广州珠江啤酒股份有限公司旗下的品牌，珠江啤酒是全国三大啤酒品牌之一，在中国啤酒行业中享有“南有珠江”的美誉。

6. 哈尔滨啤酒。哈尔滨啤酒集团有限公司创建于 1900 年，是中国最早的啤酒制造商，其生产的哈尔滨啤酒是中国最早的啤酒品牌，风行于中国各地。产品远销英国、美国、俄罗斯、日本、韩国、新加坡等 30 多个国家和地区。

7. 金威啤酒。金威啤酒品牌由金威啤酒集团有限公司（前称粤海啤酒集团有限公司）所拥有。金威啤酒采用德国传统工艺酿造啤酒，在保持醇厚、清爽风味的基础上创新，具有独特的国际清醇口味。金威啤酒产品包括老金威、金威纯生、金威金纯、金威 2008、绿金威等十几个系列，主要于广东省销售，同时销往天津、四川、广西、福建、湖南、江西、江苏、安徽、陕西、黑龙江等 20 多个省、区、市，亦于香港、澳门等地区，及东南亚、加拿大及巴拿马等海外市场出售。

六、啤酒市场分析

（一）行业市场规模

啤酒作为我国的舶来品，发展至今已成为消耗量排名居前的饮品，在行业中具有较为庞大的消费群体。在居民生活水平提高、消费结构升级以及消费者健康观念不断增强的背景下，啤酒行业的销量自 2013 年见顶后持续下滑。2013—2019 年，我国规模以上企业的啤酒销量从 5028.7 万千升减少至 4500.0 万千升。受疫情影响，餐饮、酒吧等线下消费场景受到巨大冲击，啤酒销量出现明显下滑。2020 年，我国的啤酒销量为 4269.4 万千升，同比下降 7.0%。从国内啤酒产量方面来看，据国家统计局数据显示，2013—2020 年，我国啤酒产量持续下降。2020 年，我国啤酒产量完成 3411.1 万千升，同比下降 9.4%。2013—2020 年，我国啤酒产量和销量均出现下滑趋势。从各省份产量情况来看，2020 年，我国啤酒产量前三的省份为山东、广东和浙江，产量分别为 457.96 万千升、357.46 万千升和 259.64 万千升。

（二）行业竞争格局

从竞争格局上看，目前我国啤酒市场整体格局稳定，行业集中度逐年提升。据资料显示，2016 年我国啤酒行业 CR6 为 74.6%，到 2020 年上升至 88.1%。2020 年中国啤酒行业市场份额 TOP3 分别是华润、青岛和百威，市场份额分别为 31.9%、22.9% 和 19.5%。

我国啤酒市场中的前四大啤酒企业凭借各自不同的优势在全国各地占地为王，使得我国啤酒市场呈现诸侯割据的局面。华润雪花在四川、贵州、安徽、江苏和辽宁都处于龙头地位，青岛啤酒基地市场为山东和陕西，百威英博通过并购方式进入中国，目前占领了黑龙江、吉林、湖北、福建和浙江市场，燕京啤酒市场最为集中，主要在北京、广西和内蒙古，第五的嘉士伯则通过对国内啤酒企业（重庆啤酒、啤酒花、兰州黄河等）控股和合资的方式，占领了西部啤酒半壁江山。

（三）行业商业模式

啤酒是典型的薄利多销的快消品，从厂商角度来看，啤酒产品周转快、企业资产重，因此追求经营效率。从产品角度来看，啤酒毛利率低、易受原材料价格波动影响，扩大销量才能形成规模利润。从渠道角度来看，啤酒厂商的下游议价能力不强，保住市场份额依赖宣传促销费用。

啤酒产品特点决定行业重资产、高周转特征。现代啤酒是一种工业舶来品。现代主流啤酒产品生产的机械化程度高，且具有度数低、单次消费量大、需求季节性波动大、保鲜要求高等特征，这决定了啤酒生产需要较大的设计产能、高额的固定资产投入。同时啤酒重量大、货值低导致物流成本高、运输半径较小，产销的区域性特点明显，很难通过扩大销售半径来摊低固定成本、实现规模效应。啤酒有着明显的季节性，夏秋旺季（占全年产量 60%以上）、冬春淡季（占全年产量 40%以下），这主要是因为啤酒清凉爽口的特性适合夏日饮用。由于啤酒品质对新鲜度要求高，大部分产品只能即产即销，所以企业整体的设计产能更高、固定资产投资规模更大，但平衡销售淡旺季以及设备检修因素后的实际产能却要大打折扣。销售季节性导致啤酒企业实际产能远低于设计产能。

（四）行业发展前景

1. 政策利好行业发展

近年来，国家和各级地方政府不断加大对啤酒行业的政策支持力度，提出要积极推进啤酒行业的发展。2021 年 4 月 9 日，中国酒业协会发布《中国酒业“十四五”发展指导意见》，提出了14个主要任务，涵盖品质表达、人才培育、文化普及、市场培育、文化遗产保护。根据“十四五”中国酒类产业的发展目标，啤酒产业到2025年，产量达3800万千升。啤酒产业发展目标不断支持和鼓励中国啤酒产量增长，助推中国啤酒行业发展，受政策利好，啤酒行业前景大好。

2. 消费需求多元化助推行业发展

我国一直是全球啤酒消费大国，市场消费需求旺盛。随着人们经济收入增加和消费人群年轻化，消费者对啤酒的需求也开始往高品质、个性化、多元化等方向转变，助推啤酒业务赛道拓宽，高端啤酒和精酿啤酒在中国市场迅速崛起，未来随着市场竞争的加剧，行业将会分化出更多的新的啤酒细分行业，不断推动啤酒行业市场多元发展，行业进一步发展壮大。

3. 消费场景多元化带动行业发展

随着消费者的消费意识升级，消费者的观念从功能化消费逐渐向场景化消费转变，他们不仅注重啤酒本身的口感，同样也注重喝啤酒的场景和氛围。此外，精酿啤酒兴起之后，很多年轻人都热衷于在精酿店里聚会、聊天、喝酒，度数低的啤酒日益成为年轻人聚会的首选饮品。随着消费场景拓宽，啤酒行业将得到进一步的发展。

4. 线上渠道份额不断提高

虽然啤酒行业线下渠道为主要的销售渠道，但是从历年渠道占比的情况来看，线下渠道的份额在不断降低，取而代之的是以电商为主的线上渠道。2016年，啤酒线上渠道占比仅为4.7%，到2020年，线上渠道增长到11.1%。未来，线上渠道份额预计仍将持续提升。

第二节　黄　酒

一、中国黄酒的历史

黄酒是世界上最古老的酒种之一，黄酒也叫作米酒，它源于中国，唯中国独有，是中国的特色酒品，与啤酒、葡萄酒并称世界三大古酒。黄酒的酿造历史至少在4000年以上，品种繁多，宋代以前分布地区很广。现今黄酒大多分布在浙江、江苏、上海、福建、江西、广东、安徽等地。

从发明酒曲和酒药算起，黄酒的酿造起源当在四千到五千年之前的先秦时期，这一观点有大量新石器时期的酒具、陶器和考古文献证明。值得注意的是，这一时期的酒还不能称之为黄酒，只能称之为米酒，因为那时的谷物酒还处于低级阶段，远没有达到现代黄酒的高度。米酒最早的名称多种多样，在夏朝有“旨酒”“甘酒”之说，《孟子·离娄下》谓：“禹恶旨酒而好善言”，《夏书·五子之歌》言太康“甘酒嗜音，峻宇雕墙”。由此可见，“旨”和“甘”都是对早期黄酒的美言称谓。

在周朝，人们多使用带有“酉”字旁的酒类名称来称呼米酒，比如“酎”（zhòu）和“醽”（líng）就常见于先秦典籍。“酎”一般指重酿酒，重酿的意思是在已处于发酵过程中的酒醅中再加入成品酒，借以增强酒的发酵力，促使酒质优化，其中“酎”和

“醽”都指米酒。

中国黄酒

秦汉时期，酿酒工艺变化仍然非常缓慢，酒的度数徘徊在1～3度。不同的是，汉朝的米酒名称更多更杂，会按照不同的方式来命名谷物酒。按原料命名的有稻酒、黍（shǔ）酒、秫（shú）酒、米酒；按酿造时间命名的有春酒、冬酒；按酿酒形态命名的有浊酒、清酒。其中浊酒和清酒的划分是汉朝统一的标准。

魏晋南北朝时期，米酒的酿酒工艺在汉朝基础上进一步革新，最大的变化是酿酒提高了酒精浓度。促使酒精浓度提高的原因有很多，其中一个主导因素便是酿酒者对酿酒原料进行了科学甄选。魏晋南北朝时期的酿酒有了突破性进展，开始将食用谷物与酿酒谷物分开使用。酿酒师从事酿酒时，基本上会选用黏性较大、出酒率较高的糯米为原料，当时称之为“秫米”或“秫谷”。使用秫米酿酒，酒的酒精浓度有了大幅的提升。之后在农业种植中，食用谷物与酿酒谷物开始有意识地进行种类划分，并且人为地去按比例耕种，对酿酒而言是一个巨大的进步。此外，这一时期米酒的发展呈现百花齐放的状况，最大的特点是酒的“微创新”，例如酿酒过程中使用桃花、梨花、甘蔗等多样化原料。

唐宋时期，是中国黄酒真正的技术变革时期，所酿的黄酒在色泽方面已非常接近现代黄酒的外观，其品质高于其他色泽的酒，这标志着中国黄酒开始初步生成。

现代黄酒多呈黄色或琥珀色，唐朝时也逐渐酿出了这种颜色的酒。杜甫曾把酒与鹅的颜色相提并论，留有“鹅儿黄似酒”的说法，于是后人形容黄酒多以“鹅黄”为比喻。到了宋代，黄酒已经发展得很完美了，蒸料到什么程度、什么时候投曲等细枝末节的酿酒工艺都被记录在《北山酒经》《酒谱》等著作当中。

唐宋时期对美酒的改造是飞跃性的，酒的风味百倍胜于前朝，度数也逐渐提高到了6～8度。难怪唐宋诗词家留下不少名句，如“兰陵美酒郁金香，玉碗盛来琥珀光”“北堂珍重琥珀酒”“春酒杯浓琥珀薄”。

到了元朝，中国发酵酒的酿造基本摆脱了浊酒的困扰，进入了黄酒的阶段。酒呈黄色或红色，或赤黄色、棕黄色，这是因为在酿造、储藏过程中，酒中的糖分与氨基酸发生反应，形成了这样的颜色。黄酒发展到这一时期已经接近巅峰。

到了明朝中叶，人们又酿制出了一种“干黄酒”，这种酒属于半甜型酒，如金波酒、加饭酒正是其中的杰出代表。它的酿制工艺很高明，将发酵技术控制在糖化、酒化的中间阶段，这一技术领先欧洲半干葡萄酒数百年，代表着黄酒酿制的工艺顶峰。

在清朝中叶之前甚至民国时期，黄酒都曾是中国人饮用酒的主流，可是后来黄酒逐渐被白酒取代。然而不可否认的是，黄酒是中国先祖的骄傲，是富有人文特色的酒。黄酒的黄，不仅仅是指酒液的颜色，还是哺育华夏子孙的黄河之黄，是生养炎黄子孙的黄，是土地之黄，是中国人的肤色之黄。

在中华民族悠悠五千载文明历史发展中，黄酒一直在我们中华民族身边。从历史中走来，黄酒的每一次蜕变都饱含了无数劳动人民的汗水和智慧。中国人对于黄酒的钟情，绝非只把它当作一种饮料，而是带着无数情感。

二、中国黄酒的制作与分类

（一）黄酒的制作

黄酒的制作包括制曲、备曲、浸米、拌曲、发酵、压榨等步骤。

制曲：酿造黄酒之前，必须提前半年做好酒曲，一般做酒曲选择在天气炎热的伏天制作，将麦仁、酵子、麻叶等经过装填、发酵而制成传统的酒曲，使用这种酒曲酿造出来的黄酒酒香四溢，同时也更加的传统和古朴。

备曲：酿造黄酒的另一大原料——小麦大曲，它闻着有一股小麦腐败的气息，但就是这种味道造就了黄酒的醇香。

浸米：黄酒酿造的时间一般都选择在每年的腊月附近，腊月里由于气温低，小米在水中浸泡不容易变质，同时低温可以保证小米黄酒的慢发酵，以免温度过高，酒质容易变酸，再者腊月没有蚊虫，可以避免黄酒沾染蚊虫变质。

拌曲：把煮好的小米用铲子铲到事先准备好的簸箕内，上面颜色比较重的小米，是在锅底部由于高温造成的，这是传统酿造黄酒的一个重要标志。

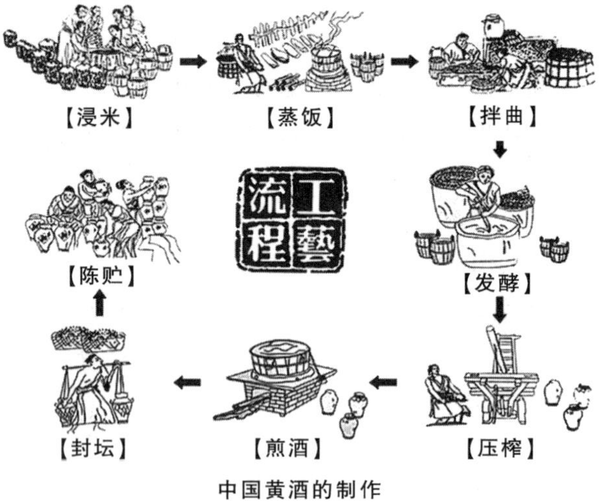

中国黄酒的制作

发酵：发酵是酿造黄酒的一个重要的环节，采用一冬一酿的传统冬酿工艺，只有在每年的冬至前后才开酿，这样酿造出来的黄酒由于室内温度低，发酵时间长，所以黄酒的营养更加丰富，一般发酵室温控制在10℃左右，过高的温度容易导致黄酒快速发酵变酸。一般冬酿黄酒经过3～6个月的时间就可以进行压榨了。

压榨：黄酒在经过漫长的发酵之后就要进行压榨了，压榨主要是去除黄酒中的酒糟，得到析出的酒液，如果是自己喝的话，不用过滤也是可以的。

将过滤的黄酒趁热装入瓶中或罐中，后面即可上市销售。其中不同黄酒酿造工艺有所区别。如果想要喝更为醇厚的黄酒，则可以把黄酒封坛存放数年之后再饮用。

（二）黄酒的分类

黄酒可根据酿造工艺、成品酒的含糖量以及产地、原料、工艺综合因素进行分类。

1. 黄酒按酿造工艺，可以分成三类：

（1）淋饭酒

将糯米用清水浸发 2 日 2 夜，然后蒸熟成饭，再通过冷水喷淋达到糖化和发酵的最佳温度。拌加酒药、特制麦曲及清水，经糖化和发酵，45 天即可做成。此法主要用于甜型黄酒生产。

（2）摊饭酒

将糯米用清水浸发 16～20 天，取出米粒，分出浆水。米粒蒸熟成饭，然后将饭摊于竹席上，经空气冷却达到预定的发酵温度，配加一定分量的酒母、麦曲、清水及浸米浆水后，经糖化和发酵 60～80 天做成。用此法生产的黄酒，品质一般比淋饭法黄酒好。

（3）喂饭酒

黄酒酿造是在蒸熟摊晾的米饭中拌入酒曲发酵，但这只是最基础、最简单的工艺。“喂饭酒”则是这个工艺加强版，能够酿造出酒精度更高、风味更浓郁的黄酒。喂饭工艺是将酿酒的原料分批发酵，把第一批原料先做成发酵能力强的酒母，再分批加入新的原料，继续发酵，就像是在给酒母提供新的“食物”一样。此工艺可以不断为酵母提供新鲜的营养，使其生长旺盛，得到更强的发酵能力，而且更利于发酵过程的人为控制。因为这种工艺用水比例较大、酵母活性高、发酵完全，酒精度高，一般都是生产干型黄酒（含糖量低于 15g/L）。喂饭酒最典型的是嘉兴黄酒。

2. 按成品酒的含糖量，可将黄酒分为：

（1）干型黄酒：“干”表示酒中的含糖量少，糖分都发酵变成了酒精，故酒中的糖分含量最低，这种酒属稀醪发酵，总加水量为原料米的 3 倍左右。发酵温度控制得较低，开耙搅拌的时间间隔较短。在绍兴地区，干黄酒的代表是元红酒。

（2）半干型黄酒：“半干”表示酒中的糖分还未全部发酵成酒精，还保留了一些糖分。在生产上，这种酒的加水量较低，相当于在配料时增加了饭量，故又称为“加饭酒”。酒的含糖量在 15～40g/L 之间，酒质浓厚，风味优良，可以长久储藏，是黄酒中的上品。我国大多数出口酒，均属此种类型。

（3）半甜型黄酒：这种酒含糖量在 40.1～100g/L 之间。这种酒采用的工艺独特，是用成品黄酒代水，加入发酵醪中，使糖化发酵的开始之际，发酵醪中的酒精浓度就达到较高的水平，成品酒中的糖分较高。这种酒酒香浓郁，酒精浓度适中，味甘甜醇厚，是黄酒中的珍品。但这种酒不宜久存。

（4）甜型黄酒：这种酒一般是采用淋饭酒工艺，拌入酒药，当糖化至一定程度时，加入 40%～50%浓度的米白酒或糟烧酒，以抑制微生物的糖化发酵作用，酒中的糖分含量高于 100g/L。

（5）加香型黄酒：这是以黄酒为酒基，经浸泡（或复蒸）芳香动、植物或加入芳香动、植物的浸出液而制成的黄酒。

3. 按产地、原料、工艺综合因素分类

(1) 绍兴酒：产于浙江绍兴地区，是中国黄酒的典范。绍兴酒以糯米为原料，采用淋饭酒、摊饭酒工艺酿成，酒液光泽黄亮，香气浓郁，鲜美醇厚。

(2) 仿绍酒：除绍兴地区以外，其他地区按照绍兴工艺酿成的糯米酒，例如北京元红酒。

(3) 福建黄酒：产于福建、广东、台湾等地。福建黄酒以糯米、大米为原料，酒质醇厚，余味绵长，色泽褐红鲜亮，也称红曲酒，例如福建老酒、龙岩沉缸酒。

三、中国黄酒的品牌

1. 古越龙山，始创于1664年，隶属中国绍兴黄酒集团公司，是中国黄酒知名品牌、中国黄酒行业标志性品牌。古越龙山也是绍兴酒，酒口感较为醇厚，含糖量相对较低，温凉饮用皆可，但价格相对比其他的品牌要略高些。

古越龙山

2. 会稽山，创建于1743年，是中国驰名商标、中国名牌产品、中华老字号、国家地理标志产品，风味较为独特，酒精浓度适中，酒性醇和，口感略带苦味。

3. 女儿红，创建于1919年，是中国驰名商标、中华老字号、浙江省著名商标，是浙江地区知名的传统黄酒，因当地流传有生女必酿女儿酒的习俗而得名，主要由糯米、红糖等原材料发酵而成，酿成之后在自家庭院掘地埋藏多年，待女儿出嫁再开坛饮用。

4. 即墨老酒，主产地山东，虽然平时听得比较少，却是山东黄酒的典型代表。即墨老酒酿造技术由来已久，风味独特，酒色棕红清亮，口感微苦，有余香。

四、中国黄酒的品鉴

黄酒是一类以稻米、黍米、玉米、小米、小麦等为主要原料，通过蒸煮、加酒曲、糖化、发酵、压榨、过滤、煎酒、储存、勾兑而成的酿造酒。黄酒含有多酚、谷胱甘肽等生理活性成分，黄酒中已检出的无机盐达18种，包括钙、镁、钾、磷、铁、锌等。黄酒中的维生素B、E的含量也很丰富，主要来自原料和酵母自溶物。黄酒中的蛋白质含量为酒中之最，每升绍兴加饭酒的蛋白质含量达16g，是啤酒的4倍。黄酒中的蛋白质多以肽和氨基酸的形态存在，易被人体吸收。

黄酒含丰富的功能性低聚糖，如每升绍兴加饭酒中的异麦芽低聚糖、潘糖、异麦芽三糖含量达6g。这些低聚糖是在酿造过程中，物料经微生物酶的作用而产生的。功能性低聚糖进入人体后，几乎不被人体吸收，不产生热量，但可促进肠道内有益微生物双歧杆菌的生长发育，可改善肠道功能、增强免疫力、促进人体健康。

五、黄酒的饮用方法

1. 温烫饮用

黄酒最传统的饮法，当然是温饮。温饮的显著特点是酒香浓郁，酒味柔和。温酒的方法一般有两种：一种是将盛酒器放入热水中烫热，另一种是隔火加温。但黄酒加热时间不宜过久，否则酒精都挥发掉了，反而淡而无味。一般，冬天盛行温饮。

黄酒的最佳品评温度是在 38 ℃左右。在黄酒烫热的过程中，黄酒中含有的极微量对人体健康无益的甲醇、醛、醚类等有机化合物，会随着温度升高而挥发掉，同时，酯类芳香物则随着温度的升高而蒸腾。

2. 冰镇黄酒

在年轻人中盛行一种冰黄酒的喝法，将黄酒放入冰箱冷藏室或者饮时再在杯中放几块冰，口感更好，也可根据个人口味，在酒中放入话梅、柠檬等，或兑些雪碧、可乐、果汁，有消暑、促进食欲的功效。

3. 佐餐黄酒

黄酒的配餐十分讲究，以不同的菜配不同的酒，则更可领略黄酒的特有风味，以绍兴酒为例：干型的元红酒，宜配蔬菜类、海蜇皮等冷盘；半干型的加饭酒，宜配肉类、大闸蟹；半甜型的善酿酒，宜配鸡鸭类；甜型的香雪酒，宜配甜菜类。

六、黄酒质量的鉴别

1. 闻香味：酿造的黄酒有明显的、浓郁的原料香味，而勾兑的黄酒不仅没有原料的香味，而且还有一种刺鼻的酒精味道。

2. 凭手感：倒少量的酒在手心来感受它的滑腻感。酿造的黄酒干了以后非常黏手，而勾兑的黄酒基本上不黏手。

3. 看价格：如果是用纯谷物陈酿的黄酒，得经过三五年的陈酿过程，不会太便宜，而勾兑酒一般较便宜。

七、黄酒文化

（一）传承吴文化的“苏式老酒”

众所周知，以惠泉黄酒为代表的吴文化和以绍兴黄酒为代表的越文化，是中华黄酒文化中两支风格各异的杰出流派。

据《史记》《吴越春秋》等书记载，作为吴文化发源地的无锡，其酿酒历史有 2000 年以上。明人冯梦龙的《醒世恒言》中，已写过“惠山泉酒”之名。清代年间，惠泉酒已是进献帝王的贡品。1722 年康熙帝“驾崩”，雍正继位，曹雪芹之父在江宁织造任上，一次就发运 40 坛惠泉酒进京，可见无锡惠泉酒成为贾府这个贵族之家的饮用酒是不奇怪的。

惠泉黄酒作为苏式老酒的典范，它以江南地下泉水和江南优质糯米作为原料，主要采取半甜型黄酒的酿造工艺，经过数千年文化积淀和工艺完善，终于成为明代的江南名酒，直至清代的宫廷御用酒，完成了从普通民间黄酒，发展成皇家御用黄酒的神话，从此源远流长，乃至今天。到了近现代，由于结合了现代技术、科学管理，“苏式老酒”的风格更臻至完美，其味温雅柔和、甘爽上口，饮后让人怡神舒畅、回味悠长。

今天，随着吴文化的传承、发扬、光大，“苏式老酒”也成为中国黄酒多元化市场中的一个典型代表。

（二）房县黄酒

房县黄酒又名“房陵黄酒”，“房陵黄酒”历史悠久，古代曾被称为“封疆御酒”“帝封皇酒”。有史料记载，绍兴黄酒最早产于公元前 492 年越王勾践时期，而“房陵黄酒”早在公元前 827 年西周时期已成为“封疆御酒”。闻名天下的《诗经》采集者尹吉甫是房陵人，相传楚王派太师尹吉甫作为使者向周宣王进贡，尹吉甫带了一坛房陵人自产的“白茅”（黄酒）献给周宣王，“白茅”呈上殿开坛满殿香，周宣王尝了一口，大赞其美，遂封为“封疆御酒”，并派人把房陵每年供送的“白茅”用大小不等的坛子分装，依“白茅”封疆土，奖诸侯。房县黄酒兴盛于唐代，武则天废中宗李显，贬为庐陵王，流放于房陵。李显在房陵居住期间，随行 720 名宫廷匠人对房县民间酿方进行改进而成房县黄酒。李显登基后，封房县黄酒为“黄帝御酒”，故又称“皇酒”。房县黄酒属北方半甜型，色玉白或微黄，酸甜可口。

（三）黄酒与儒家文化

中国最具特色的民族文化非儒家文化莫属，而黄酒则是中国最古老的独有酒种，被誉为“国粹”。两者源远流长，博大精深。儒家讲究中庸，宣扬仁、义、礼、智、信等人伦道德；而黄酒生性温和、风格雅致，酒文化古朴厚重，传承人间真善之美、忠孝之德。

1. 中庸

中庸之道即中正不偏、经常可行之道。“中也者，天下之大本也；和也者，天下之达道也。”儒家把“中”与“和”联系在一起，主张“和为贵”“普遍的和谐”。黄酒以“柔和温润”而名闻天下，恰与中庸调和的儒家思想相契合。黄酒集甜、酸、苦、辛、鲜、涩六味于一体，自然融合形成不同寻常之“格”，独树一帜，令人叹为观止。“六味”中稍稍偏颇某一味，往往腻口发渴，或辛辣粗糙，或淡口无味，或体中满闷，留给人们美中不足之憾。因此不得不佩服黄酒的“中庸”之道。儒家思想的中心思想和最高道德准则是“仁”。子曰：“仁者爱人”“克己复礼为仁”，其中“仁”是目标，“克己”而使“礼”得到遵守和恢复是践行手段。同时“仁”还体现了人与人的关系，是在尊重关怀他人的基础上，获得他人的尊重和关怀。

黄酒承载着释放人们精神压力、惠泽健康、表达情感、体现爱心、激发睿智的作用，这与儒家“崇尚仁义，主张天人合一”的精神境界，提倡友善、爱护是息息相通的。黄酒自古与人们结下了不解之缘。“酒，就也，所以就人性之善恶。”酒作用于人的精神的东西，可使人为善，也可使人为恶。酒虽有利有弊，但把握适度，受益颇多。酒的功能主要有三个：一是可解除疲劳，恢复体力；二是可药用治病，滋补健身；三是可成礼。

2. 忠孝

子曰："己欲立而立人，己欲达而达人。"孔子认为，忠乃表现于人与人交往中的忠诚老实；孟子说："诚者，天之道也。"孔子认为孝悌是仁的基础，孝不仅限于对父母的赡养，而且应着重于对父母和长辈的尊重。孟子更是主张："老吾老，以及人之老；幼吾幼，以及人之幼。"儒家"忠孝"思想不仅是中国传统的道德文明，而且也是中国传统美德的一部分。黄酒生性温和、醇厚绵长，在漫漫中国酒文化长河中，以其独有的"温和"受国人称道，黄酒的文化习俗始终以"敬老爱幼、古朴厚道"为主题，这与儒家所追求的"忠孝"精神一脉相承。

八、未来的黄酒市场

黄酒因其为世界最古老的酒种之一、醇和的口感、健康的消费理念受到消费者的喜爱，但是随着白酒市场的规范化、葡萄酒市场的快速发展，黄酒意欲在其中突围，就必须寻找到独特的核心竞争力。那么，黄酒的竞争力在哪里？

1. 价值归位。在江浙某些地区，黄酒的价格甚至敌不过一瓶矿泉水。像如此低廉的价格，如何能体现黄酒的价值本身？白酒水井坊因其600年历史创造了白酒新的价格体系；葡萄酒张裕卡斯特酒庄酒因其与法国资方合作，重新诠释了法国庄园葡萄酒与中国民族品牌的完美结合。那么黄酒应该用什么来体现其价值本身呢？我们知道，价格并不一定是产品的价值体现，但要让产品的价值在价格上得到体现，那么我们就应该让产品的价值得到归位。对于黄酒本身来说，就是如何让消费者明白，黄酒不是矿泉水。

2. 品牌提升。某些营销者认为，在宣传策略上，黄酒与白酒的区别应该是在健康这个问题上，但笔者认为，酒作为日常消费品，消费者更注重它的感官消费，如果仅仅是为了健康，那黄酒在宣传引导上又怎么敌得过"生态酒"之称的葡萄酒和"液体面包"之称的啤酒？消费者为什么消费水井坊、国窖1573，是因为它们有良好的保健功能？答案是否定的。消费者看重的是它的品牌！但是品牌也有价格瓶颈：古越龙山、会稽山30年陈酿，也有价格过千的产品，但是有多少人消费呢？这就是品牌瓶颈！因为消费者认为这个品牌就只能是低价产品。

3. 历史传承。黄酒的发展历史已经有4000余年了，在中国，人们最先品饮的就是黄酒，就人们的接受能力和亲近感来说，黄酒应该是较白酒和葡萄酒更容易被接受的。"越是民族的，越是世界的"，古越龙山已经进入全球免税店系统，那么下一个引领全国黄酒市场的独立高端品牌由谁来担当，这是一个值得我们期待的事情。

如今，白酒已经垄断了大部分酒类消费市场，葡萄酒也因为行业消费市场的逐步建立及消费者的接受度提高而占据了部分消费市场，黄酒作为民族酒种如何突破地域限制，进而让全国消费者接受，从而建立"三分天下"的局势，这个问题非常值得业内人士关注和思考。

第三节 清　酒

清酒是用大米酿制的酒，先用熟米饭制曲，加米饭和水发酵，制出原酒，然后经过滤、杀菌、储存、勾兑等一系列工序酿制而成。色泽呈淡黄色或无色，清亮透明，微苦，绵柔爽口，其酸甜苦辣涩味相谐调。日本清酒是借鉴中国黄酒的酿造法而发展起来的日本国酒。清酒酿造时，大米要磨皮，经两个发酵阶段，经两次杀菌等等。

日本清酒是典型的日本文化，有这么一说，每年成人节（1 月 15 日），日本年满 20 周岁的男男女女都穿上华丽庄重的服饰，所谓男着吴服，女穿和服，与三五同龄好友共赴神社祭拜，然后饮上一杯淡淡的清酒（据日本法律规定不到成年不能饮酒），在神社前合照一张饮酒的照片。此节日的程序一直延至今日不改，由此可见清酒在日本人心目中的地位。

日本清酒的牌名很多，仅日本《铭酒事典》中介绍的就有 400 余种，命名方法各异。有的用一年四季的花木和鸟兽及自然风光等命名，如白藤、鹤仙等；有的以地名或名胜定名，如富士、秋田锦等；也有以清酒的原料、酿造方法或酒的口味取名的，如本格辣口、大吟酿、纯米酒之类；还有以各类誉词作酒名的，如福禄寿、国之誉、长者盛等。

一、清酒的发展历史

据史料记载，日本的造酒文化源于中国大陆，2000 年前，江浙一带的大米种植技术和以大米为原料的酿酒技术传到了日本，日本人民将其保留下来并融入自己风土和生产技术之后，通过长时间的发展就变成了现在的清酒。奈良县的三轮神社、京都府的松尾神社和梅之宫神社在日本因供奉酒神而非常著名。三家神社所供奉的酒神代表了日本酿酒技术在不同时期的情况。

三轮神社供奉的诸神中有一位“大地主命”神，他是日本土著民族的代表。

松尾神社供奉的酒神据说是秦氏，他是距今 1500 年前从朝鲜半岛旅居日本的众多有技术的工匠中掌握酿酒技术的代表人物。

梅之宫神社供奉的“木花咲耶姬”神，传说他用大米酿制甜酒，表明 1200 年前就开始了制麴酿酒。

日本清酒獭祭

据中国史书记载，古时候日本只有“浊酒”，没有清酒。后来有人在浊酒中加入石炭，使其沉淀，取其清澈的酒液饮用，于是便有了“清酒”之名。公元7世纪中叶之后，朝鲜古国百济与中国常有来往，并成为中国文化传入日本的桥梁。因此，中国用“曲种”酿酒的技术就由百济人传播到日本，使日本的酿酒业得到了很大的进步和发展。到了公元14世纪，日本的酿酒技术已日臻成熟，人们用传统的清酒酿造法生产出质量上乘的产品。这就是闻名的“僧侣酒”，其中奈良地区所产的最负盛名。后来，“僧侣酒”遭到荒废，酿酒中心转移到了以伊丹、神户、西宫为主的“摄泉十二乡”。明治后期开始，又从“摄泉十二乡”转移到以神户与西宫构成的“滩五乡”。“滩五乡”从明治后期至今一直保留着“日本第一酒乡”的地位。

自19世纪后半叶的日本明治维新运动之后，日本清酒的质量逐渐下降，尤其是在第二次世界大战期间，日本酒商往清酒中兑入大量的食用酒精，以增加酿酒量，牟取暴利，使清酒所具有的独特风味黯然失色。因此，日本老人称这种低劣的清酒为“乱世之酒”，赞誉原来纯正的日本清酒为“太平之酒”。由于清酒酿造业受到历史上“乱世”的影响，给日本消费者留下了不良的印象，加上新一代日本人崇尚饮用啤酒和烈性酒，所以清酒的销售量逐年下降。今天，日本清酒的质量虽然已恢复其原来的水平，并且利用现代酿造技术和设备不断提高产品质量，但其产品仅占日本酒类市场销售量的15%。

二、清酒的酿造

日本清酒虽然借鉴了中国黄酒的酿造法，但却有别于中国的黄酒。该酒色泽呈淡黄色或无色，清亮透明，芳香宜人，口味纯正，绵柔爽口，其酸、甜、苦、涩、辣诸味谐调，酒精含量在15%以上，含多种氨基酸、维生素，是营养丰富的饮料酒。

日本清酒的制作工艺十分考究。精选的大米要经过磨皮，使大米精白，浸渍时吸收水分快，而且容易蒸熟；发酵时又分成前、后发酵两个阶段；杀菌处理在装瓶前、后各进行一次，以确保酒的保质期；勾兑酒液时注重规格和标准。

第一步是选米。酿造清酒时使用的米大概可以分为以下几种：普通的食用米占95%；用于酿酒的酒米占5%左右，这其中会有1%被称为酒造好适米（Shuzo－Kotekimai），它也被称为优质清酒用米。

第二步是精米步合。选好米之后，需要将其未经处理的糙米也称为玄米进行削磨加工，这个过程叫作“精米步合”。精米步合、精米度其实是同一个意思，即大米剩余度。日本清酒标签上写着“精米度70%”就意味着削去了30%的大米，留下了70%，用来酿造这瓶酒。如果，写着是“精米步合39%”或者是“三割九分”那么说明，大米削去了61%的表层，剩下39%的米粒用来酿酒。这一步骤是因为，米粒外层若是含有过多的杂质，会对酒的品质造成很大的影响，只有当米表层的杂质被磨除掉后，留下的部分才能够酿出柔滑细致的清酒，香气也才能独特馥郁。精米步合的高低，是衡量这瓶清酒普通或优质的指标。

第三步是洗米，在完成精米步合之后需要进行洗米，目的是把米表面的成分一边洗掉，还要让其吸收适当的水分，经水洗净后，白米会吸收本身重量10%的水分。洗米将精米留下的米糠等杂质洗去，这一过程中也会有1%～2%的精米效果。洗完米之后需要将米继续放在水中，让米粒内部的米心位置吸水达到25%～30%，这一过程叫作浸渍，目的是让米内充满水分，为接下来的蒸米过程做好准备。需要注意的一点是，浸渍后需要让米自然干，这个过程称之为切水。

第四步是蒸米，为了能让酿酒的酒米达到外硬内软的适宜精米的理想状态，进而好配合糖化作用，需要用蒸汽的热力来使米内的淀粉质糊化。这其中值得注意的一点是：蒸完之后需要让其自然冷却，目的是让蒸米的余温下降，因为温度太高或者太低的蒸米都会影响下一步制曲。

第五步是制作米曲。制作米曲是清酒酿造中被视为最重要的一个程序，准备好的制曲用的蒸米会摆放到曲室，洒上曲种，让曲菌糖化蒸米。经过糖化作用后的蒸米成为米曲才能发酵。酒曲通常分为黄曲、黑曲、白曲三种。其中，黄曲的历史最久远，它酿出的酒风味趋于淡丽，也能更好表现吟酿香。黑曲的口味与黄曲相对，浓郁、余味鲜明，风格更适合烧酒。白曲产生柠檬酸，酒里有新鲜的柠檬、柑橘类的清爽水果酸味，有助于去除海鲜腥味。

第六步是制作酒母。等米曲制作完毕，再加入水和酵母，初步的酒母就完成了（酒母可以理解成“引子”）。这么做的原因在于，在细菌的世界中，先繁殖的细菌会占上风，所以需要事先准备一个让酵母容易繁殖的环境，让它们能够更好地繁衍后代，在这种环境中，酵母繁殖出来的后代就被称为“酒母”或者“酛”等。虽然说制造酒母需要在专用的酒母室进行，但是里面也并不是无菌空间，因此空气中会混入杂菌和其他种类的酵母，这些杂菌一旦繁殖，就无法控制酿酒的精度了，因此就需要乳酸来驱逐这些杂菌和酵母，并且乳酸不会对制造清酒的酵母产生影响。取天然乳酸菌，并在对其进行培养的同时活用乳酸，从而制造出酒母的方法叫作“生酛酿造法”。生酛酿造法酿造出来的酒母叫作“生酛”。直接加入酿酒的乳酸的方法则叫作“速酿法”。速酿法生成的酒母则被称为“速酿酛”。

第七步为发酵。等“酛”生成后再加入大量的米，正式开始发酵，从而制造出醪糟。在制作醪糟时，需要将酒母转移到发酵槽里再添加蒸米、米曲和水，但这些并不是一次性全添加进去的，而是为了防止酵母等物质被冲淡导致杂菌进入，需要先添加一些，在酵母完全处于优势的时候再继续添加，像这样添加数次，分成三次添加的方法叫作“三段添加”，也是较常用的做法。

第八步是上槽。发酵后产生的醪糟称为“浊酒”，为了得到清酒，将这些浊酒进行过滤的工序称作“上槽”。上槽就是指把酒渣和液体分隔。在压榨醪糟的时候，一般使用“槽”或“自动压榨机”进行，简单来说就是对醪糟施加压力，将酒榨取出来。常见的上槽方式一般有槽榨、自动榨和袋吊三种。其中高质的清酒一般以袋吊方式出现，将醪糟放入酒袋中，借助重力一滴一滴地滴下来，这个方法收集的酒，也被称作“袋吊酒”“袋取酒”“滴取酒”。由于这一种酒是没有加入人工的压力，而是精心花时间收集而成的酒，所以酒质较纯，没有杂味。

第九步为过滤。在压榨醪糟过程中，如果过滤用的是滤网或者布孔眼较大，那么醪糟中较小的米就不会被过滤掉，而是留在酒里，这种酒叫作浊酒。反之，即使用孔眼较小的滤网来过滤，也会有一些细小的颗粒残留，这种颗粒被称之为“滓”。像这样有沉淀物，看起来稍微显出白色的酒被称为滓络酒。之后进一步去除沉淀物的工序叫作“滓引”，然后再用过滤器进行过滤，就能去除所有的沉淀物和杂味，进而得到清酒。但某些酒庄不做过滤的工程，刻意保留酿造后原本的色彩，这样没有使用过滤器进行过滤的酒叫作无过滤酒。

第十步为杀菌。将清酒通过加热杀菌的过程称作“火入”。这道工序在压榨醪糟之后进行一次，装瓶的时候再进行一次，一共进行两次，其原因是酒精内含一种“火落菌”的细菌，如果火落菌进入储藏中的清酒，会使酒变成白色混浊状，并产生臭味，而这道杀菌工序就是为了杀死这个细菌，还有一个目的就是让酶失去活性，因为酶会加速清酒的成熟，如果没有经过杀菌，清酒就会在瓶中不断变质，因此为了保持品质稳定，要进行杀菌。

三、清酒的分类

（一）按制法不同分类

1. 纯米酒，纯米酿造酒即为纯米酒，仅以米、米曲和水为原料，不添加食用酒精。

2. 本酿造酒，由米、米麹、少量酿造酒精制成的酒，本酿造酒在酿造前加入少量酿造酒精。

3. 吟酿造酒（纯米吟酿），制作吟酿造酒时，要求所用原料的精米率在60%以下。日本酿造清酒很讲究糙米的精白程度，以精米率来衡量精白度，精白度越高，精米率就越低。精白后的米吸水快，容易蒸熟、糊化，有利于提高酒的质量。例如，米粒被磨去30%后，剩余的70%就用来酿酒。高一等的吟酿，就会磨去米粒外层40%后才造酒。至于最高级的大吟酿，差不多50%的米粒外层都会被磨去，加上在冬天才酿制，所采用的米比较靓，水质较清纯，酿制时间也较长，故会散发一种自然的清香，入口分外醇美。吟酿造酒被誉为“清酒之王”。

4. 大吟酿酒（纯米大吟酿），用精米步合在50%以下的白米、米曲、水，以及不超过白米重量10%的食用酒精为原料制成的清酒。

（二）按口味不同分类

1. 甜口酒，指含糖分较多、酸度较低的酒。

2. 辣口酒，是含糖分少、酸度较高的酒。

3. 浓醇酒，是含浸出物及糖分多、口味浓厚的酒。

4. 淡丽酒，是含浸出物及糖分少而爽口的酒。

5. 高酸味酒，是以酸度高、酸味大为其特征的酒。

6. 原酒，是制成后不加水稀释的清酒。

7. 市售酒，指原酒加水稀释后装瓶出售的酒。

（三）按储存期分类

1. 新酒，是指压滤后未过夏的清酒。

2. 老酒，是指储存过一个夏季的清酒。

3. 老陈酒，是指储存过两个夏季的清酒。

4. 秘藏酒，是指酒龄为 5 年以上的清酒。

（四）按酒税法规定的级别分类

1. 特级清酒，品质优良，酒精含量在 16%以上，原浸出物浓度在 30%以上。

2. 一级清酒，品质较优，酒精含量在 16%以上，原浸出物浓度在 29%以上。

3. 二级清酒，品质一般，酒精含量在 15%以上，原浸出物浓度在 26.5%以上。

（五）以水的性质区分：

1. “硬水”制成的滩酒，水中含有矿物质，例如日本盛、白雪、白鹤。

2. “软水”酿造的京都伏见酒，纯净水酿造，例如月桂冠。

（六）其他分类

根据日本法律规定，特级与一级的清酒必须送交政府有关部门鉴定通过，方可列入等级。由于日本酒税很高，特级的酒税是二级的 4 倍，有的酒商常以二级产品销售，所以受到内行饮家的欢迎。但是，从 1992 年开始，这种传统的分类法被取消了，取而代之的是按酿造原料的优劣、发酵的温度和时间，以及是否添加食用酒精等来分类，并标出“纯米酒”“超纯米酒”的字样。

四、日本常见的清酒品牌

1. 大关

大关清酒在日本已有近 300 年的历史，也是日本清酒颇具历史的领导品牌，“大关”的名称源于日本传统的相扑运动：数百年前日本各地最勇猛的力士，每年都会聚集在一起进行摔跤比赛，优胜的选手则会被赋予“大关”的头衔，而大关的品名是在 1939 年第一次被采用，作为特殊的清酒等级名称。相扑在日本是享誉盛名的运动，大关在 1958 年颁发“大关杯”给优胜的相扑选手，此后大关清酒就与相扑运动结合，更成为优胜者在庆功宴最常饮用的清酒品牌。

2. 月桂冠

月桂冠的最初商号名称为笠置屋，成立于宽永十四年（1637 年），当时的酒品名称为玉之泉，其创始者大仓六郎右卫门在山城笠置庄，也就是现在的京都相乐郡笠置町伏见区，开始酿造清酒，至今已有 380 多年的历史。其所选用的原料米也是山田锦，水质属“软水”的伏水，所酿出的酒香醇淡雅；明治三十八年（1905 年）日本时兴竞酒比赛，优胜者可以获得象征最高荣誉的桂冠，冀望能赢得象征清酒的最高荣誉而采用“月桂冠”这个品牌名称。

3. 日本盛

酿造日本盛清酒的西宫酒造株式会社在明治二十二年（1889 年）创立于日本兵库县，是著名的神户“滩五乡”中的西宫乡，为使品牌名称与酿造厂一致，于 2000 年更名为日本盛株式会社。该公司创立至今已有 134 年历史，日本盛清酒是于 1990 年 12

月，在公卖局的机场免税店试销成功后才正式引进台湾，其口味介于月桂冠（甜）与大关（辛）之间。有人将酿酒的原料比喻为酒的肉，酿酒用的水为酒血，酒曲则为酒的骨，那么酿酒师的技术与用心，则应该是酒的灵魂了。日本清酒也不例外，除了先天的气候环境条件，水质的优劣、用米的良窳等都是不可缺少的要素。若以水的性质区分，日本酒有两种代表，一种是用“硬水”制成的滩酒，俗称为“男人的酒”，另一种是用“软水”酿造的京都伏见酒，称为“女人的酒”，前者如日本盛、白雪、白鹤等，后者如月桂冠。日本盛的原料米采用日本最著名的山田锦，使用的水为“宫水”，其酒品特质为不易变色，口味淡雅甘醇。“硬水”与“软水”的区分在于水中所含矿物质（钙、镁、钾）的多寡，“硬水”的矿物质含量较多，“软水”较少。

4. 白雪

日本清酒最原始的功用是作为祭祀之用，寺庙里的和尚为了祭典自行造酒，部分留作自己喝，早期的酒是呈混浊状，经过不断的演进改良才逐渐转成清澄，其时大约在16世纪。白雪清酒的发源可溯至公元1550年，小西家族的祖先新右卫门宗吾开始酿酒，当时最好喝的清酒被称为“诸白”，由于小西家族制造诸白成功而投入更多的心力制作清酒；到了1600年江户时代，小西家第二代宗宅运酒至江户途中，仰望富士山时，被富士山的气势所感动，因而命名为“白雪”，白雪清酒可说是日本清酒最古老的品牌。一般日本酒最适合的酿造季节是在寒冷的冬季，因为气温低，水质冰冷，是酿造清酒的理想条件，因此自江户时期以来，日本清酒多是在冬天进行酿造，称为“寒造”，酿好的酒第二年春夏便进行陈酒。1963年，白雪在伊丹设立第一座四季酿造厂“富士山二号”，打破了季节的限制，使造酒不再限于冬季，任何季节都可造酒。白雪清酒的特色除了采用兵库县心白不透明的山田锦米种，酿造用的水则是采用所谓硬水的“宫水”，宫水中含有大量酵母繁殖所需的养分，因此是最适合用来造酒的水，其所酿出来的酒属酸性辛口酒，即使经过稀释，酒性仍然刚烈，因此称为“男酒”。

另外，白雪酿制的过程除了藏元杜氏外，整个酿制过程均由女性社员担任，也许因为这个原因，白雪清酒呈现的是细致优雅的口感，如同其名，冰镇之后饮用更显清爽畅快。

5. 白鹿

白鹿清酒创立于日本宽文二年（1662年）德川四代将军时代，至今已有361年的历史。由于当地的水质清冽甘美，是日本所谓最适合酿酒的西宫名水，白鹿就是使用此水酿酒；早在江户时代的文政、天保年间（1818—1843年），白鹿清酒就被称为“滩的名酒”，迄今仍拥有崇高的地位。白鹿清酒的特色是香气清新高雅，口感柔顺细致，非常适合冰凉饮用，另外一款白鹿生清酒（Nama Sake），口感较一般的清酒多一分清爽、新鲜甘口的风味，所谓的“Nama”是新鲜的意思，一般清酒的酿制过程须经两次杀菌处理，而生清酒仅作一次的杀菌处理便装瓶，因此其口感更清新活泼。

6. 白鹤

白鹤清酒创立于1743年，至今已有280年的历史。在日本的主要清酒产区——关西滩五乡，白鹤也有不可动摇的地位，尤其是白鹤的生酒、生储藏酒等，其在日本的销量，更是常年居冠。白鹤品牌的产品相当多元，除了众所熟知的清酒、生清酒外，另外还有烧酎、料理酒等其他种类的酒品。在清酒方面，产品线更是齐全多样，从纯米生酒、生储藏酒、特别纯米酒到大吟酿、纯米吟酿、本酿造等，口味更是从淡丽到辛口、甘口，适合女性的或专属男性喝的，可以说应有尽有。

7. 菊正宗

菊正宗创业于 1659 年，即万治二年。它的历史悠久，是日本清酒界的老牌企业之一。其产品的特色是：酒香味烈，日语表述为“うまい辛口”。这是日本第一酒乡——滩五乡酒厂的特有酒质。因为其酒气凛冽，故称为“男人之酒”。很明显，菊正宗清酒与一般市面贩售稍带甜味的其他清酒不同。比如：京都的伏见酒——日语表述为“甘口”，即大家常说的“甜味之酒”，它在日本国内被称为“女人之酒”。之所以菊正宗公司可以酿造出如此凛冽之酒，是由于其在酿造发酵的过程中，采用菊正宗公司自行开发的“菊正酵母”作为酒母。因为这种酵母菌的发酵力强，而且生命力旺盛，直到发酵末期也不会死亡，所以它能最大限度地将酒中的葡萄糖转化成酒精。因此酿造出了拥有凛冽酒质、余味悠长的日本清酒。

菊正宗

另外，菊正宗的瓶装日式桶装酒——樽酒，也是很具有特色。它在清酒的原风味之上兼具吉野杉木的特有清香味。其制作方法是将酿出的菊正宗清酒再放入杉木桶中，待其达到最佳口感时取出，瓶装上市。一般来说，一道工序下来 10 天左右。于是酒液在吉野杉木桶中吸收杉木的香气及色泽，其味更佳。只要含一口菊正宗樽酒，就有一股酒香与杉木清香气在口内缓缓展开。

菊正宗是如此表述樽酒的：“美酒佳酿自扶桑，香气怡人飘汉唐。酒香味烈含木香，菊正樽酒美名扬。”

五、清酒的品鉴

眼观：观察酒液的色泽与色调是否纯净透明，若是有杂质或颜色偏黄甚至呈褐色，则表示酒已经变质或是劣质酒。在日本品鉴清酒时，会用一种在杯底画着螺旋状线条的“蛇眼杯”来观察清酒的清澈度，算是一种比较专业的品酒杯。

鼻闻：清酒最忌讳的是过熟的陈香或其他容器所逸散出的杂味，有芳醇香味的清酒才是好酒，而品鉴清酒所使用的杯器与葡萄酒一样，需特别注意温度的影响与材质的特性，这样才能闻到清酒的独特清香。

口尝：在口中含3～5毫升的清酒，然后让酒在舌面上翻滚，使其充分均匀的遍布舌面来进行品味，同时闻酒杯中的酒香，让口中的酒与鼻闻的酒香融合在一起，吐出之后再仔细品尝口中的余味，若是酸、甜、苦、涩、辣五种口味均衡调和，余味清爽柔顺的酒，就是优质的好酒。

第四节　葡萄酒

一、葡萄酒的历史

关于葡萄酒的起源，众说纷纭。确切地说，应是一万年前我们共同的祖先酿造了葡萄酒，随着葡萄酒文化流传到今天。据史料记载，葡萄栽培和酿造技术，是随着旅行者和新的疆土征服者，从小亚细亚（Asia Minor）和埃及，在到达希腊及其诸海岛之前，先流传到希腊的克里特岛，再经意大利的西西里岛、北非的利比亚和意大利，从海上到达法国濒临地中海东南的瓦尔省（Var）境内靠海的普罗旺斯地区和西班牙沿海地区；与此同时，其通过陆路，由欧洲的多瑙河河谷进入中欧诸国。

根据考古的研究推测，葡萄酒的历史已经有6000多年。此前，考古学家在伊朗的格登特比发现了一只公元前3500年的波斯两耳细颈酒罐，通过对罐壁红色斑的成分分析，发现其中有单宁和酒石酸，这是葡萄酒里所含的天然化学物质，说明人类在5500多年以前就已经开始饮用葡萄酒了。后来，葡萄酒酿造的方法从波斯、埃及传到希腊、罗马、高卢（今法国）。然后，葡萄酒的酿造技术和消费习惯由希腊、意大利和法国，传到欧洲各国。由于欧洲人信奉基督教，基督教徒把面包和葡萄酒称作“我的肉，我的血”，把葡萄酒视为生命中不可缺少的饮品，所以葡萄酒业在欧洲国家就发展了起来。

葡萄酒

法国、意大利、西班牙已经成为当今世界葡萄酒的“湖泊”。欧洲也是当今世界人均消费葡萄酒最多的洲。

（一）古希腊时代的葡萄酒

传说中发明酿制葡萄酒的是建造方舟的诺亚，不过现在大多认为葡萄酒并非一人一地的发明，而是多人多地多文化并存的自然发现，一般认为两河流域的苏美尔文明可能是最早有葡萄酒意识的文明，埃及文明稍后在两河文明的影响下发展出自己的葡萄酒文化。

这些地区的葡萄酒文化最后都传到了爱琴海由希腊人继承，最后由罗马人发扬光大，成了较接近我们今日所熟知的现代葡萄酒文化的雏形。

荷马史诗《伊利亚特》与《奥德赛》中已有葡萄酒的记载，甚至也有晚收葡萄酒的纪录，今日常见的冰酒就是一种晚收葡萄酒。

酒神狄俄尼索斯是在希腊文化晚期才被列入希腊诸神中的，也就是说，葡萄酒从上层社会进入一般平民的日常生活中，成为文化的一部分也是在希腊文化晚期的事。

（二）法国葡萄酒的历史

法国葡萄酒被世人奉为世界葡萄酒的极品。它之所以深受人们的喜爱，不仅仅是因为它与香水、时装一样象征着法兰西浪漫情调，更重要的是它有着独特的历史和文化底蕴。提起法国葡萄酒的起源，可以追溯到公元前 6 世纪。当时腓尼基人和凯尔特人首先将葡萄种植和酿造业传入现今法国南部的马赛地区，葡萄酒成为人们佐餐的奢侈品。

到公元前 1 世纪，在罗马人的大力推动下，葡萄种植业很快在法国的地中海沿岸盛行，饮酒成为时尚。然而在此后的岁月里，法国的葡萄种植业却几经兴衰。公元 92 年，罗马人逼迫高卢人摧毁了大部分葡萄园，以保护亚平宁半岛的葡萄种植和酿酒业，法国葡萄种植和酿造业出现了第一次危机。公元 280 年，罗马皇帝下令恢复种植葡萄的自由，葡萄种植和酿造业进入重要的发展时期。1441 年，勃艮第公爵禁止良田种植葡萄，葡萄种植和酿造业再度萧条。1731 年，路易十五国王取消上述禁令。1789 年，法国大革命爆发，葡萄种植不再受到限制，法国的葡萄种植和酿造业终于进入全面发展的阶段。历史的反复、求生存的渴望、文化的熏染以及大量的品种改良和技术革新，推动法国葡萄种植和酿造业日臻完善，最终走进了世界葡萄酒极品的神圣殿堂。

当然，法国的气候和地理环境都在不同的程度上适宜葡萄的生长。法国受地中海式气候的影响，空气湿润，降水丰富，气温适宜。

（三）意大利葡萄酒的历史

很难具体考证出意大利人是从什么时候开始酿造葡萄酒的，但是在公元前 2000 年左右的时候，腓尼基人从波斯来到现在意大利南部的阿普利亚（Apulia）地区，这里已经开始种植葡萄和酿造葡萄酒了，并且葡萄酒已经作为商品被广泛地交易。

罗马建城后，城中的贵族终日饮酒作乐，葡萄酒已经成为罗马人的日常饮品，当然那个时候即便是最差的葡萄酒，也比饮水更受欢迎。公元 1 世纪之前，罗马人已经开始使用木桶（或许不是橡木）用于酒的运输、存储和陈年，罗马人使用木桶装酒贩运到当时罗马帝国的各个角落，也就是现在的法国、德国、北非、西班牙和英格兰。到了 19

世纪和20世纪初，意大利酒并没有像法国酒那样发出灿烂的光辉，虽然在意大利葡萄酒的产量比法国还要高，但是在很多地方它们是低档葡萄酒的代名词，被称作“洗车酒”，20世纪中期美国的意大利移民才喝那些很酸的意大利酒。

意大利葡萄酒重新恢复其名誉应该在20世纪中期，目前意大利的葡萄园基本都是20世纪60—70年代重新种植的，而在这以前的葡萄园只保留了不到10%。

（四）中国古代葡萄酒的历史

据考证，我国在汉代（公元前206年）以前就已经开始种植葡萄并有葡萄酒的生产了。中国最早对葡萄这一水果的文字记载见于《诗经》。古代原生葡萄也被称为山葡萄或刺葡萄。在《史记》中，葡萄一词被写作“蒲陶”。其实早在周代，就已经出现了人工种植的葡萄园了。司马迁著名的《史记》中首次记载了葡萄酒。公元前138年，外交家张骞奉汉武帝之命出使西域，看到“宛左右以蒲陶为酒，富人藏酒至万余石，久者数十岁不败。俗嗜酒，马嗜苜蓿。汉使取其实来，于是天子始种苜蓿、蒲陶肥饶地。及天马多，外国使来众，则离宫别观旁尽种蒲陶、苜蓿极望”（《史记·大宛列传》第六十三）。这一史料充分说明我国在西汉时期，已从邻国学习并掌握了葡萄种植和葡萄酿酒技术。

西域自古以来一直是我国葡萄酒的主要产地。《吐鲁番出土文书》（现代根据出土文书汇编而成的）中有不少史料记载了公元4—8世纪期间吐鲁番地区葡萄园种植、经营、租让及葡萄酒买卖的情况。从这些史料可以看出在那一历史时期葡萄酒生产的规模是较大的。

在西汉中期，中原地区已经得知葡萄可以酿酒，并将欧亚种葡萄引进了中原。他们不仅带来葡萄品种，还将酿酒艺人招来，自西汉开始，中国有了西方的酿制法。西汉时期，汉武帝派遣张骞出使西域，将西域的葡萄及酿造葡萄酒的技术引进中原，促进了中原地区葡萄栽培和葡萄酒酿造技术的发展。葡萄酒成为当时皇亲国戚、达官贵人享用的珍品。据传，汉武帝很喜欢葡萄酒的美味，但因当时酿造的酒产量极为有限，故而特作珍藏，仅留作供奉王母娘娘的珍品。相传在汉朝，陕西扶风一个姓孟名佗字伯郎的富人，拿一斛葡萄酒贿赂宦官张让，当即被任命为凉州刺史。后来苏轼对这件事感慨地说：“将军百战竟不侯，伯郎一斗得凉州。”可见葡萄酒诱人的魅力。

三国时期，魏文帝曹丕不仅爱喝葡萄酒，还在进诏书上夸赞葡萄酒，并告之于群臣。在栽培葡萄、酿造葡萄酒和创造葡萄酒文化上取得飞跃进步的是唐代。

纵观历史，盛唐时期国力强盛，疆土扩大，朝廷不断地吸收新鲜血液。葡萄酒就是在这样开放的大时代下流行起来的。

贞观十四年，唐太宗平定高昌。高昌历年来盛产葡萄，在南北朝时就向梁国进贡葡萄。《册府元龟》写道：唐朝破了高昌国后，收集到马乳葡萄放到院中，并且得到了酿酒的技术，唐太宗把技术资料做了修改以后，酿出了芬芳酷烈的葡萄酒，并和大臣们一起品尝。这是史书上第一次明确记载内地用西域传来的方法酿造葡萄酒的档案，在长安城东至曲江一代，俱有胡姬侍酒之肆，出售西域特产葡萄酒。唐太宗不仅在皇宫御苑里大种葡萄，还亲自参与葡萄酒的酿制。《太平御览》称唐太宗酿的酒“凡有八色，芳辛酷烈，味兼醍盎”。帝王、大臣喜好葡萄酒，民间酿造和饮用葡萄酒也十分普遍，从唐朝开始，葡萄酒已不再仅仅是供帝王及王公大臣、社会名流饮用，已然成为诗人们文思泉涌的催化剂。

到了元代，已经有大量的葡萄酒产品在市场销售。《马可·波罗游记》记载，在山西太原府，那里有许多好葡萄园，酿造很多的葡萄酒，贩运到各地去销售。所以山西那里，早就有这样一首诗：“自言我晋人，种此如种玉，酿之成美酒，令人饮不足。”看来，当地老百姓把种葡萄、酿造葡萄酒看成是一件很自豪的事。元朝统治者对葡萄酒非常喜爱，规定祭祀太庙必须用葡萄酒，并在山西的太原、江苏的南京开辟葡萄园。至元二十八年在宫中建造葡萄酒室。

明朝时候，李时珍在《本草纲目》中多处提到葡萄酒的酿造方法及葡萄酒的药用价值。李时珍写道：“葡萄酒……驻颜色，耐寒。”这就是说葡萄酒能增进健康，驻容养颜。

到了清代，葡萄酒就成了纯粹的“西洋酒”了。不过，大清王朝的康熙帝却是一位热衷于饮用葡萄酒的皇帝。一次他得了重病，几名西洋传教士便向皇帝建议，为了恢复健康，最好每天喝一杯红葡萄酒。也许是试后，确有效果，于是康熙将葡萄酒称为“滋补上品”，并保持喝红葡萄酒的习惯一直到去世。

二、葡萄酒的制作原料

葡萄品种分为鲜食葡萄品种和酿酒葡萄品种，我们通常见到的葡萄均为鲜食葡萄。酿酒葡萄为 Ampelidecese 科，所有酿酒葡萄品种均属于 Ampelidecese 的 10 个科属中的 Vitis 科属，其中又以 Vitis Vinifera 种最为重要，因为全球的葡萄酒有 99.99%均是使用 Vitis Vinifera 的葡萄品种酿造。Vitis Vinifera 是欧洲用来制造上好葡萄酒的品种。全世界有超过 8 000 种可以酿酒的葡萄品种，但可以酿制上好葡萄酒的葡萄品种只有 50 种左右，大约可以分为白葡萄和红葡萄两种。白葡萄，颜色有青绿色、黄色等，主要用来酿制气泡酒及白葡萄酒。红葡萄，颜色有黑、蓝、紫红、深红色，有果肉是深色的，也有果肉和白葡萄一样是无色的，所以白肉的红葡萄去皮榨汁之后可酿造白葡萄酒，例如黑比诺（Pinot Noir）可用来酿造香槟及白葡萄酒。

（一）白葡萄品种

葡萄品种是决定葡萄酒味道的主要因素，知道这瓶酒所使用的葡萄品种就可以大致判断出这瓶酒的味道。参照《葡萄品种的味道表》，其中包含了香气、口感、大致的酒体和结构。同一个葡萄品种在不同的产地会有不同的表现，但大致的风味与架构是相同的。

1. 雷司令（Riesling）。雷司令也称薏丝琳，原产于德国，1892 年从欧洲引入我国，山东烟台和胶东地区栽培较多。该品种适应性强，较易栽培，但抗病性较差。酿制酒为浅禾黄色，香气浓郁，酒质纯净。该品种主要用于酿造干白、甜白葡萄酒及香槟酒。

2. 白羽（Rkatsiteli）。白羽又名尔卡齐杰里、白翼、苏 58 号，欧亚种，原产于格鲁吉亚，是当地最古老的品种之一。1956 年引入中国，在河北、山东、陕西、北京及黄河故道地区有大面积栽培。

3. 贵人香（Italian Riesling）。贵人香别名意斯林、意大利里斯林，欧亚种，原产于意大利。1982年引入中国，在山东、河北、陕西及天津、北京和黄河故道地区有较多栽培。贵人香嫩梢底色绿，有暗紫红附加色，茸毛中等。叶片较小，心脏形，平展，浅五裂，叶面光滑，叶背有中等黄白色茸毛，叶缘锯齿锐，双侧直，叶柄洼闭合，具椭圆形空隙，或开张，呈底部尖的竖琴形。贵人香是酿制优质白葡萄酒的良种，也是酿制香槟酒、白兰地和加工葡萄汁的好品种。

4. 李将军（Pinot Blanc）。李将军别名白比诺，属欧亚种，原产于法国。酿制酒为浅黄色，清香爽口，回味绵延，具典型性。该品种为黑比诺的变种，适宜酿造干白葡萄酒与香槟酒。

霞多丽

5. 霞多丽（Chardonnay）。霞多丽别名查当尼、莎当妮、夏多内。原产自法国勃艮第，是目前全世界最受欢迎的酿酒葡萄之一，属早熟型品种。由于适合各类型气候，耐冷，产量高且稳定，容易栽培，霞多丽几乎已在全球各产酒区普遍种植，土质以带泥灰岩的石灰质土为最佳。霞多丽是各白葡萄酒最适合橡木桶培养的品种，其酒香味浓郁，口感圆润，经久存可变得更丰富醇厚，以制造干白葡萄酒及气泡酒为主。

6. 长相思（Sauvignon Blanc）。长相思别名白苏维翁、苏维浓、缩维浓。白苏维翁是一种颇受欢迎的白色酿酒葡萄。熟透时采摘，酿造的葡萄酒具有柠檬、青苹果或药草的香气，有时带有胡椒的气味。早摘的白苏维翁酿造的酒，青草气息颇为浓郁。白苏维翁葡萄酒比莎当妮葡萄酒的酸度要高一些，酒体清淡，一般都呈干性。产自欧洲的这类葡萄酒大部分没有橡木味，而产自加利福尼亚的通常都有橡木味。白苏维翁原产自法国波尔多地区，适合温和的气候，土质以石灰土为最佳，常被称为 Fume Blanc。白苏维翁主要用来制造适合年轻人饮用的干白葡萄酒，或混合塞米雍以制造贵腐白葡萄酒。

7. 白诗南（Chenin Blanc）。白诗南别名百诗难、白谢宁。这种上等葡萄最早在法国的卢瓦尔河谷地带广泛栽种，在美国加利福尼亚、澳大利亚、南非和南美栽培得都很普遍。白诗南葡萄酒是一种具有果味的葡萄酒，有的呈极度干性，有的稍甜，还有的甜度较高。品质最好的白诗南酸度高，质地圆润，非同寻常，经陈酿色泽呈深深的金黄色，可存放50年甚至更长的时间。其酒香特别容易让人联想起鲜桃的香味，早摘葡萄酿制的白诗南有一种淡淡的青草和药草的芳香。

8. 塞米雍（Semillon）。塞米雍又称瑟美戎、赛美蓉，原产自法国波尔多地区，虽非流行品种，但在世界各地都有生产。该品种适合温和型气候，产量大，所产葡萄粒小，糖分高，容易氧化。比起其他重要品种，塞米雍所产干白葡萄酒品种特性不明显，酒香淡，口感厚实，酸度经常不足，所以经常混合白苏维翁以补其不足，适合年轻人饮用。部分产区经橡木桶发酵培养可丰富其酒香且较耐久存，如贝沙克—雷奥良等。

9. 灰皮诺（Pinot Gris）。灰皮诺又称灰比诺、灰品乐，原产自法国阿尔萨斯地区，除原产地外，也种植于意大利北部（称为 Pinot Grigio）和德国（称为 Rulander）。其果皮颜色常呈粉红或淡红，所产葡萄酒酒精浓度较高，所含萃取物质相当高，酸味偏低，有时具香料味。

（二）红葡萄品种

1. 佳丽酿（Carignan）。佳丽酿别名法国红、康百耐、佳酿，原产于西班牙，世界各地均有栽培。中国最早是在 1892 年由西欧引入山东烟台。山东、河北、河南等产区有较大面积栽培。该品种是世界古老酿红酒的品种之一，所酿之酒呈宝石红色，味正，香气好，宜与其他品种调配，去皮可酿成白或桃红葡萄酒，可用于红酒调配酒与制造白兰地，因此生产上有一定的推广意义和发展前景。

2. 赤霞珠（Cabernet Sauvignon）。赤霞珠别名解百纳、解百纳·索维浓、苏味浓，是有君王之尊的红葡萄品种。该品种适应性较强，抗病力中等。

3. 蛇龙珠（Cabernet Gernischet）。蛇龙珠属欧亚种，原产于法国，为法国的古老品种之一，与赤霞珠、品丽珠是姊妹品种。1892 年引入中国，山东烟台地区有较多栽培。蛇龙珠是酿制红葡萄酒的世界名种，宜在山东、东北南部、华北、西北地区栽培。由它酿成的酒呈宝石红色，澄清发亮，柔和爽口，具解百纳的典型性，酒质上等。

4. 品丽珠（Cabernet Franc）。品丽珠别名卡门耐特，原产于法国，为法国古老的酿酒品种之一，世界各地均有栽培，是赤霞珠、蛇龙珠的姊妹品种。该品种是世界著名的、古老的酿红酒品种，它的酒质不如赤霞珠，适应性不如蛇龙珠。新引入的“品丽珠”营养系在栽培性状方面有很大提高，值得引起重视。

5. 黑比诺（Pinot Noir）。黑比诺别名黑品乐、黑美酿，属欧亚种，原产于法国勃艮第（Burgundy），栽培历史悠久，栽培黑比诺最早的记载为公元 1 世纪，当时称之为 Pinor Vermei。黑比诺在欧洲种植比较广泛，中国于 20 世纪 80 年代开始引进，主要种植区分布在甘肃、山东、新疆、云南等地区。

三、葡萄酒的酿制

（一）古希腊时期葡萄酒的酿制

酿酒器：土制的酒缸或酒瓮（以木桶酿酒是罗马时代才发明的）。

榨汁：将葡萄放在榨汁器中一次完成榨汁，也就是装入木桶中用脚踩碎或以木棒捣碎（分汁酿造也是罗马时代才有的）。

酿酒：接着将葡萄汁液装入约莫六百公升的酒瓮中，以石膏或黏土密封起来，挂上记录着树种、榨汁年份与统治者名字的纸片后，埋入地下。这种纸片成了后来酒标的起源。希腊时代葡萄酒的酿制时间并不会很久，也并不会以温度来控制酿造的程序。

盛酒器：陶土烧制的酒壶居多。

调酒器：也就是将水渗入葡萄酒中的容器，陶制或银制，依客人的要求将水与葡萄酒在此掺和。

饮酒器：陶杯、兽角杯、金杯等，玻璃杯要到相当晚期才出现（最早以玻璃杯饮用葡萄酒的纪录是在公元前1500年左右）。

葡萄酒在当时算是昂贵的加工食品，最早是拿来奉献给神用的。最初可饮用葡萄酒的都是上层阶级，加上一些陪侍酒宴的风尘女子。一般平民并无法随意享用葡萄酒。除了奉献给神之外，人死亡时也会以葡萄酒行洗尸礼的仪式，以作为送给死者的礼物。亚历山大东征时，阵亡的军士几乎全行此礼。

（二）法国葡萄酒的酿制

讲究品质的酒庄会先在葡萄园或酒糟房中进行筛选葡萄的前置作业，挑出腐烂的葡萄。枝梗必须去除，以免过多的单宁破坏成酒的口感。去梗葡萄先轻轻压碎后，再装入不锈钢酒槽（cuve）或木制酒桶（foudre）中。葡萄在这些容器中先进行2—3天的浸泡（maceration）以软化果粒。接着加入人工培养的酵母或借助葡萄本身附着的天然酵母展开发酵。在发酵过程中，可以将葡萄汁加热或添加发酵的葡萄汁（must）促进发酵。为了避免漂浮在表面的外皮与种子变干，必须使用泵（pump）翻动葡萄汁，或利用木桨将外皮与种子压到汁液中。有些酒庄使用类似密闭式混凝土搅拌器的滚筒式发酵器，不过部分酒评家认为这会导致成酒过度硬涩。为使发酵顺利进行，必须将葡萄汁的温度控制在25 ℃至30 ℃之间。柔和、富有果香的酒，例如薄酒莱新酒，是将整串未经压碎破皮的葡萄直接进行发酵，称为二氧化碳浸泡法（macdration carbonique）。

想要提高成酒的酒精浓度，可以在发酵过程中添加糖；反之，若要增加成酒的酸度，则要加入酒石酸（tartaric acid），葡萄本身也自然存在着这种物质。严格的法规对于上述这两种做法都有所约束，但往往遭到忽略。如果发现葡萄汁过稀，可以倒掉一些已经部分发酵的浅色葡萄汁，以增加酒汁浓度。这些倒出的浅色葡萄汁还可以继续酿制成玫瑰红酒。

当葡萄汁中所含的糖分全部都转化成酒精时，发酵就大功告成了。发酵之后酒液可能还要连同外皮浸泡约1—4周，这段时间内酒液的颜色会逐渐加深，其中所含的单宁也会柔化。接着，先将可以从酒槽自然流出的酒液（Vin de Goutte）倒入另外一个桶中，并将果皮、种子及果肉的同体物质倒入压榨机中，榨出色泽更深、味道更艰涩的压榨酒（Vlnde Presse）。这两种酒液会一直分开摆置，直到酿酒师装瓶前再视情况调混。

完成第一次发酵后，红酒多半会再进行乳酸发酵（Malolactic Fermentation），这是一种让苹果酸转化为乳酸的天然发酵过程。

薄酒莱新酒（Beaujolais Nouveau）及某些地区餐酒适合趁酒刚酿成时饮用，但是大部分的高级酒都需要在木桶中熟成，熟成时间甚至可长达18个月。使用部分或全部的新橡木桶已越来越普遍，橡木桶运用得当时，会让葡萄酒充满诱人的香草气味，不过一不小心也会发生喧宾夺主的情形，掩盖了其他较为细致的风味。

四、葡萄酒的分类

（一）按酒的颜色

1. 白葡萄酒：用白葡萄或皮红肉白的葡萄分离发酵制成。酒的颜色微黄带绿，近似无色或浅黄、禾秆黄、金黄。凡深黄、土黄、棕黄或褐黄等色，均不符合白葡萄酒的色泽要求。

2. 红葡萄酒：采用皮红肉白或皮肉皆红的葡萄，经葡萄皮和汁混合发酵而成。酒色呈自然深宝石红、宝石红、紫红或石榴红，凡黄褐、棕褐或土褐颜色，均不符合红葡萄酒的色泽要求。

3. 桃红葡萄酒：用带色的红葡萄带皮发酵或分离发酵制成。酒色为淡红、桃红、橘红或玫瑰色。凡色泽过深或过浅均不符合桃红葡萄酒的要求。这一类葡萄酒在风味上具有新鲜感和明显的果香，含单宁不宜太高。玫瑰香葡萄、黑比诺、佳丽酿、法国蓝等品种都适合酿制桃红葡萄酒。另红、白葡萄酒按一定比例勾兑也可算是桃红葡萄酒。

（二）按含糖量

1. 干葡萄酒：含糖量低于4g/L，品尝不出甜味，具有洁净、幽雅、香气和谐的果香和酒香。

2. 半干葡萄酒：含糖量在4～12g/L，微具甜感，酒的口味洁净、幽雅、味觉圆润，具有和谐愉悦的果香和酒香。

3. 半甜葡萄酒：含糖量在12～45g/L，具有甘甜、爽顺、舒愉的果香和酒香。

4. 甜葡萄酒：含糖量大于45g/L，具有甘甜、醇厚、舒适、爽顺的口味，具有和谐的果香和酒香。

（三）按二氧化碳含量

1. 静酒：不含有自身发酵或人工添加 CO_2 的葡萄酒叫静酒，即静态葡萄酒。

2. 起泡酒和汽酒是含有一定量 CO_2 气体的葡萄酒，又分为两类：

①起泡酒：所含 CO_2 是用葡萄酒加糖再发酵产生的。在法国香槟地区生产的起泡酒叫香槟酒，在世界上享有盛名。其他地区生产的同类型产品按国际惯例不得叫香槟酒，一般叫起泡酒。

②汽酒：用人工的方法将 CO_2 添加到葡萄酒中叫汽酒，因 CO_2 作用，酒更具有清新、愉快、爽怡的味感。

（四）按酿造方法

1. 天然葡萄酒：完全采用葡萄原料进行发酵，发酵过程中不添加糖分和酒精，选用提高原料含糖量的方法来提高成品酒精含量及控制残余糖量。

2. 加强葡萄酒：发酵成原酒后用添加白兰地或脱臭酒精的方法来提高酒精含量，叫加强干葡萄酒。既加白兰地或酒精，又加糖以提高酒精含量和糖度的叫加强甜葡萄酒，我国叫浓甜葡萄酒。

3. 加香葡萄酒：采用葡萄原酒浸泡芳香植物，再经调配制成，属于开胃型葡萄酒，如味美思、丁香葡萄酒、桂花陈酒；或采用葡萄原酒浸泡药材，精心调配而成，属于滋补型葡萄酒，如人参葡萄酒。

4. 葡萄蒸馏酒：采用优良品种葡萄原酒蒸馏，或发酵后经压榨的葡萄皮渣蒸馏，或由葡萄浆经葡萄汁分离机分离得的皮渣加糖水发酵后蒸馏而得。一般再经细心调配的叫白兰地，不经调配的叫葡萄烧酒。

（五）按酒精含量

1. 软饮料葡萄酒（或无泡酒）：分红、白二色。这类酒被称为桌酒（Table Wine），酒精含量为 14 度以下。

2. 起泡葡萄酒（Sparking）：产地有香槟（Champagne）、布根地/勃艮第（Burgundy）、莫塞勒（Moselle）、美国等，酒精含量不超过 14 度。

3. 加强葡萄酒/加度葡萄酒（Fortified）：种类有些厘/雪莉（Sherry）、钵堤/波特（Port）、马得拉（Madeira）、马沙拉（Marsala）、马拉加（Malaga）等，酒精含量 14～24度。

4. 加香料葡萄酒（Aromatized）：有意大利和法国产的红、白味美思酒（Vermouth），以及有奎宁味的葡萄酒等，酒精含量 15.5～20 度。

（六）按葡萄汁含量

1. 全汁葡萄酒：全汁葡萄酒由 100%葡萄汁酿制而成，以干红和干白为代表。

2. 半汁葡萄酒：半汁葡萄酒在国内虽然有一定的市场，在国际市场上却无容身之地。

（七）按葡萄来源

1. 家葡萄酒：以人工培植的酿酒葡萄品种为原料酿成的葡萄酒，产品直接以葡萄酒命名。国内葡萄酒生产厂家大都以生产家葡萄酒为主。

2. 山葡萄酒：以野生葡萄为原料酿成的葡萄酒，产品以山葡萄酒或葡萄酒命名。

五、葡萄酒品酒

（一）开酒和换瓶

品酒之前，要提前开瓶，为的是让密封多年的酒“苏醒”一会儿，“呼吸”几口新鲜空气，才好还原出最佳的境界。从酒龄上来看，年份较新的葡萄酒需要醒酒 2 小时左右，而年份较老的葡萄酒则需要醒酒 0.5～1 小时。若是年份特别久远的葡萄酒，比如那些酒龄长达 20 年及以上的酒款，则不需要醒酒，或只在饮用前醒 5 分钟左右即可，以免破坏老酒本已脆弱的韵味。

倒酒

葡萄酒都有最佳的享用温度，但不可放入冰箱，应该放在有水和冰块的桶里，红葡萄酒大部分应在 12 ℃～16 ℃，白葡萄酒应在 8 ℃～10 ℃，香槟酒可以用冰桶迅速冷却到 7 ℃左右饮用。

在往酒杯里倒酒时，不能倒得太满，倒酒量应为酒杯容积的 1/3，最多不能超过 2/5，即在标准品尝杯中倒 70 mL～80 mL。这样，在摇动酒杯时才不至于将葡萄酒洒出，而且可在酒杯的空余部分充满葡萄酒的香气物质，便于分析鉴赏其香气。

酒的颜色和“杯裙”的强度显示出葡萄酒使用的品种、年份和发展阶段。高品质的酒通过一种完美的色泽显示它的特性。细小的结晶物不影响酒的质量，但是絮状悬浮物就表明了一种病态，有沉淀不是缺陷。

白葡萄酒“杯裙”的色泽是透明度非常强的深金黄色。许多白葡萄酒开始是淡黄色，随着时间的增加颜色越来越深。通常，凉爽地区的酒色泽浅淡，“杯裙”为金黄色是高温区的酒。在橡木桶内熟化过的酒，其“杯裙”的颜色较深。年份非常新的酒时常泛出一种青绿色；年份较老的，或者是氧化了的酒呈现为棕色；好的白葡萄酒应当是金黄色或浅黄色的。

红酒的颜色较复杂，从玫瑰红经过棕色和橘黄色到蓝紫色，这大部分取决于使用的葡萄品种，但是酒的生产年代和地域也影响它的颜色。与白葡萄酒相比，红酒越熟化越清澈。倾斜杯子观察酒的边缘：或深或浅，都表明了酒的年龄，深红色的酒说明产地的气温较高。好的红酒应当是红宝石色、石榴色或琥珀色。

（二）闻酒

先将酒杯以 45 度角倾斜，在酒静止状态下闻香气，然后轻轻晃动酒杯，将杯口包住鼻子和口部，但不要接触，深吸气，闻其香。香气分三类：果香、发酵香、醇香。

闻酒有四种方法：短暂的、干净利落的吸气；深入的、长时间的吸气；短暂的、和缓的吸气；长时间的、和缓的吸气。

旋转酒杯的技巧：将杯角置于拇指和一只或两只手指中间轻握，这是最轻松的持杯法，右手持杯者可逆时针转动，左手者可顺时针转动，一旦开始旋转就应该以最小、最温柔的动作继续旋转杯子，让杯中的酒向杯子上方升起，这样酒香才会溢出来。

（三）尝味

葡萄酒一般具有甜味、酸味、苦味、涩味。喝多少由自己的量而定，一般使口腔内都接触到即可，不要太多。入口后10秒钟会得到一些感觉，然后用舌头及面部肌肉搅动葡萄酒，同时注意感觉。优质葡萄酒可产生柔和、丰满、圆润、舒适、清爽等感觉。再进行一次酒入口内，捏着鼻子咽下一点，放开鼻子就会感到香的出现，这样做便于香的再现与品尝准确。最后再喝一小口，将口张开吸气，当酒与空气接触，会出现更好的香气感觉。优质酒的余味，可延长在口内的时间达12～15分钟。

（四）饮用

不同的葡萄酒饮用方法不同。味美思又叫开胃葡萄酒，餐前喝上一杯，可引起唾液和胃液的分泌，增进食欲。干葡萄酒又叫佐餐葡萄酒，顾名思义，是边吃边喝的葡萄酒。甜葡萄酒又叫待散葡萄酒，在宴会结束之前喝一杯，会使你回味不绝，心满意足。而在宴会高潮的时候，开一瓶香槟酒，单单清脆响亮的启瓶声，就可增加宴会的热烈气氛和酒兴。

选择葡萄酒还要因菜而异，吃不同的菜要喝不同的酒。如吃鱼虾等海鲜产品，佐以干白葡萄酒为宜，因干白葡萄酒含酸较高，可以解腥。吃鸡、鸭、猪、牛等肉类，则佐以干红葡萄酒为佳，因干红葡萄酒含单宁酸多，可以解腻。白兰地是一种高雅庄重的蒸馏酒。宴会桌上摆上白兰地，可突出和显示宴会的隆重。白兰地在餐前、餐中、餐后（国外多在餐后饮用）都可饮用。饮用的方法也是多种多样的：直接饮用，香醇甘洌；兑入矿泉水、苏打水或加入冰块，可以冲淡酒精浓度，别有一番滋味。

六、葡萄酒相关知识

（一）葡萄酒的等级

世界大部分的葡萄酒产地大概在南北半球各30°～50°之间，主要有法国、意大利、西班牙、美国、智利、澳大利亚、南非等。

众所周知，法国是享有盛誉的红酒出产地。决定葡萄酒好坏有六大因素：葡萄品种、气候、土壤、湿度、葡萄园管理和酿酒技术。法国葡萄酒之所以最好，是因为法国在上述六大因素上具备天赐优厚的条件。法国葡萄酒历史悠久，再加上先天的地理条件与漫长的技术积累，已当之无愧地取得世界葡萄酒中顶级地位。

法国葡萄酒等级制度

法国传统上最独特的酒几乎都来源于特定的、通常是较小的葡萄园。法国酿制的葡萄酒一般从高到低分为四个等级：AOC、VDQS、VIN DE PAYS 和 VIN DE TABLE。

1. 法定产区葡萄酒（AOC）

这是法国葡萄酒最高级别，AOC 在法文中的意思为“原产地控制命名”。

原产地地区的葡萄品种、种植数量、酿造过程、酒精含量等都要得到专家认证，只能用原产地种植的葡萄酿制，绝对不可和别地葡萄汁勾兑。AOC 产量大约占法国葡萄酒总产量的 35%。酒瓶标签标示为 Appellation＋产区名＋Controlee。

酒瓶标签信息包括年份、酒的产地、法定产区名称、产区等级、酒精含量、容量，以及装瓶公司或者商家名称和酒庄原貌。

2. 优良地区餐酒（VDQS）

这是普通地区餐酒向 AOC 级别过渡所必须经历的级别。如果在 VDQS 时期酒质表现良好，则会升级为 AOC。产量只占法国葡萄酒总产量的 12%。酒瓶标签标示为 Appellation＋产区名＋Qualite Superieure，葡萄酒的生产必须经过严格控制和管理，只有得到认可的生产地区才能成为优良地区。酒瓶标签有产地、酒精含量、容量、装瓶的公司名称和酒庄原貌。

3. 地区餐酒（VIN DE PAYS）

日常餐酒中最好的酒被升级为地区餐酒。地区餐酒的标签上可以标明产区，可以用标明产区内的葡萄汁勾兑，但仅限于该产区内的葡萄，产量约占法国葡萄酒总产量的 15%。酒瓶标签标示为 Vin de Pays＋产区名，法国绝大部分的地区餐酒产自南部地中海沿岸。酒瓶标签标注酒精含量、容量、产区名、装瓶公司名称和酒庄原貌。

4. 日常餐酒（VIN DE TABLE）

这是最低档的葡萄酒，作日常饮用。日常餐酒可以由不同地区的葡萄汁勾兑而成，如果葡萄汁限于法国各产区，可称法国日常餐酒。酒瓶标签标示为 Vin de Table，酒瓶标签标注法国产葡萄酒、等级、酒精含量、容量、装瓶的公司名称，可不用酒庄原貌。

（二）葡萄酒的储存

若想将葡萄酒（木塞瓶装）长期储存，最好能做到平放、恒温、恒湿、通风、避光、避震。而橡胶塞、螺旋盖的葡萄酒却有小小的区别。

平放。葡萄酒以平放摆置较理想，这样才能让软木塞和葡萄酒接触到，以保持它的湿润度，否则若将酒直放，时间太久，会使软木塞变得干燥易碎，而无法完全紧闭瓶口，造成葡萄酒的氧化。

恒温。葡萄酒储藏环境的温度，最好维持在 12 ℃～15 ℃，否则温度变化太大，不仅破坏葡萄酒的酒体，在热胀冷缩的作用下，还会影响到软木塞而造成渗酒的现象。所以，若储酒环境能够维持在 5 ℃～20 ℃的某一温度下，保持±2 ℃的变化内，也都是比较理想的。

然而在夏天高温的时候，没有任何辅助条件（恒温柜、地窖等）的情况下，应让葡萄酒的储存恒定在一个温度上，如 26 度，保持±2 度的变化内，这样也能保证几个月内葡萄酒的品质没有太大的影响。家里有葡萄酒存放时，对空调的使用应该注意。

恒湿。若储酒环境太湿，容易造成软木塞及酒标的腐烂，太干则容易使软木塞失去弹性，无法紧封瓶口，所以 70%左右的湿度，是最佳的储酒环境。

通风。葡萄酒像海绵一样，会将周围的味道吸到瓶里去，所以，在储酒环境中，最好能保持通风状态。而且不要在同一个环境中摆放味道太重的东西，以免破坏酒的味道。

避光。储酒的环境，最好不要有光线，否则容易使酒变质，特别是日光灯容易让酒产生还原反应，而发出浓重难闻的味道。

避震。震动对葡萄酒的影响是难以把握的，细微的震动可忽略不计，剧烈的震动则会让葡萄酒陷入“休克”状态，葡萄酒内部的分子结构遭到破坏，加速酒的成熟老化，使酒的口感呆板，杂乱无章。有过较强震荡的葡萄酒经过一段时间的静置，一般均可恢复之前的口感。

通常情况下，经长途运输的葡萄酒须经过 2 天以上的静置才能恢复正常品质。

七、酒水服务

葡萄酒的服务程序包括：递酒单、接订单、客人验酒、开瓶、斟酒等。

1. 递酒单——先女后男，先主后客，有时应根据客人的要求，直接递给客人点单。此外，酒单最好打开至第一页递给客人。

2. 接订单——接受客人订单时要迅速记下客人点的酒水。如客人无所适从时，服务人员应予以善意的推销。客人点完酒后，应清楚地重复一遍客人点的酒水。

3. 客人验酒——将酒送到客人面前，让客人实际检查一下。示酒时首先应擦净酒瓶外表的灰尘，检查酒标是否清洁完整，给客人查看时应将酒标朝着客人。

4. 开瓶——葡萄酒的开瓶方法如下：

（1）用开瓶钻上的小刀沿瓶口下沿割断密封胶套。

（2）把瓶塞擦拭干净。

（3）从软木塞的中心轻轻把螺旋旋进木塞。

（4）通过开瓶钻上的杠杆轻轻把木塞拔出，注意用力均匀，避免用力过猛使木塞破碎。

（5）取出木塞，检查是否有变质现象，然后递给客人确认。

（6）用餐巾擦净瓶口内部，准备斟酒给客人。

香槟酒开瓶时应特别注意必须左手大拇指压住瓶塞，右手先拧开铁丝罩，然后用右手大拇指替换左手大拇指压住瓶塞并取下铁丝罩，用左手轻轻转动酒瓶，利用压力将瓶塞推出，注意不要将瓶口对着自己或客人，以免发生意外，开瓶时声音不宜过大。为防止开瓶时瓶内压力过大，在拿香槟时不应晃动。

5. 斟酒——斟酒前需在主人杯中倒少许，让主人先品尝，得到许可后，从主人右侧的客人开始按顺时针方向给客人斟酒。红葡萄酒倒 1/2 杯，白葡萄酒倒 2/3 杯。

此外，在葡萄酒的服务过程中应注意：

（1）永远用右手拿瓶给客人斟酒，右手应牢牢握住瓶下部，不要捏住瓶颈。

（2）斟酒后应后转一下酒瓶，让瓶口最后一滴滴入杯中。

（3）给客人添酒时应征求客人的意见。

（4）按标准斟酒，不要斟得太满。

第三章　蒸馏酒

第一节　中国白酒

一、中国白酒概述

（一）概念

白酒，英文名为 Baijiu，是中国酒类（除了果酒、米酒外）的统称，又称烧酒、老白干、烧刀子等。中国白酒具有以酯类为主体的复合香味，是以曲类、酒母为糖化发酵剂，以淀粉（糖质）为原料，经蒸煮、糖化、发酵、蒸馏、陈酿和勾兑而酿制成的各类酒。严格意义上讲，由食用酒精和食用香料勾兑而成的配制酒不能算作白酒。白酒主要集中在长江上游，赤水河流域的贵州仁怀、四川宜宾、四川泸州三角地带有着全球规模最大、质量最优的蒸馏酒产区，分别为中国三大名酒的茅台、五粮液、泸州老窖，其白酒产业集群扛起中国白酒产业的半壁河山。

2021 年 1 月 1 日起，《中华人民共和国进出口税则（2021）》正式实施，其第 22 章中货品名称为白酒的税则号列为 2208.9020，2022 年 6 月 1 日起，《白酒工业术语》正式执行，白酒主要原辅料须是粮谷。

（二）特点

白酒是世界六大蒸馏酒（白酒 Baijiu、白兰地 Brandy、威士忌 Whisky、伏特加 Vodka、金酒 Gin、朗姆酒 Rum）之一，作为中国特有的一种蒸馏酒，它具有酒质无色（或微黄）透明、气味芳香纯正、入口绵甜爽净、酒精含量较高等特点。

（三）白酒制作工序

1. 选料

原料一般是高粱、玉米、小麦、大米、糯米、大麦、荞麦、青稞等粮食和豆类等（不包括薯类与果蔬类），并且作物的颗粒均匀饱满、新鲜、无虫蛀、无霉变、干燥适宜、无泥沙、无异杂味、无其他杂物。另外，还包括一些辅料、好水。所谓“水为酒之血”，可以看出水源、水质的好坏对酒的品质有非常重要的意义。

2. 制曲

制曲是酿酒过程中重要的环节，可分为两大类，一类是以谷物发芽的方式，利用谷物发芽时产生的酶将原料本身糖化成糖分，再用酵母菌将糖分转变成酒精（比如啤酒）；另一类是用发霉的谷物，制成酒曲，用酒曲中所含的酶制剂将谷物原料糖化发酵成酒。白酒酿造采用的就是第二种方式，这个过程主要是将淀粉糖化（转化成葡萄糖）。

3. 发酵

在配料、蒸粮、糖化、发酵、蒸酒等生产过程中都采用固体状态流转而酿制的白酒，才能称为固态发酵白酒。发酵过程实际上是将前一阶段生产的糖发酵转化为酒精的过程。

4. 蒸馏

靠发酵产生的酒精度数其实是很低的，为了提高酒精含量（度数），一般还要进行蒸馏提纯，主要采用甑桶作容器（半固态法除外）进行缓慢蒸馏，还可采取将黄水、酒尾倒入锅底进行蒸馏等措施。蒸馏后，所得原酒的酒精含量通常相对较高。不同批次的原酒质量和风格不同，需要分批储存。

5. 陈酿

陈酿也叫老熟，我们说的“酒是陈的香”，就是指经过“陈酿”过程的酒。经过蒸馏的高度原酒只能算作半成品，辛辣，不能算醇香，只有在特定的环境中储存一段时间，使其自然成熟，酒体才会柔软可口、醇厚芬芳。储酒容器优先放在陶坛中，较大的存储容器可以由不锈钢或类似材料制成，尽可能不使用金属铝容器。储存应采用自然老熟，禁止使用催化剂等化学方法加速陈酿。

6. 勾兑。

这里的勾兑是指用不同轮次和不同等级的酒及各种调味酒进行勾调，无混合香酯和非白酒发酵的香味物质。从酒甑中蒸馏出的是原酒，酒精含量一般在 70 度～85 度之间。这种原酒，由于生产批次和蒸馏批次不同，酒的味道、风格并不统一，是无法直接饮用的，只有进行“勾兑”，才可以统一口味，去除杂质，协调香味，降低度数，便于消费者饮用。

7. 灌装。

勾兑后的成品酒在检验合格后才能装瓶贴标签，然后进入市场，满足消费者的需求。

（四）功能

白酒的主要成分是乙醇（酒精）和水。据有关科研部门测定，每毫升纯酒精可产生热量 7 卡，相当于脂肪的供热量，明显地高于糖类、蛋白质的产热量。适量的酒精对人体是有益的。白酒的功效大致如下：

1. 开胃消食。在进餐时，饮用少量的白酒，能够增进食欲，促进食物的消化，从而能使人在不知不觉之中增加食量。对于营养缺乏者来讲，这样的方式无疑能够在无形中增进机体对营养成分的摄取，对身体的健康有一定的好处。当然，白酒也不可多饮，如果大量饮用，导致胃黏膜受到大量酒精的刺激，则会适得其反，不但难以达到开胃、消食的目的，反而会导致胃病的发生。

2. 预防心血管病。近年来，研究人员通过对白酒的相关研究发现，酗酒者、少量饮酒者和不饮酒者的血压水平各不相同，而且以酗酒者血压最高，少量饮酒者血压最低，而不饮酒者的血压则介于二者之间。这表明，少量饮用低度白酒能够起到较为显著的保护心血管的作用。这是因为少量饮用白酒，能够增加人体血液内的高密度脂蛋白，而高密度脂蛋白又能将可导致心血管病的低密度脂蛋白等从血管和冠状动脉中转移，从而便可有效地减少冠状动脉内胆固醇沉积，起到预防心血管病的作用。

3. 促进新陈代谢。白酒含有较多的酒精成分，且热量较高，因而能够促进人体的血液循环，对全身皮肤起到一定的良性刺激作用，从而还可以达到促进人体新陈代谢的作用。这种良性的刺激作用还能作用于神经传导，从而对全身血液循环都能有一定促进作用。

4. 消除疲劳和紧张。少量饮用白酒，能够通过酒精对大脑和中枢神经的作用，起到消除疲劳、松弛神经的功效。在白酒的作用下，人会放松对外界的警惕，身心都能处于放松的状态，再加上白酒具有促进血液循环的作用，这样一来，少量饮用白酒后便能使身心倍感轻松。但是，如果大量饮用白酒，那么消除疲劳和紧张的作用则会大大减少，反而会使人神经兴奋、睡眠变浅，第二天醒来会感到疲乏无力。

5. 驱除寒冷。白酒的驱寒作用，古人早就已经有了较为明确的认识。白酒含有大量的热量，饮入人体后，这些热量会迅速被人体吸收。一般来讲，每 1 毫升纯酒精就能产生 7 卡的热量，如此算来，饮用 100 毫升酒精便能产生 700 卡的热量。

6. 舒筋活血。中医认为，白酒具有舒筋通络、活血化瘀的功效。这一功效早已在我国民间得到了普遍的应用。跌打损伤后，人们常习惯用白酒来按摩患处，这样一来，经过白酒的舒筋活血之效，便能使患处很快康复。对于某些由于寒、湿所导致的关节疼痛患者，也可以用白酒对关节进行揉搓，且疗效甚佳。白酒的这些效用，主要是由于白酒含有大量的热量，能够通过发热起到促进血液循环的作用，从而便可舒筋活血。

二、中国白酒的分类

（一）按原料分类

白酒使用的原料主要为高粱、小麦、大米、玉米等，所以白酒又常按照酿酒所使用的原料来冠名，其中以高粱为原料的白酒是最多的。

（二）按使用酒曲分类

1. 大曲酒：是以大曲作为糖化发酵剂生产出来的酒。主要的原料有大麦、小麦和一定数量的豌豆，大曲又分为中温曲、高温曲和超高温曲。一般是固态发酵，用大曲所酿的酒质量较好，多数名优酒均以大曲酿成，例如泸州老窖、泸州老酒坊等。

2. 小曲酒：是以小曲作为糖化发酵剂生产出来的酒，主要的原料有稻米，多采用半固态发酵，南方的白酒多是小曲酒。

3. 麸曲酒：是以麦麸作为培养基接种的纯种曲霉作糖化剂，用纯种酵母为发酵剂生产出的酒，因发酵时间短、生产成本低为多数酒厂所采用，此类酒的产量也是最大的。

4. 混合曲酒：主要是大曲、小曲、麸曲等其中两种或两种以上混用所酿成的酒。

5. 其他糖化剂法白酒：是以糖化酶为糖化剂，加酿酒活性干酵母或生香酵母发酵酿制而成的白酒。

（三）按发酵方法分类

1. 固态法白酒：在配料、蒸粮、糖化、发酵、蒸酒等生产过程中都采用固体状态流转而酿制的白酒，发酵容器主要采用地缸、窖池、大木桶等设备，多采用甑桶蒸馏。固态法白酒酒质较好、香气浓郁、口感柔和、绵甜爽净、余味悠长，国内名酒绝大多数是固态发酵白酒。

2. 液态法白酒：以液态法发酵蒸馏而得的食用酒精为基酒，再经串香、勾兑而成的白酒，发酵成熟的醪（láo）中含水量较大，发酵蒸馏均在液体状态下进行。

3. 半固、半液发酵法白酒：这种酒是以大米为原料，小曲为糖化发酵剂，先在固态条件下糖化，再于半固态、半液态下发酵，而后蒸馏制成的白酒。

（四）按香型分类

1. 浓香型白酒：也称为泸香型、窖香型、五粮液香型，属大曲酒类。其特点可用六个字、五句话来概括：香、醇、浓、绵、甜、净；窖香浓郁，清洌甘爽，绵柔醇厚，香味协调，尾净余长。浓香型白酒以粮谷为原料，经固态发酵、勾兑而成，典型代表有泸州老窖、泸州老酒坊等。

2. 酱香型白酒：也称为茅香型。酒质特点为酱香突出，酒液无色或者微黄色，透明晶亮，优雅细腻，空杯留香，经久不散，幽雅持久，口味醇厚丰满，回味悠长。其高度酒分为43度和53度二种，低度酒为38度以下，以茅台酒、郎酒、湟金梦、贵海酒为典型代表。

3. 米香型白酒：也称为蜜香型，以大米为原料、小曲为糖化发酵剂，经半固态发酵酿成。其主要特征是蜜香清雅、入口绵柔、落口爽冽、回味怡畅，以冰峪庄园大米原浆酒为典型代表。

4. 清香型白酒：也称为汾香型，以高粱为原料清蒸清烧、地缸发酵，具有以乙酸乙酯为主体的复合香气，清香纯正、自然协调、醇甜柔和、绵甜爽净，以山西省汾阳市杏花村的汾酒为典型代表。

5. 兼香型白酒：又称复香型、混合型，是指具有两种以上主体香的白酒，具有一酒多香的风格，一般均有自己独特的生产工艺。兼香型白酒以谷物为主要原料，经发酵、勾兑而酿制成，酱浓协调、细腻丰满、回味爽净、幽雅舒适、余味悠长，以安徽省淮北市的口子窖为典型代表。口子窖入口味道甘美，酒后心旷神怡，素有“隔壁千家醉，开坛十里香”的美誉。

6. 凤香型白酒：香与味、头与尾和调一致，属于复合香型的大曲白酒，酒液无色、清澈透明，入口甜润，醇厚丰满，有水果香，尾净味长，为喜饮烈性酒者所钟爱。典型代表为陕西省宝鸡市凤翔区产的西凤酒。

7. 豉香型白酒：以大米为原料、小曲为糖化发酵剂，边糖化边发酵酿制而成，以广东佛山的豉味玉冰烧为典型代表。

8. 药香型白酒：又称董香型，酒液清澈透明、香气典雅、浓郁甘美、略带药香、醇甜爽口、后味悠长，既有大曲酒的浓郁芳香，又有小曲酒柔绵、醇和、回甜的特点，有淡薄舒适的药香，诸味谐调，以贵州遵义的董酒为典型代表。

9. 特香型白酒：以大米为原料，富含奇数碳脂肪酸乙酯的复合香气，香味谐调，余味悠长，以江西省樟树市的四特酒为典型代表。

10. 芝麻香型白酒：以焦香、糊香气味为主，无色、清亮透明，口味比较醇厚爽口，是新中国成立后两大创新香型之一，以山东省安丘市景芝镇的一品景芝为典型代表。

11. 老白干香型白酒：以酒色清澈透明、醇香清雅、甘冽挺拔、诸味谐调而著称，以衡水老白干为典型代表。

12. 柔和酱香型白酒：贵州茅台酒厂（集团）技术开发有限公司是53%Vol柔和酱香型白酒的首创者。在秉承传统酱香型白酒工艺的基础上，创新工艺、创新产品，使柔和酱香型白酒同时具有传统酱香白酒的典型特征，又在酒体风格、酒体成分含量上区别于传统酱香。柔和酱香型白酒以茅台旗下的天朝上品贵人酒为典型代表。

三、中国白酒的历史文化

（一）白酒的起源

中国白酒是世界著名的六大蒸馏酒之一（其余五种是白兰地、威士忌、朗姆酒、伏特加和金酒）。中国白酒在工艺上比世界各国的蒸馏酒都复杂得多，原料各种各样，酒也各有风格。白酒是指以粮谷为原料，以大曲、小曲、麸曲等为糖化发酵剂经过蒸煮、糖化、发酵、蒸馏而制成的蒸馏酒。其实在古代并没有“白酒”这一说法，而是称“蒸馏酒”为烧酒、烧刀子等等。

我国白酒起源于何时，众说不一，尚无定论。一种说法，白酒起源于唐代，在唐代文献中，烧酒之名已有出现。李肇写的《唐国史补》中的：“酒则有剑南之烧春”（唐代普遍称酒为“春”）；雍陶诗云：“自到成都烧酒熟，不思身更入长安。”可见在唐代，烧酒之名已广泛流传了。田锡写的《曲本草》中说：“暹罗酒以烧酒复烧二次，入珍贵异香，其坛每个以檀香十数斤的烟熏令如漆，然后入酒，腊封，埋土中二三年绝去烧气，取出用之。”以上引文中所说的“烧春”“烧酒”是否就是今天的白酒？单从名字相同还不可定论。有人认为我国民间长期相沿，把蒸酒称为烧锅，烧锅生产的酒即为烧酒。但烧锅之名起源于何时，尚待考证。故白酒起源唐代，其论据尚欠充分。

另一种说法，白酒于元代时（1271年—1368年）由国外传入。元时中国与西亚和东南亚交通方便，往来频繁，在文化和技术等方面多有交流。有人认为“阿剌古”酒是蒸馏酒，远从印度传入。还有人说：“烧酒原名‘阿剌奇’，元时征西欧，曾途经阿剌伯，将酒法传入中国。”章穆写的《饮食辨》中说：“烧酒，又名火酒、‘阿剌古’。‘阿剌古’番语也。”现有人查明“阿剌古”“阿剌吉”“阿剌奇”皆为译音，是指用棕榈汁和稻米酿造的一种蒸馏酒，在元代曾一度传入中国。

第三种说法，是明代药物学家李时珍（1518年—1593年）在《本草纲目》中所写：“烧酒非古法也，自元时始创其法，用浓酒和糟入甑，蒸令气上，用器承取滴露，凡酸坏之酒，皆可蒸烧。近时惟以糯米或粳米或黍或秫或大麦蒸熟，和曲酿瓮中七日，以甑蒸取，其清如水，味极浓烈，盖酒露也。”这段话，除说明我国烧酒始创于元代之外，还简略记述了烧酒的酿造蒸馏方法。

（二）白酒的历史发展阶段

1. 白酒的萌芽阶段（商周—秦汉时期）

商代时期（公元前16世纪一公元前11世纪）已经出现了成熟的酿造酒，当时的酒被称为“醴”，是由谷物发酵而成，其中以小麦和粳米为主要原料。周朝时期（公元前11世纪一公元前256年），中国酒文化逐渐成熟，酿酒技术也日益完善，古代酒文化进入了一个繁荣发展的时期。春秋战国时期（公元前770年一公元前221年）是中国酿酒历史上的一个重要时期，当时的酒品种日益增多，酿酒技术不断创新，中国白酒开始萌芽。秦汉时期，白酒受官场的影响，开始逐步进入寻常百姓家。

2. 白酒的成长阶段（隋唐时期）

在唐宋时期，已经有关于“烧酒”“蒸酒”的零散史料，但宋以前的烧酒不属于蒸馏酒范畴，而是指低温加热处理的谷物发酵酒。宋代的“蒸酒”也是指对酒加热，以便于灭菌防腐，长期存放。

3. 白酒的成熟阶段（元代—明代）

元代之后所说的烧酒才是蒸馏酒，在元代的《饮膳正要》等文献中，都有不少蒸馏酒及蒸馏器的记载。元代的烧酒，采用的是与黄酒类似的发酵方法，只是在发酵后再增加一道蒸馏工艺，以此法获得的酒液，最高浓度大约70度，而宋代用传统发酵方法获得的酒液浓度最高20度。明代李时珍在《本草纲目》中对烧酒有过明确记录与说明，明清时代的烧酒还只局限在平民阶层的饮用范围，上流社会大多饮用黄酒。当时的人并不喜欢高度酒，《清诗铎》中有“黄酒价贵买论升，白酒价贱买论斗”的咏句，正是当时这种现象的真实写照。这种现象在清代被逐渐打破，白酒慢慢成为主流。

4. 白酒的高速发展阶段（清代以后至今）

清代以后是中国白酒历史上的重要时期，当时的白酒产地逐渐形成，如陕西、山西、四川、贵州等地的白酒产业逐渐兴起，白酒的品质和口感也逐渐得到改善。而进入20世纪以来，中国白酒经历了一系列的变革和发展，特别是改革开放以来，中国白酒开始走向国际市场，白酒品牌数量不断增加，同时也加强了对质量的控制和管理。

（三）白酒在现代的发展

新中国成立以来，我国的白酒行业发展迅速，特别是随着科学技术的不断进步，白酒行业出现了数以千计的新成果、新技术。以生产技术为例，20世纪50年代，生产出的原度酒不进行后期的加工处理，仅加浆调度后就装瓶上市销售。到20世纪50年代后期，人们提出了对香和味的口感要求。1956年，国家为提高白酒出酒率，在山东省烟台市组织了以提高出酒率为重点、以改进工艺操作为突破口的试点，取得了显著的成果，出版了中国白酒业第一部白酒工艺用书——《烟台操作法》。20 世纪 60 年代初，以四川省糖酒研究室（现四川省食品发酵工业研究设计院前身）为主，在四川省永川地区组织了试点，并正式出版了《四川糯高粱小曲酒操作法》，1957 年又在四川省泸州市进行了试点，在泸州老窖曲酒厂总结了泸州老窖传统工艺，1964 年该所又接受国家轻工业部的任务，进行了人工改窖、新窖老熟的研究工作。通过实践，人们认识到浓香型大曲酒质量的优劣主要取决于发酵窖池的新老（即窖龄）。一般来说，发酵窖池中的窖泥使用时间越长，其富集的酿酒功能微生物越多，所产酒的质量就越好。近 30 年来，酒类科研单位、大专院校和酒厂科技人员都开展了强化老窖泥、培养老窖泥、培养酒类微生物等一系列的研究与实践工作，工艺操作上也进行了一系列卓有成效的革新。1998 年山东轻工业学院（现齐鲁工业大学）研发的脱水活性窖泥功能菌等产品，为白酒厂的窖泥改造提供了方便，使浓香型大曲酒的品质得以提高，也为提高经济效益起到了重要作用。

自新中国成立以来，我国共举办了五届国家级的名酒评选会，时间跨度自 1952 年至 1989 年，专业严谨、与时俱进的评酒会从最初的技术导向转化为市场导向和品牌导向，现在人们口中常说的“八大名酒”“十七大名酒”就是出自这里。具有广泛影响力的全国评酒会加快了中国酿酒行业的技术进步，提高了酒的质量，推动了酒类行业的发展，时至今日，历届评酒会评选出的金质奖和银质奖都在影响着市场价格走向。

由于种种因素，第五届全国评酒会以后国家终止了对白酒的评定。这五届全国评酒会对酒类行业的影响是深远的，它首先肯定了传统的知名品牌在酒类行业的地位，同时也让一些知名度不是很高的品牌凭借自己独特的工艺特点和优秀的品质赢得了知名度，提升了自身的身价。

进入 21 世纪后，白酒又再次飞速发展，白酒产业的格局日新月异，统计数据显示，2021 年我国白酒行业市场规模约 6033.48 亿元，2022 年我国白酒行业市场规模约 6626.45 亿元。目前国内高端和次高端白酒份额分别占比 16.9%和 20.8%左右。随着白酒高端产品认可度继续提升，高端和次高端白酒占比将继续提升带动我国白酒市场规模增长。在中国酒业呈现出高质量发展的背景下，酒类消费市场也呈现出新的特点，品牌营销、数字营销、内容营销、体验营销、文化营销、跨界营销方兴未艾，竞争格局和市场格局也在随着产业的发展而加速变化。未来中国白酒行业将会出现浓转酱、高端化、年轻化、品牌化和多样化的趋势，未来白酒行业将更加绚丽多彩。

四、中国白酒的代表

1. 茅台酒

茅台酒，因产于贵州遵义赤水河畔的茅台镇而得名，是中国国家地理标志产品。由于茅台镇地处河谷，风速小，十分有利于酿造茅台酒微生物的栖息和繁殖。茅台酒是中国的传统特产酒，是与苏格兰威士忌、法国科涅克白兰地齐名的世界三大蒸馏名酒之一，同时是中国三大名酒“茅五剑”之一，也是大曲酱香型白酒的鼻祖。贵州茅台酒的特点是“酱香突出、幽雅细腻、酒体醇厚、回味悠长、空杯留香持久”，其特殊的风格来自历经岁月积淀而形成的独特传统酿造技艺，其酿造方法与赤水河流域的农业生产相结合，受环境的影响，保留了当地一些原始的生活痕迹。

酿制茅台酒要经过两次下料、九次蒸煮、八次摊晾加曲（发酵八次）、七次取酒，生产周期长达一年，再陈储三年以上，勾兑调配，然后再储存一年，使酒质更加和谐醇香，绵软柔和，方准装瓶出厂，全部生产过程近五年之久。在此期间，要经历重阳下沙、端午踩曲、长期储存等工艺环节的淬炼，制酒生产一年一个生产周期，顺应季节变换，历经两次投料、九次蒸煮、八次发酵、七次取酒；酿制而成的基酒还需在陶坛中经过三年以上的储存，最后，采用酒勾酒的方式将一百余种不同酒龄、不同香型、不同轮次、不同酒精浓度等各有特色的基酒进行组合，形成了茅台酒的典型风格。

茅台酒的酒窖建设也颇有讲究。从窖址选地、窖区走向、空间高度，到窖内温湿度控制、透气性能，以及酒瓮的形式、容量、瓮口泥封的技术等，都极为严格。这些都关系到成品酒的再熟化、香气纯度的再提高。酒窖里每天要有人检查，开关透气孔，控制温湿度。茅台酒的酿制技术被称作“千古一绝”。

2. 五粮液

五粮液，四川省宜宾市特产，中国国家地理标志产品。五粮液酒是以高粱、大米、糯米、小麦、玉米五种精细谷物为原料，以古法工艺配方酿造而成，是世界上率先采用五种粮食进行酿造的烈性酒。其多粮固态酿造历史传承逾千年，自盛唐时期的“重碧酒”即开始采用多粮酿造。五粮液酒历史悠久，文化底蕴深厚，是中国浓香型白酒的典型代表与著名民族品牌，多次荣获“国家名酒”称号，并首批入选中欧地理标志协定保护名录。

五粮液酒以高粱、大米、糯米、小麦、玉米五种谷物为原料，以“包包曲”为糖化发酵剂，以陈年老窖池为发酵设备，依托独有的“跑窖法”工艺，通过“泥窖发酵、分层起糟、看糟配料、量质摘酒、按质并坛”等一百多道工序酿造而成，以“香气悠久，味醇厚，入口甘美，入喉净爽，各味谐调，恰到好处，尤以酒味全面而著称”的独特风格闻名于世。

其总部位于有四千多年酿酒史的世界十大烈酒产区之一、长江首城、中国酒都——宜宾，自然环境优越，三江生态得天独厚，冬无严寒，夏无酷暑，霜雪稀少，雨水充沛，年平均温度在 17.9 ℃左右，生物丰富多样，特别适宜酿酒微生物的繁衍生息，被联合国教科文及粮农组织誉为“地球同纬度上最适合酿造优质纯正蒸馏白酒的地区”。公元 765 年，大诗人杜甫途经宜宾，当地最高行政长官杨使君在东楼设宴，以重碧酒款待，杜甫饮后赞叹不已，写下了《宴戎州杨使君东楼》：“胜绝惊身老，情忘发兴奇。座从歌妓密，乐任主人为。重碧拈春酒，轻红擘荔枝。楼高欲愁思，横笛未休吹。”公元 782 年，经唐德宗下诏，重碧酒正式成为官方专供酒（郡酿）。

北宋时期，宜宾大绅士姚君玉开设姚氏酒坊，在重碧酒的基础上，经过反复尝试，用大米、高粱、糯米、荞子和小米五种粮食加上当地的安乐泉水酿成了姚子雪曲。公元 1098 年，北宋著名文学家黄庭坚时任涪州别驾，居戎州（今宜宾），与当地名士多有交游，把酒言欢，写下了《安乐泉颂》盛赞姚子雪曲：“姚子雪曲，杯色争玉。得汤郁郁，白云生谷。清而不薄，厚而不浊。甘而不哕，辛而不螫。老夫手风，须此神药。眼花作颂，颠倒淡墨”。明初，陈氏家族创立“温德丰”酒坊，融合姚子雪曲酿制精要，将原五粮配方中的小米替换为当时新从海外引进的玉米，最终形成了更趋完美的“陈氏秘方”。清末，邓子均继承“温德丰”酒坊后，将其改名为“利川永”；1909 年，邓子均携酒参加当地名流宴会，晚清举人杨惠泉品尝后说：“如此佳酿，名为杂粮酒，似嫌凡俗，姚子雪曲名字虽雅，但不足以反映韵味，既然此酒集五粮之精华而成玉液，何不更名为五粮液?”言毕，举座为之喝彩，邓子均欣然采纳，五粮液自此正式得名。

3. 泸州老窖

泸州老窖发源于中国酒城四川省泸州市，被誉为“浓香鼻祖，酒中泰斗”，其 1573 国宝窖池群在 1996 年成为行业首家全国重点文物保护单位，传统酿制技艺又在 2006 年入选第一批国家级非物质文化遗产名录，世称“双国宝单位”，旗下产品国窖 1573 被誉为“活文物酿造”“中国白酒鉴赏标准级酒品”。

“城以酒兴，酒以城名”，自元代郭怀玉酿制泸州老窖大曲酒开始，经明代舒承宗传承定型到新中国发展壮大，泸州老窖酒酿制技艺传承至今已有 24 代，泸州老窖成为中国浓香型白酒的发源地。1959 年，新中国第一本白酒酿造专业教科书《泸州老窖大曲酒》正式出版，成为我国浓香型白酒酿造工艺标准的制定者，酒界泰斗周恒刚先生亲笔题写了“浓香正宗”。

泸州老窖有七大酿酒资源——地、窖、艺、曲、水、粮、洞。

地：地处北纬 28°、沿长江两岸的泸州，适合酿造优质纯正的蒸馏酒。中国酒城泸州，位于四川省川滇黔渝结合部，这里四季分明，气候温润，是中国白酒金三角的核心腹地。

窖：“1573 国宝窖池群”自公元 1573 年起持续酿造至今，是我国酿酒“活文物”，“千年老窖万年糟，酒好全凭窖龄老”——这是浓香型白酒“老窖出好酒”的法则。自公元 1573 年（明朝万历年间）起持续酿造的 1573 国宝窖池群，是与都江堰并存于世的“活文物”。1996 年，国务院颁布其为“全国重点文物保护单位”，被誉为“国窖”；2006 年，因其对人类文明的特殊贡献，入选《中国世界文化遗产预备名单》。

艺：泸州老窖酒传统酿制技艺，至今 700 年已传承 24 代。

曲：曲乃酒之骨。酒曲是白酒酿制工艺中所用的糖化发酵剂，是构成白酒风味的重要成分。公元 1324 年，泸州老窖酒传统酿制技艺第一代传承人郭怀玉成功研制出酿酒曲药——“甘醇曲”。

水：泸州境内水资源十分丰富，水质纯净、硬度适宜，适合酿酒。

粮：泸州老窖一直采用酿酒的最好原粮——川南有机糯红高粱，并坚持传统的“单粮”酿造工艺，口感更为纯净、醇厚。

洞：泸州老窖拥有三大天然藏酒洞——纯阳洞、醉翁洞、龙泉洞，是泸州老窖原酒的修身之地。洞内空气流动缓慢，温度常年保持在 20℃左右，相对湿度保持在 80%左右。

泸州老窖特曲“浓香正宗、中国味道”以及百年泸州老窖窖龄酒“精英商务酒”的品牌地位深入人心。

4. 西凤酒

西凤酒，是中国凤香型白酒的典型代表，产地位于陕西省宝鸡市凤翔区，是中国国家地理标志产品。西凤酒古称秦酒、柳林酒，是产于凤酒之乡的陕西省宝鸡市凤翔区柳林镇的地方传统名酒，为中国四大名酒之一。西凤酒始于殷商，盛于唐宋，已有三千多年的历史，有苏轼咏酒等诸多典故。西凤酒无色清亮透明，醇香芬芳，清而不淡，浓而不艳，集清香、浓香之优点融于一体，以“醇香典雅、甘润挺爽、诸味谐调、尾净悠长”和“不上头、不干喉、回味愉快”的独特风格闻名。西凤酒，具有“凤型”酒的独特风格，它把清香型和浓香型二者之优点融为一体，香与味、头与尾，和调一致，属于复合香型的大曲白酒。

凤翔古称雍，地处古周原，是中华民族先祖的定居地区。这里又是上古农业大师后稷教民稼穑的地方，历来颇具兴农酿酒之地利，也是中国古代文化的中心地区。

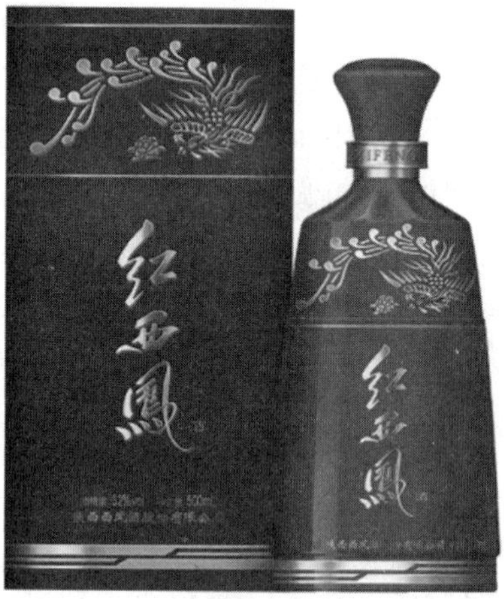

西凤酒

唐代，凤翔是西府台的所在地，人称西府凤翔。唐仪凤年间的一个阳春三月，吏部侍郎裴行俭护送波斯王子回国途中，行至凤翔县城以西的亭子头村附近，发现柳林镇窖藏陈酒香气将五里地外亭子头的蜜蜂蝴蝶醉倒奇景，即兴吟诗赞叹曰：“送客亭子头，蜂醉蝶不舞，三阳开国泰，美哉柳林酒”。此后，柳林酒以“甘泉佳酿、清冽醇馥”的盛名被列为朝廷贡品。史载此酒在唐代即以“醇香典雅、甘润挺爽、诸味谐调、尾净悠长”列为珍品。

宋代，苏轼任职凤翔时，酷爱此酒，曾用“花开酒美盍不归，来看南山冷翠微”的佳句来盛赞西凤美酒。

到了近代，柳林酒改为西凤酒。在手工业作坊的生产条件下，西凤酒产量很有限。

5. 三花酒

属于“桂林三宝”（桂林三花酒、桂林豆腐乳、桂林辣椒酱）之一的三花酒，是中国米香型白酒的代表，被誉为“米酒之王”，是桂林人的骄傲。桂林三花酒以其历史悠久、工艺独特、品质优良而备受中外游客的青睐，属米香型小曲白酒，主要有象山水月桂林三花酒、青花梅瓶桂林三花酒、象山藏三花酒（36 度）、美陶瓶特酿（55 度、36 度）、桂林三花百年酒（53 度、38 度）、水晶瓶特酿桂林三花酒（36 度）、普通桂林三花酒（32 度、38 度、52 度）等。

桂林三花酒颇有历史，古时被称作“瑞露”，宋代来桂林做官的范成大饮后称赞其“乃尽酒之妙”，可见对它评价很高。俗话说：“水是酒中之血，米是酒中之肉，酒曲是酒中之骨”。三花酒别具风味，广受人们喜爱。这要从它的“血、肉、骨”谈起。美酒佳酿首先必须有佳泉。漓江，特别是象鼻山的江底深潭涌出的地下泉水，质地纯甘，无杂物怪味，含微量矿物质，为三花酒提供了优良的“酒中之血”；其次，漓江流域的良种大米，粒大饱满，含淀粉率高达72%，是理想的“酒中之肉”；再者，由市郊特产的曲香酒药草制成的酒曲，香气浓郁，是三花酒特有的“酒中之骨”。据说，三花酒酿成后，一般要装入陶瓷缸内，存放在石山岩洞中，过一两年，让它变成陈酿，使酒质更加醇和、芳香，然后才分装出厂。

三花酒酿造历史可追溯到南宋。原由“师司公厨”酿成，后传入民间，清末出现专业酿酒作坊，至民国年间，作坊遍及桂林。1949年后，国家汇集民间酒坊各路优秀酿酒师，于1952年建立桂林酿酒厂（后改名桂林饮料厂，1987年改为桂林酿酒总厂），沿用传统工艺，继续酿造“三花酒”。至于为何名为“三花”，众说不一。一种说法是因酿造时蒸熬三次，摇动可泛起无数泡花，质佳者，酒花细，起数层，俗称“三熬堆花酒”，简称“三花酒”。另一种说法是：在摇动酒瓶时，只有桂林三花酒会在酒液面上泛起晶莹如珠的酒花。这种酒入坛堆花，入瓶要堆花，入杯也要堆花，故名“三花酒”。

6. 汾酒（杏花村）

汾酒，属于清香型白酒的典型代表。因产于山西省汾阳市杏花村，又称“杏花村酒”。汾酒工艺精湛，源远流长，素以入口绵、落口甜、饮后余香、回味悠长为特色而著称，在国内外消费者中享有较高的知名度、美誉度和忠诚度。

历史上，汾酒曾经过了三次辉煌。汾酒有着6000多年的悠久历史，1500年前的南北朝时期，汾酒作为宫廷御酒受到北齐武成帝的极力推崇，被载入廿四史，使汾酒一举成名。

杏花村汾酒饮后回味悠长，酒力强劲而无刺激性，使人心旷神怡。汾酒享誉千载而盛名不衰，与造酒的水纯、工艺巧分不开。名酒产地，必有佳泉。马刨神泉和古井泉水都流传有美丽的民间传说，被人们称为“神泉”。《汾酒曲》中记载：“申明亭畔新淘井，水重依稀亚蟹黄”，注解说：“申明亭井水绝佳，以之酿酒，斤两独重。”明末爱国诗人、书法家和医学家傅山先生，曾为申明亭古井亲笔题写了“得造花香”四个大字，说明杏花井泉得天独厚，酿出的美酒如同花香沁人心脾。

酿造汾酒选用晋中平原的“一把抓高粱”为原料，用大麦、豌豆制成的糖化发酵剂，采用“清蒸二次清”的独特酿造工艺。所酿成的杏花村酒，酒液莹澈透明，清香馥郁，入口香绵、甜润、醇厚、爽洌。酿酒师傅的悟性在酿造过程中起着至关重要的作用，像制曲、发酵、蒸馏等都是经验性极强的技能。千百年来，这种技能以口传心领、师徒相延的方式代代传承，并不断得到创新、发展，在现代汾酒酿造的流程中，它仍起着不可替代的关键作用。

汾酒是我国古老的历史名酒，汾酒的名字究竟起源于何时，还需要进一步考证，但早在1400多年前，此地已有“汾清”这个酒名。《北齐书》中记载，北齐武成帝高湛在写给河南康舒王孝瑜的一封信中说：“吾饮汾清二杯，劝汝于邺酌两杯”。宋《北山酒经》记载："唐时汾州产干酿酒"，《酒名记》有"宋代汾州甘露堂最有名"，说的都是汾酒。当然1400多年前我国尚没有蒸馏酒，史料所载的"汾清""干酿"等均系黄酒类。

7. 董酒

董酒产于贵州省遵义市汇川区董公寺镇，是中国老八大名酒之一，是贵州省仅有的两大国家名酒之一。1957年，董酒厂与茅台酒厂一样由新中国成立前的小作坊组建为企业，所酿之酒在全国第二、三、四、五届评酒会上四次蝉联"中国名酒"称号，并荣获国家金质奖章，其生产工艺和配方在当今世界上独一无二，在蒸馏酒行业中独树一帜，被国家权威部门永久列为"国家机密"。2008年8月国家主管部门正式确定董香型白酒地方标准，而董酒则是国内董香型白酒的典型代表。

董酒产于贵州遵义，因厂址坐落在北郊董公寺而得名。董酒公司主要产品为酒精度28～68度董酒。它采用优质高粱为原料，以贵州大娄山脉地下泉水为酿造用水，小曲、小窖制取酒醅，大曲、大窖制取香醅，酒醅、香醅"串香"而成。风格既有大曲酒的浓郁芳香，又有小曲酒的柔绵、醇和、回甜，还有淡雅舒适的"百草香"植物芳香。董酒引百草入曲，为传承中国数千年以来酿酒文化脉络之活化石，是我国国粹——中医"平衡"健康理论和传统白酒健康文化相结合的结晶；其是世界上唯一同时采用大、小曲发酵，双醅串蒸的蒸馏白酒。董酒的配方和酿造工艺体系是白酒中唯一受国家科学技术部和国家保密局保护的国家机密。其酿造历史可以追溯到魏晋南北朝（公元220年—589年），新中国成立后1957年董酒恢复生产，样品送上级鉴定，国务院总理办公室批示："董酒色香味均佳，建议当地政府恢复发展"。

董酒产于贵州北部的历史文化名城和酒文化名城——遵义。遵义，不仅以中国革命的转折点闻名于世，还以酿酒之乡而著称。这里的酿酒历史十分悠久，据考古出土文物证明，早在旧石器时代，距今一二十万年前，遵义一带就有人类劳动生息。原始人类在和自然作斗争的实践中，逐步发现了含糖野花果的天然发酵，出现了远古时期最初的猿酒。到了魏晋南北朝时期，这里的酿酒业就盛济一堂，出现了用杂粮酿制的"咂酒"。据《峒溪纤志》记载："以米杂草子为之，以火酿成……"杂草子即本草，可见，当时古人就以天然植物（本草）参与酿酒。古人雍陶诗曰："自到成都烧酒熟，不思身更入长安"。当时遵义一带归四川辖，经济文化与蜀紧密相连，亦已出现经蒸馏而得的"烧酒"。公元1104年，著名诗人黄庭坚在黔桂交界的宜州上任时，就曾与友人一起饮过三壶"酒"并认为"殊可饮"。元、明之际，文献载有今云南、贵州两地的烧酒办法："一切不正之酒经蒸馏可得三分一好酒"。16世纪后期，遵义历经了"平播战争"，结束了土司统治。战争结束后，不少内地官兵就在这里落户入籍，贵州小曲酒的生产得到迅速发展。抗日战争时期，浙江大学西迁遵义。教授们为实地了解民情来到董公寺，在了解董酒的酿造工艺和配方、品饮董酒后，赞不绝口。教授们认为，此酒融汇130多种本草参与制曲，是百草之酒，属"药食同源""酒药同源"。"董"字由"艹"和"重"组成，"艹"与"草"同意，"重"为数量多之意，故"董"字寓意"百草"。同时此酒产于低纬高原，冬无严寒、夏无酷暑、植被茂密、泉水甘醇，加上独特的酿造工艺、制曲配方和香味组成成分，充分体现了天人合一、和谐共生的思想，使其成为最正的酒。而"董"字在《九章·涉江》的"余将董道而不豫兮"中，其义正也、威也，有正宗、正统、正派、正根、威严、威重之意。“董”字本身的文化内涵与董酒的文化内涵具有传奇般的巧合。随即，教授们提议将此酒命名为“董酒”，希望董酒继续秉承“药食同源”“酒药同源”的人类酿酒真谛，传承发扬“百草之酒”。从此，董酒命名开来，蜚声大江南北。1935 年，红军长征两次经过遵义时，红军将士曾品尝过董酒，领略过董酒的神韵，把董酒带上了漫漫的长征路，留下了许多美丽动人的董酒故事……

8. 郎酒

郎酒，出自四川省古蔺县二郎镇，是中国国家地理标志产品。郎酒产地地处赤水河畔二郎镇，位于酱香白酒酿造优质地带。赤水河自古有“美酒河”之称，孕育了中国两大酱香白酒，茅台和青花郎。此外郎酒还拥有世界上最大的自然储酒溶洞——天宝洞，醇化生香，陈化老熟。郎酒的特色是“酱香突出，醇厚净爽，幽雅细腻，回味悠长，空杯留香久”。它在酿制过程中，虽按茅台酒的工艺，但其味道又不同于茅台酒的酱香，香气较之更馥郁、更浓烈，有“浓中带酱”的味道。因此有人曾赋诗赞曰：“蜀中尽道多佳酿，更数郎酒回味长。”郎酒香型素有“一树三花之称”，指的是浓香型、酱香型、兼香型。

郎酒

建元六年（公元前 135 年），汉武帝把二郎滩一带生产的“枸酱酒”钦定为贡酒。北宋年间，古蔺土著居民开始用郎泉水酿酒，史称“风曲法酒”。明代，赤水河畔出现了酿酒的“回沙工艺”。清代，二郎镇已有大小酒坊、糟房 20 余家，酒师、酒工数以百计。清乾隆十年（1745 年），贵州总督张广泗扩大食盐运输的通道，疏凿赤水河道。随着川盐上运，昔日二郎滩头的小山村也变成了一个人烟稠密的大集镇。正是频繁的盐业运输，促进了赤水河两岸经济的繁荣，推动当地酿酒业的发展与兴旺，更为郎酒的诞生创造了良好条件。光绪三十三年（1907 年），邓惠川将“絮志酒厂”改名为“惠川糟房”，聘请贵州茅台酒厂前身之一的“荣笔酒坊”的师傅张子兴，采用茅台酒工艺并自己又在酒曲中加入多种草药，在原“风曲法酒”的基础上酿造出一种“开坛喷香、入口呈酱”的酱香型美酒，以工艺命名为“回沙郎酒”，由于与茅台酒风格相近，开坛时香气扑鼻，入口酱香更浓，获得了巨大声誉，这就是郎酒的前身。民国二十二年（1933 年），雷绍清等生意人合股办了“集义新糟坊”，酿出一种融惠川、茅台风味为一体的，既有焦香、酯香、醇香，又略带浓香的酱香酒，为彰显此酒是用有优美传说的郎泉水酿造的，命名为“郎酒”。据《四川经济志》记载，当时的郎酒因质优味珍而价格高昂，年产不过四五十吨，“每罐装（郎）酒一斤，抗战前一二年在当地之价，每罐大洋七八角，销售重庆、成都等地则值一元”。

1956 年，在成都金牛坝会议上，周恩来总理说：“四川还有一个郎酒嘛，解放前就很有名，要加快发展！”据此，地方国营古蔺郎酒厂成立。

9. 剑南春

剑南春是四川剑南春（集团）有限责任公司旗下白酒品牌，诞生于四川省绵竹市，与赵坡茶、绵竹木版年画并称为绵竹三绝，主要产品有剑南春、东方红、金银剑南、绵竹大曲等，被录入《唐国史补》《德宗本纪》，是正史记载的大唐御酒。2008 年 6 月，剑南春酒传统酿造技艺入选第二批国家级非物质文化遗产名录。

剑南春酒是唯一载入中国正史的中国名酒，也是中国至今唯一尚存的唐代宫廷御酒。剑南春酒被选为唐代宫廷御酒长期入贡的历史，被载入正史《旧唐书·德宗本纪》，书中记载了德宗皇帝亲与朝臣商讨“剑南烧春”进贡事宜。皇室宫廷的长期御用奠定了剑南春“大唐国酒”的历史地位，也深深烙下了盛唐文明的印记。绝佳美酒才能成为贡酒，这就要求精工细作，不惜一切代价追求极致品质。高昂的成本、复杂的工艺、低微的产出，方换得贡酒的生成。历经千余年的发展，剑南春在采用糯米等原料、深层冰川用水、优中选优工艺上，至今坚持着贡酒的“极品酿造原则”，严谨而苛刻，一如过往。作为最早载入正史的“皇室御酒”，剑南春代表了中国白酒文化的里程碑，也彰显着中国白酒在国际的尊贵气质。

四川的绵竹市素有“酒乡”之称，绵竹市因产竹产酒而得名。早在唐代就名闻遐迩的名酒——“剑南烧春”，为皇族贡品，有“剑南贡酒”之名。因绵竹在唐代属剑南道，故称“剑南春”。相传李白为喝此美酒曾在这里竟把皮袄卖掉买酒痛饮，留下“士解金貂”“解貂赎酒”的佳话。北宋苏轼称赞这种蜜酒“三日开瓮香满城”“甘露微浊醍醐清”，其酒之引人可见一斑。剑南春在品质保证上形成了规范，从原料进库开始，保管、粉碎、配料、加工、储藏、勾兑、尝品、包装出厂，共有 260 多个环节，大的方面就有 20 多项重要的。剑南春最大成果体现在技术创新，创新成果在全国也是最多的企业之一。巴山钟灵，蜀水毓秀。在巴蜀大地上，有一条成 U 形的名酒带，坐落在这条名酒带的绵竹，酿酒历史已有 4000 余年，广汉三星堆蜀文化遗址出土的陶酒具和绵竹金土村出土的战国时期的铜罍、提梁壶等精美酒器，以及东汉时期的酿酒画像砖、三国《晋书》所载史料，都可使人追寻到隐隐的历史灰线，感触到剑南酒发展的时代脉动。

10. 习酒

习酒，是贵州省习水县习酒镇特产，属中国国家地理标志产品。习酒以当地的优质糯高粱为原料，小麦制成高温大曲，堆积糖化，二次投料，八次发酵，九次蒸馏，密封储存，精心勾兑而成，具有茅台酒的风味。酱香习酒，越陈越香，品质随着储存时间的增长，游离的酒精分子越来越少，对身体的刺激也越来越小，所以喝酒时感到不辣喉，醇和回甜。习酒秉承中国酱香白酒的传统工艺，采用纯粮固态酿造。其产品采用不同轮次、不同典型体、不同酒精浓度、不同酒龄的基酒精心设计，以酒勾酒，形成“微黄透明、酱香突出、醇厚丰满、细腻体净、回味悠长、空杯留香持久”的典型风格特征。

贵州习酒

五、中国白酒的选购

（一）眼盯包装，细触六面

要认真综合审视该酒的商标名称、色泽、图案以及标签、瓶盖、酒瓶、合格证、礼品盒等方面的情况。好的白酒，其标签的印刷十分讲究：纸质精良白净、字体规范清晰，色泽鲜艳均匀，图案套色准确，油墨线条不重叠。真品包装的边缘接缝齐整严密，没有松紧不均、留缝隙的现象。

（二）开盒取物，检查瓶盖

目前我国名优白酒的瓶盖大都使用铝质金属防盗盖，其特点是盖体光滑，形状统一，开启方便，盖上图案及文字整齐清楚，对口严密。若是假冒产品，倒过来时往往滴漏而出，盖口不易扭断，而且图案、文字模糊不清。

（三）颠倒乾坤，玩转酒瓶

从色泽上看，除酱香型白酒外，一般白酒都应该是无色透明的。对于无色透明玻璃瓶包装，把酒瓶拿在手中，慢慢地倒置过来，对着光观察瓶的底部，如果有下沉的物质或有云雾状现象，说明酒中杂质较多；如果酒液不失光、不浑浊，没有悬浮物，说明酒的质量比较好。

（四）倒酒入杯，闻香辨味

把酒倒入无色透明的玻璃杯中，对着自然光观察，白酒应清澈透明，无悬浮物和沉淀物。然后闻其香气，用鼻子贴近杯口，辨别香气的高低和香气特点。最后品其味，喝少量酒并在舌面上铺开，分辨味感的薄厚、绵柔、醇和、粗糙以及酸、甜、甘、辣是否谐调，有无余味。

（五）酒暖生气，油滴沉底

取几滴白酒放在手心里，然后合掌使两手心接触，用力摩擦几下，如酒生热后发出的气味清香，则为优质酒；如气味发甜，则为中档酒；气味苦臭，则为劣质酒。或者在酒中加一滴食用油，看油在酒中的运动情况。如果油在酒中的扩散比较均匀，并且匀速下沉，则酒的质量较好；如果油在酒中呈不规则扩散状态，且下沉速度变化明显，则可以肯定酒的质量有问题。无论是作为消费者还是经销商，通过正规渠道买酒无疑更加安全可靠。

不要想着贪便宜，随便从街边小店购买，这样的酒的品质无法得到保障。通过正规渠道购买的酒，在源头上有更高的可靠性，并且可以查验酒的商标、规格等各种信息。

六、中国白酒的基本礼仪

虽然平常在家或是与好友饮酒比较随性，但是一些场合仍需要我们注重基本的白酒饮用礼仪。

（一）斟酒

通常，酒水应当在饮用前斟入酒杯。有时，主人为了表示对来宾的敬重、友好，还会亲自为其斟酒。

在侍者斟酒时，勿忘道谢，但不必拿起酒杯。可在主人亲自来斟酒时，则必须端起酒杯致谢，必要时，还需起身站立，或欠身点头为礼。有时，亦可向其回敬以“叩指礼”，即以右手拇指、食指、中指捏在一起，指尖向下，轻叩几下桌面。这种方法适用于中餐宴会上，它表示的是在向对方致谢。

主人为来宾所斟的酒，应是本次宴会上最好的酒，并应当场启封。斟酒时要注意三点，其一，是要面面俱到，一视同仁。其二，要注意顺序，可以依顺时针方向，从自己所坐之处开始，也可以先为尊长、嘉宾斟酒。其三，斟酒需要适量。白酒与啤酒均可斟满，而其他洋酒则无此讲究，要是斟得过满乱流，显然未必合适，而且也是浪费。除主人与侍者外，其他宾客一般不宜自行为他人斟酒。

（二）敬酒

敬酒，亦称祝酒。它具体所指的是，在正式宴会上，由主人向来宾提议，为了某种事由而饮酒。在敬酒时，通常要讲一些祝愿、祝福之言。在正式的宴会上，主人与主宾还会郑重其辞地发表一篇专门的祝酒词。因此，敬酒往往是酒宴必不可少的一项程序。

敬酒，可以随时在饮酒的过程中进行。频频举杯祝酒，会使现场氛围热烈而欢快。不过，要是致正式的祝酒词的话，则应在特定的时间进行，并以不影响来宾用餐为首要考虑。

（三）干杯

干杯，指通常是在饮酒时，特别是在敬酒时，以某种方式劝说他人饮酒，或是建议对方与自己同时饮酒。在干杯时，往往要喝干杯中之酒，故称干杯。有的时候，干杯者互相之间还要碰一下酒杯，所以它又被叫作碰杯。

在主人或他人提议干杯后，应当手持酒杯起身站立。即便滴酒不沾，也要拿起水杯起身站立。在干杯时，应手举酒杯，至双眼高度，口道“干杯”之后，将酒一饮而尽，或饮去一半，或适当的量。然后，还需手持酒杯与提议干杯者对视一下，这一过程方告结束。

第二节　国外蒸馏酒

一、白兰地

（一）概念

白兰地，最初来自荷兰语 Brandewijn，意为“烧制过的酒”，狭义上讲，是指葡萄发酵后经蒸馏而得到的高度酒精，再经橡木桶储存而成的酒。白兰地是一种蒸馏酒，以水果为原料，经过发酵、蒸馏、储藏后酿造而成。以葡萄为原料的蒸馏酒叫葡萄白兰地，常讲的白兰地，都是指葡萄白兰地。以其他水果为原料酿成白兰地，应加上水果的名称，如苹果白兰地、樱桃白兰地等，但它们的知名度远不如前者大。

白兰地通常被人称为“葡萄酒的灵魂”。世界上生产白兰地的国家有很多，但以法国出品的白兰地最为驰名。而在法国产的白兰地中，尤以干邑地区生产的最为优美，其次为雅文邑（阿曼涅克）地区所产。除了法国白兰地以外，其他盛产葡萄酒的国家，如西班牙、意大利、葡萄牙、美国、秘鲁、德国、南非、希腊等，也都有生产一定数量、风格各异的白兰地。独联体国家生产的白兰地质量也很优异。

（二）制作工艺

白兰地酿造工艺精湛，特别讲究陈酿时间与勾兑的技艺，其中陈酿时间的长短更是衡量白兰地酒质优劣的重要标准。干邑地区各厂家储藏在橡木桶中的白兰地，有的长达40～70 年。他们利用不同年限的酒，按各自世代相传的秘方进行精心调配勾兑，创造出各种不同品质、不同风格的干邑白兰地。酿造白兰地很讲究储存酒所使用的橡木桶。由于橡木桶对酒质的影响很大，因此，木材的选择和酒桶的制作要求非常严格。最好的橡木是来自干邑地区利穆赞和托塞斯两个地方的特产橡木。由于白兰地酒质的好坏以及酒品的等级与其在橡木桶中的陈酿时间有着紧密的关系，因此，酿藏对于白兰地酒来说至关重要。关于具体酿藏多少年代，各酒厂依据法国政府的规定，所定的陈酿时间有所不同。在这里需要特别强调的是，白兰地酒在酿藏期间酒质的变化，只在橡木桶中进行，装瓶后其酒液的品质不会再发生任何的变化。

（三）白兰地的国家标准及产区

1. 国家标准

白兰地国家标准 GB/T11856－2008 将白兰地分为四个等级：特级（XO）、优级（VSOP）、一级（VO）和二级（VS）。

（1）美国

总的来讲，美国认为白兰地是一种采用果汁或水果酒或是其残渣发酵，蒸馏至

95%以内，馏出液具有本产品的典型性的酒精饮料。它可以是完全无病害、成熟的水果汁或果酱发酵的，也可以是加入了20%（以质量计）以内的皮渣的果汁，或加入了不超过30%的酒脚（以体积计），或二者同时添加的果汁发酵后蒸馏的。于白兰地之前，冠以所用水果名称，但葡萄白兰地也直接称为白兰地，它必须在橡木桶中陈酿至少2年，陈酿时间不足的需标“immature”（未成熟）字样。皮渣白兰地是采用水果皮渣蒸馏所得的白兰地。超标准白兰地则纯粹是以酸败的果汁、果酱或葡萄酒（但其中不含有SO_2）蒸馏的。很显然，在美国，白兰地是个广义词，它既可表示高档白兰地，也可表示超标准的白兰地。

（2）英国

作为可以进入市场销售的白兰地必须采用新鲜的葡萄汁，不加糖或酒精，发酵、蒸馏所得，必须陈酿至少3年。

（3）南非

白兰地必须采用不加糖的新鲜葡萄酒蒸馏调配而成，其中应不少于30%的采用壶式蒸馏锅蒸馏的酒精［酒精浓度<75%（V/V）］，余下的是酒精浓度为75%～92%（V/V）的葡萄酒精或葡萄酒酒精［95%（V/V）］。

白兰地必须在橡木桶中陈酿3年。

（4）澳大利亚

白兰地是采用新鲜葡萄酿制的蒸馏酒精浓度小于94.8%（V/V）的烈性酒饮料，应具典型性。

白兰地中应含不少于25%（体积比）的壶式蒸馏锅蒸馏的酒精［酒精浓度<83%（V/V）］，在橡木桶中储存应不少于2年，甲醇含量小于3 g/L［100%（V/V）乙醇］。

它禁止使用加了酒精的葡萄酒蒸馏白兰地，同时也不允许加粮食酒精，对进口白兰地，必须附有产地国出具的采用纯葡萄酒蒸馏的证明。

2. 产区

（1）干邑（Cognac）

干邑，音译为“科涅克”，位于法国西南部，是波尔多北部夏朗德省境内的一个小镇。它是一座古镇，面积约10万公顷。科涅克地区土壤非常适宜葡萄的生长和成熟，但由于气候较冷，葡萄的糖度含量较低（一般只有18%左右），故此，其葡萄酒产品很难与南方的波尔多地区生产的葡萄酒相比拟。在17世纪随着蒸馏技术的引进，特别是19世纪在法国皇帝拿破仑的庇护下，科涅克地区一跃成为酿制葡萄蒸馏酒的著名产地。公元1909年，法国政府颁布酒法明文规定，只有在夏朗德省境内，干邑镇周围的36个县市所生产的白兰地方可命名为干邑（Cognac），除此以外的任何地区不能用“Cognac”一词来命名，而只能用其他指定的名称命名。

1938年，法国原产地名协会和科涅克同业管理局根据AOC法（法国原产地名称管制法）和科涅克地区内的土质及生产的白兰地的质量和特点，将Cognac分为六个酒区：GRANDE CHAMPAGNE（大香槟区）、PETITE CHAMPAGNE（小香槟区）、BORDERIES（波鲁特利区，边林区）、FIN BOIS（芳波亚区，优质林区）、BON BOIS（邦波亚区，良质林区）、BOIS ORDINAIRES（波亚·奥地那瑞斯区，普通林区）。其中大香槟区仅占总面积的3%，小香槟区约占6%，两个地区的葡萄产量特别少。根据法国政府规定，只有用大、小香槟区的葡萄蒸馏而成的干邑，才可称为“特优香槟干邑”，而且大香槟区葡萄所占的比例必须在50%以上。如果采用干邑地区最精华的大香槟区所生产的干邑白兰地，可冠以“GRANDE CHAMPAGNE COGNAC”字样。这种白兰地均属于干邑的极品。

科涅克酿酒用的葡萄原料一般不使用酿制红葡萄酒的葡萄，而是选用具有强耐病性、成熟期长、酸度较高的圣·迪米里翁、可伦巴尔、佛尔·布朗休3个著名的白葡萄品种。这是因为酿制红葡萄酒的葡萄果皮中含有大量的高级脂肪酸，蒸馏出来的白兰地酒中也就含有不少的脂肪酸，影响了酒的口味，消费者的评价普遍不高，因此，多数生产商不使用这些葡萄来酿造白兰地酒。

科涅克酒的特点：从口味上来讲，科涅克白兰地具有柔和、芳醇的复合香味，口味精细讲究，酒体呈琥珀色，清亮透明，酒精浓度一般在43度左右。

干邑酒标签上的储存年限和生产地点表示方法：法国政府为了确保干邑白兰地的品质，对白兰地，特别是科涅克白兰地的等级有着严格的规定。该规定是以干邑白兰地原酒的酿藏年数来设定标准，并以此为干邑白兰地划分等级的依据。有关科涅克白兰地酒的法定标示及酿藏期规定具体如下：

①V. S（Very Superior）。V. S又叫三星白兰地，属于普通型白兰地。法国政府规定，干邑地区生产的“最年轻”的白兰地只需要18个月的酒龄。但厂商为保证酒的质量，规定在橡木桶中必须酿藏2年半以上。

②V. S. O. P（Very Superior Old Pale）。V. S. O. P属于中档干邑白兰地，享有这种标志的干邑至少需要4年半的酒龄。然而，许多酿造厂商在装瓶勾兑时，为提高酒的品质，适当加入了一定成分的10～15年的陈酿干邑白兰地原酒。

③Luxury Cognac。Luxury Cognac属于精品干邑，法国干邑多数大作坊都生产质量卓越的白兰地，这些名品有其特别的名称，如Napoleon（拿破仑）、Cordon Blue（蓝带）、XO（Extra Old特陈）、Extra（极品）等等。依据法国政府规定，此类干邑白兰地原酒在橡木桶中必须酿藏6年半以上，才能装瓶销售。

（2）阿曼涅克（Armagnac）

在我国南方和香港、台湾等地区人们习惯上称之为“雅文邑”，是法国出产的白兰地酒中仅次于科涅克的白兰地酒产地。根据记载，法国阿曼涅克地区早在1411年就开始蒸馏白兰地酒了。阿曼涅克位于法国加斯克涅地区，在波尔多地区以南100英里处，根据法国政府颁布的原产地名称法的规定，除产自法国西南部的阿曼涅克、吉尔斯县以及兰德斯县、罗耶加伦等法定生产区域外，一律不得在商标上标注阿曼涅克的名称，而只能标注白兰地。

阿曼涅克酒在酿制时，也大多采用圣·迪米里翁、佛尔·布朗休等著名的葡萄品种。采用独特的半连续式蒸馏器蒸馏一次，蒸馏出的阿曼涅克白兰地酒像水一样清澈，并具有较高的酒精含量，同时含有挥发性物质，这些物质构成了阿曼涅克白兰地酒独特的口味。但从1972年起，阿曼涅克白兰地酒的蒸馏开始借助于使用二次蒸馏法的夏朗德式蒸馏器，使得阿曼涅克白兰地酒的酒质变得轻柔了许多。

阿曼涅克白兰地酒的酿藏采用的是当地卡斯可尼出产的黑橡木制作的橡木桶。酿藏期间一般将橡木酒桶堆放在阴冷黑暗的酒窖中，酿酒商根据市场销售的需要勾兑出各种等级的阿曼涅克白兰地酒。根据规定，阿曼涅克白兰地酒至少要酿藏 2 年以上才可以冠以“VO”和“VSOP”的等级标志，“Extar”表示酿藏 5 年，而“Napoleon”则表示酿藏了 6 年以上。一般上市销售的阿曼涅克白兰地酒的酒精度为 40 度左右。

同科涅克白兰地相比，阿曼涅克白兰地酒的香气较强，味道也比较新鲜有劲，具有阳刚风格。其酒色大多呈琥珀色，色泽度深暗而带有光泽。

（四）白兰地的饮用及品鉴

1. 饮用方式

白兰地的饮用方式多种多样，可作消食酒，可作开胃酒，可以不掺兑任何东西“净饮”，也可以加冰块饮、掺兑矿泉水饮，或掺兑茶水饮，对于具有绝妙香味的白兰地来说，无论怎样饮用都可以。究竟如何饮用，随各人的习惯和所好而异。一般来说，不同档次的白兰地，采用不同的饮用方法，可以收到更好的效果。

例如：X.O 级白兰地，是在橡木桶里经过十几个春夏秋冬的储藏陈酿而成，是酒中的珍品和极品，这种白兰地最好的饮用方法是什么都不掺和，这样原浆原味，更能体会到这种白兰地的精髓和灵魂。

有些白兰地储存年限短，如 V.S 级白兰地，只有 2～3 年的酒龄，如果直接饮用，难免有酒精的刺口辣喉感，而掺兑矿泉水或加入冰块饮用，既能使酒精浓度得到充分稀释，减轻刺激，又能保持白兰地的风味不变，这种方法已被广泛采用。

白兰地掺兑矿泉水、冰块、茶水、果汁等的新品酒“方式”，已经在世界范围内流行起来，勾兑后的白兰地既是夏天午后的消暑饮料，又是精美晚餐上的主要佐餐饮品。

（1）净饮——用白兰地杯，然后倒些白兰地（最好是一瓶的四分之一）。另外用水杯配一杯冰水，喝时用手掌握住白兰地杯壁，让手掌的温度通过酒杯稍微暖和一下白兰地，让其香味挥发，充满整个酒杯，边闻边喝，才能真正地享受饮用白兰地酒的奥妙。冰水的作用是：每喝完一小口白兰地，喝一口冰水，清新味觉的同时能使下一口白兰地的味道更香醇。当呼吸一口气的时候，白兰地的芬芳久久停留在嘴里。

（2）加水、加冰。中国人多喜欢加冰，那只是喝一般牌子的白兰地。对于陈年上佳的干邑白兰地来说，加水、加冰浪费了几十年的陈化时间，丢失了香甜浓醇的味道。所以一般推荐喝陈年的白兰地最好不要加，任其原味散发出去。

（3）混合饮料。白兰地加了苏打水，可作休闲时的饮料，在咖啡里加些白兰地更好。因为白兰地有浓郁的香味，在做甜食、布丁、糕饼和冰淇淋时，加上一点就可增加美味。

（4）加入茶水。中档次白兰地，冬天掺热茶饮，把茶水泡得酽（yàn）酽的，使得茶水的颜色和白兰地颜色一致。茶叶中含有丰富的茶碱和单宁，白兰地中也含有丰富的多酚物质和单宁。用这样的浓茶掺兑白兰地，能保持白兰地的颜色、香味和酒体的丰满程度不变，只是降低了酒精度，减少了酒精的刺激，可以使干渴的喉咙得到滋润。

2. 品鉴

首先，干邑白兰地倒入郁金香杯内约 1/3 满，然后用手指捏住杯脚底部，以避免手心温度传抵杯中影响酒质。然后其余品酒步骤如下：

（1）欣赏色泽。拿起酒杯对着光源，观察干邑白兰地的色泽及清澈程度。品质优良的干邑白兰地应呈金黄色或琥珀色，而非红色。

（2）试验稠度。将杯身倾斜约 45°，慢慢转动一周，再将杯身直立，让酒汁沿着杯壁滑落，此时，杯壁上所呈现的自上而下的长长的纹路，即所谓的“酒脚”；越好的干邑白兰地，滑动的速度越慢，酒脚越圆润。

（3）嗅闻香气。将酒杯由远处移近鼻子，以恰能嗅到干邑白兰地酒香的距离来衡量香气的强度与基本香气，再轻轻地摇动酒杯，逐渐靠近鼻子，最后将鼻子靠近杯口深闻酒气，以便辨别各种香气的特征与确定酒香的持久力。干邑白兰地的香气有淡雅的葡萄香味、橡木桶的木质风味、青草与花香的自然芬芳等，要享受这些不同香气，必须深深地吸气，用鼻根接近双眉交叉处的嗅觉来感受。

（4）品尝佳酿。从舌尖开始品尝干邑白兰地，先含一些醇酒在舌间滑动，再顺着舌缘让酒流到舌根，然后在口中滑动一下，入喉之后趁势吸气，伴随酒液咽下，让醇美厚实的酒味散发出来，再用鼻子深闻一次，将所有的精华消化于口鼻舌喉之间。

一种好的白兰地，就是一种艺术品，令人向往和陶醉。艺术的鉴赏离不开人，白兰地的鉴赏与评价，也只能靠人的感觉器官。白兰地由于其原料（葡萄品种或水果种类）及酿制工艺的不同，所呈香气、风格也不尽相同。一种白兰地酒的质量如何，是通过分析和品尝以后下定义的。其一是借助于化验和仪器分析，对白兰地酒的成分逐一进行剖析，做出精确的定量；其二就是感官品尝，又称感官检测，是借助于人的视觉、嗅觉和味觉，在一整套完备、细致的方法上对白兰地酒的色、香、味的特征进行感受、分析和描述，判定其品质，做出公正的评价，感官品尝是评价白兰地酒质量的有效手段，也是评价白兰地酒质量的最终手段。

二、威士忌

（一）概念

威士忌（Whisky，Whiskey），是一种由大麦等谷物酿制，在橡木桶中陈酿多年后，调配成 43 度左右的烈性蒸馏酒，英国人称之为“生命之水”。威士忌按照产地可以分为苏格兰威士忌、爱尔兰威士忌、美国威士忌和加拿大威士忌四大类。

（二）分类

威士忌主要以原料、储存时间、酒精度数、国家产地进行区分。

根据原料的不同，威士忌可分为纯麦威士忌、谷物威士忌以及黑麦威士忌等；根据威士忌在橡木桶的储存时间，它可分为数年到数十年等不同年限的品种，所有的苏格兰威士忌有一个要求，需要在橡木桶中陈年不少于 3 年；根据酒精度，威士忌可分为 40～60 度等不同酒精度的威士忌酒。

最具代表性的威士忌分类方法是依照生产地和国家的不同将威士忌分为苏格兰威士忌、美国威士忌、爱尔兰威士忌、加拿大威士忌、日本威士忌、其他国家威士忌等。

1. 苏格兰威士忌（Scotch Whisky）

苏格兰威士忌原产于苏格兰，用经过干燥、泥炭熏焙产生独特香味的大麦芽作为酵造原料制成。其酿制经六道工序，即：将大麦浸水发芽→烘干、粉碎麦芽→入槽加水糖化→入桶加入酵母发酵→蒸馏两次→陈酿、混合。

苏格兰威士忌根据使用的原料、蒸馏和陈年方式的各不相同，可以分为四类：单麦芽威士忌、纯麦芽威士忌、调和性威士忌、谷物威士忌。

苏格兰威士忌起码要储存 8 年以上，储存 15～20 年的为最优质的成品酒，超过 20 年的质量会下降，色泽棕黄带红，清澈透亮，气味焦香，带有浓烈的烟味。

2. 美国威士忌（American Whisky）

美国威士忌分类的主要方法有：按照基本生产工艺划分（纯威士忌、混合威士忌、清淡威士忌）、按照使用的谷物划分（波本威士忌、黑麦威士忌、玉米威士忌、小麦威士忌、麦芽威士忌）、按照发酵的过程划分（酸麦威士忌、甜麦威士忌）、按照过滤的过程划分（田纳西威士忌）、按照国家监管体系划分（保税威士忌）、按照个性特点划分（单桶威士忌、小批量波本威士忌、年份威士忌）。

美国威士忌原产于美国南部，以玉米和其他谷物为原料，经发酵、蒸馏后放入内侧熏焦的橡木酒桶中酿制 2～3 年。装瓶时加入一定数量蒸馏水加以稀释，美国威士忌没有苏格兰威士忌那样浓烈的烟味，但具有独特的橡树芳香。

3. 爱尔兰威士忌（Irish Whisky）

爱尔兰威士忌的种类可以分为四类：壶式蒸馏威士忌、谷物威士忌、单麦芽威士忌、混合威士忌。

爱尔兰威士忌原产于爱尔兰，用小麦、大麦、黑麦等麦芽作原料酿造而成。经过三次蒸馏，然后入桶陈酿，一般需 8～15 年。装瓶时还要掺水稀释。因原料不用泥炭熏焙，所以爱尔兰威士忌没有焦香味，特点是柔和，好像在口中燃烧，口味比较绵长柔润，适用于制作混合酒与其他饮料共饮。

4. 加拿大威士忌（Canadian Whisky）

加拿大威士忌的历史开始于安大略湖岸边，19 世纪初，英国移民在那里建造了第一个酿酒厂。加拿大威士忌受到了法国人的影响，后者在 18 世纪在魁北克省生产了朗姆酒，在酿酒师希拉姆·沃克（Hiram Walker）的影响下，19 世纪 50 年代加拿大威士忌迅速发展。加拿大威士忌主要由黑麦、玉米和大麦混合酿制，采用二次蒸馏，在木桶中储存 4 年、6 年、7 年、10 年不等。出售前要进行勾兑掺和。加拿大威士忌气味清爽，口感轻快、爽适，不少北美人士都喜爱这种酒。

5. 日本威士忌

第一家真正意义上原创的日本威士忌诞生于 1929 年，但是仍有相当长的一段时间日本是从 Highland（苏格兰高地）进口发芽的大麦生产蒸馏酒，而日本人只是进行了调和和陈年，并保留苏格兰的叫法。日本生产的威士忌主要以大麦（玉米）作为原料，用铜质的壶式蒸馏器或者连续蒸馏器进行蒸馏，在盛装过雪莉酒或波特酒的酒桶中进行陈酿。

6. 其他国家威士忌

传说只要是英国人到过的地方，都能找到威士忌的仿制品，大部分分布在印度境内，而大洋洲人则是按照苏格兰传统方式生产威士忌。

（三）历史及发展

在公元12世纪，爱尔兰岛上已有一种以大麦作为主要生产原料的蒸馏酒，其蒸馏方法是从西班牙传入爱尔兰的。这种酒含芳香物质，具有一定的医药功能。1171年，英国国王亨利二世举兵入侵爱尔兰，并将这种酒的酿造法予以传播。爱尔兰文献中最早提到的威士忌来自17世纪的《克隆麦克诺斯年鉴》，它将1405年一位酋长的死亡归因于圣诞节期间喝了一杯水。1494年英国财政部的一项纪录证明威士忌在苏格兰生产。1608年，北爱尔兰诞生了世界上最古老的获得许可的威士忌酒厂之一——老布什米尔斯酿酒厂。1707年，联合王国合并了英格兰和苏格兰，此后威士忌的税收上涨。在1725年英国对麦芽征税之后，苏格兰的大部分酒厂要么关闭，要么被迫转入地下。苏格兰威士忌被藏在圣坛、棺材和任何可用的空间中，以避免政府的征税。

欧洲移民把蒸馏技术带到了美国，同时也传到了加拿大，甚至印度。如今，以酒体轻盈为特点的加拿大威士忌成为世界上配制混合酒的重要基酒。19世纪20年代晚期，爱德华·戴尔在印度建造了第一家蒸馏厂。

19世纪下半叶，日本受西方蒸馏酒工艺的影响，开始进口原料酒调配威士忌。日本三得利公司的创始人鸟井信治郎于1923年在京都郊外的山崎建立了日本第一座生产麦芽威士忌的工厂，从那时候起，日本威士忌发展迅速，并成为大众的饮品之一。

（四）制作工艺

1. 制作原料

麦类（大麦、小麦、黑麦、麦芽）、谷类（玉米）。

2. 酿造方法

第一步：发芽。首先将去除杂质后的麦类（Malt）或谷类（Grain）浸泡在热水中使其发芽，其间所需的时间视麦类或谷类品种的不同而有所差异，但一般而言需要1—2周的时间来进行发芽的过程，待其发芽后再将其烘干或使用泥煤（Peat）熏干，等冷却后再储放1个月的时间，发芽的过程即算完成。

第二步：糖化。将经过存放1个月后的发芽麦类或谷类放入特制的不锈钢槽中加以捣碎并煮熟成汁，其间所需要的时间8～12个小时，在磨碎的过程中，温度及时间的控制是非常重要的环节，过高的温度或过长的时间都将会影响到麦芽汁（或谷类的汁）的品质。

第三步：发酵。将冷却后的麦芽汁（或谷类的汁）加入酵母菌进行发酵，由于酵母能将麦芽汁（或谷类的汁）中的糖转化成酒精，因此在完成发酵过程后会产生酒精浓度5%～6%的液体，此时的液体被称之为“Wash”或“Beer”，由于酵母的种类很多，其对发酵过程的影响又不尽相同，因此各个不同的威士忌品牌都将其使用的酵母种类及数量视为其商业机密，而不轻易告诉外人。

第四步：蒸馏。一般而言，蒸馏具有浓缩的作用，因此当麦类或谷类经发酵后所形成的低酒精度的“Wash”或“Beer”后，还需要经过蒸馏的步骤才能形成威士忌，这时的威士忌酒精浓度在60%～70%间被称为“新酒”，麦类与谷类原料所使用的蒸馏方式有所不同，由麦类制成的麦芽威士忌采取单一蒸馏法，即以单一蒸馏容器进行二次蒸馏的过程，并在第二次蒸馏后，将冷凝流出的酒去头掐尾，只取中间的“酒心”（Heart）部分，成为威士忌新酒。另外，由谷类制成的威士忌则是采取连续式的蒸馏方法，即使用两个蒸馏容器以串联方式一次连续进行两个阶段的蒸馏过程。基本上各个酒厂在筛选“酒心”的量上并无固定统一的比例标准，完全是依各酒厂的酒品要求自行决定，一般各个酒厂取“酒心”的比例多掌握在60%～70%之间，也有的酒厂为制造高品质的威士忌，取其纯度最高的部分来使用。如享誉全球的麦卡伦（Macallan）单一麦芽威士忌即是如此，只取17%的“酒心”作为酿制威士忌的新酒使用。

第五步：陈年。蒸馏过后的新酒必须经过陈年的过程，使其经过橡木桶的陈酿来吸收植物的天然香气，并产生漂亮的琥珀色，同时亦可逐渐降低其高浓度酒精的强烈刺激感。在苏格兰地区，有相关的法令来规范陈年的酒龄时间，即每一种酒所标示的酒龄都必须是真实无误的，苏格兰威士忌至少要在木酒桶中酝藏3年以上，才能上市销售。这样的严格规定，一方面可保障消费者的权益，另一方面更有助于苏格兰地区出产的威士忌在全世界建立起高品质的形象。

第六步：混配。由于麦类及谷类原料品种众多，因此酿造而成的威士忌也存在着各不相同的风味，这时就靠各个酒厂的调酒大师依其经验的不同和本品牌酒质的要求，按照一定的比例搭配，各自调配勾兑出口味与众不同的威士忌，也因此各个品牌的混配过程及其内容都被视为绝对的机密，而混配后的威士忌的品质的好坏就完全由品酒专家及消费者来判定了。

三、伏特加

（一）概念

伏特加（俄语：Водка）是一种经蒸馏处理的酒精饮料。伏特加是世界八大酒之一，为世界八大基酒之首。它是由水和经蒸馏净化的乙醇所合成的透明液体，通常会经多重蒸馏从而达到更纯更美味的效果，市面上品质较好的伏特加一般是经过三重蒸馏的。在蒸馏过程中除水和乙醇外，亦会加入马铃薯、黑麦或小麦，如果是制作有味道的伏特加则会加入适量的调味料。虽然伏特加在东欧和北欧国家的传统上应该是以净饮的方法品尝，但当它在其他的国家大众化后，已经愈见少人用传统饮法品尝它的独特口味。近年来更多人喜欢将伏特加加上其他饮料或以鸡尾酒来饮用它。

（二）伏特加的类别与品种

1. 类别

伏特加分两大类，一类是无色、无杂味的上等伏特加；另一类是加入各种香料的伏特加（Flavored Vodka）。伏特加的制法是将麦芽放入稞麦、大麦、小麦、玉米等谷物或马铃薯中，使其糖化后，再放入连续式蒸馏器中蒸馏，制出酒精浓度在75%以上的蒸馏酒，再让蒸馏酒缓慢地通过白桦木炭层，制出来的成品是无色的，这种伏特加是所有酒类中最无杂味的。

2. 品种

（1）俄罗斯伏特加

俄罗斯伏特加最初用大麦为原料，以后逐渐改用含淀粉的马铃薯和玉米，制造酒醪和蒸馏原酒并无特殊之处，只是过滤时将精馏而得的原酒，注入白桦活性炭过滤槽中，经缓慢的过滤程序，使精馏液与活性炭分子充分接触而净化，将所有原酒中所含的油类、酸类、醛类、酯类及其他微量元素除去，便得到非常纯净的伏特加。俄罗斯伏特加酒液透明，除酒香外，几乎没有其他香味，口味凶烈，劲大冲鼻，火一般地刺激，其名品有：吉宝伏特加、波士伏特加、苏联红牌、苏联绿牌、柠檬那亚、斯大卡、野牛草伏特加、俄国卡亚、哥丽尔卡、斯丹达、艾达龙、金牌。

（2）波兰伏特加

波兰伏特加的酿造工艺与俄罗斯相似，区别只是波兰人在酿造过程中，加入一些草卉、植物果实等调香原料，所以波兰伏特加比俄罗斯伏特加酒体丰富，更富韵味，名品有：劲牛、维波罗瓦红牌38度、维波罗瓦蓝牌45度、朱波罗卡。

（3）其他

除俄罗斯与波兰外，其他较著名的生产伏特加的国家和地区及其产品还有：

①英国：哥萨克、夫拉地法特、皇室伏特加、西尔弗拉多；

②美国：宝狮伏特加、沙莫瓦、菲士曼伏特加；

③芬兰：芬兰地亚；

④法国：卡林斯卡亚、弗劳斯卡亚；

⑤加拿大：西豪维特；

⑥新西兰：42纬之下（42 Below）。

（三）伏特加的鉴别与饮用

1. 鉴别方法

（1）瓶子材料

开瓶时注意是不是铝制封盖的（多数假酒为了节省成本多是塑料封）。

（2）有无沉淀

观察酒液有无沉淀，有沉淀的说明是造假时环境不卫生，以及原料不同所导致的。

（3）气味测试

倒入杯内，闻一下，真酒有绝对的清爽感，略带酒精味道，假酒则有刺鼻的味道。

（4）口感测试

饮用伏特加，真伏特加在嘴里是清凉的感觉，不辣嗓，假伏特加则会呛嗓。

（5）触觉测试

滴两滴于手掌心，置于眼睛周围，真伏特加不熏眼睛。

2. 饮用方法

服务标准用量为每位客人 42 毫升，用利口杯或用古典杯服侍，可作佐餐酒或餐后酒。纯饮时，备一杯凉水，以常温服侍，快饮（干杯）是其主要饮用方式。许多人喜欢冰镇后干饮，仿佛冰融化于口中，进而转化成一股火焰般的清热。伏特加可作为基酒来调制鸡尾酒，比较著名的有黑俄罗斯（Black Russian）、螺丝钻（Screw Driver）、血腥玛丽（Bloody Mary）等。

四、朗姆酒

（一）概念

朗姆酒是以甘蔗糖蜜为原料生产的一种蒸馏酒，也称为糖酒、兰姆酒、蓝姆酒。我国港澳地区译为“冧酒”。朗姆酒原产地在古巴，口感甜润、芬芳馥郁。朗姆酒是用甘蔗压出来的糖汁，经过发酵、蒸馏而成。根据不同的原料和酿制的不同方法，朗姆酒可分为朗姆白酒、朗姆老酒、淡朗姆酒、朗姆常酒、强香朗姆酒等，含酒精 38%～50%，酒液有琥珀色、棕色，也有无色的。

（二）历史由来

朗姆酒的原产地在古巴共和国。朗姆酒是古巴人的一种传统酒，古巴共和国朗姆酒是由酿酒大师把以甘蔗糖蜜为原料制得的甘蔗烧酒装进白色的橡木桶，之后经过多年的精心酿制，使其产生一种独特的、无与伦比的口味，从而成为古巴人喜欢喝的一种酒。朗姆酒属于天然产品，由制糖甘蔗加工而成。整个生产过程从对原料的精心挑选，到之后的酒精蒸馏、甘蔗烧酒的陈酿，把关都极其严格。朗姆酒的质量由陈酿时间决定，有 1 年的，有好几十年的。市面上销售的通常为 3 年和 7 年的，它们的酒精含量分别为 38 度和 40 度，生产过程中除去了重质醇，把使人愉悦的酒香给保存了下来。古巴朗姆酒的历史，是古巴共和国历史不可分割的一部分。

引进新技术使生产过程发生变化。古巴酿制出了一种含低度酒精的朗姆酒，是有醇绵芳香、口味悠长的优质朗姆酒。喝朗姆酒在古巴已成为人们日常生活的一部分了，朗姆酒酿造厂主要分布在哈瓦那、卡尔得纳斯、西恩富戈斯和圣地亚哥，新型的朗姆酒酿造厂出产的品牌有：慕兰潭（Mulata）、圣卡洛斯（San Carlos）、波谷伊（Bocoy）、老寿星（Matusalen）、哈瓦那俱乐部（Havana Club）、阿列恰瓦拉（Arechavala）和百加得（Bacardi），古巴企业家采用成批生产酿酒工艺替换手工制作之后，朗姆酒产量大大增加了。

1966 年—1967 年，从那时起古巴所有出口的朗姆酒都贴有原产地质量保证标记，以表明朗姆酒的高质量和真品。这种朗姆酒共有九个品牌，如混血姑娘、桑坦洛（Santero）等。

（三）特点

朗姆酒是微黄、褐色的液体，具有细致、甜润的口感，芬芳馥郁的酒精香味。朗姆酒是否陈年并不重要，主要看是不是原产地。它分为清淡型和浓烈型两种风格。

清淡型朗姆酒是用甘蔗糖蜜、甘蔗汁加酵母进行发酵后蒸馏，在木桶中储存多年，再勾兑配制而成。酒液呈浅黄色到金黄色，酒度在45～50度。清淡型朗姆酒主要产自波多黎各和古巴，它们有很多类型并具有代表性。

浓烈型朗姆酒是由掺入蔗糖残渣的糖蜜在天然酵母菌的作用下缓慢发酵制成的。酿成的酒在蒸馏器中进行2次蒸馏，生成无色的透明液体，然后在橡木桶中熟化5年以上。浓烈型朗姆酒呈金黄色，酒香和糖蜜香浓郁，味辛而醇厚，酒度为45～50度。浓烈型朗姆酒以牙买加的朗姆酒为代表。

朗姆酒又称火酒，它的绰号又叫海盗之酒，过去横行在加勒比海地区的海盗都喜欢喝朗姆酒。

（四）分类

1. 按特色分类

（1）银朗姆（Silver Rum）

银朗姆又称白朗姆，是指蒸馏后的酒需经活性炭过滤后入桶陈酿1年以上。酒味较干，香味不浓。

（2）金朗姆（Gold Rum）

金朗姆又称琥珀朗姆，是指蒸馏后的酒需存入内侧灼焦的旧橡木桶中至少陈酿3年。酒色较深，酒味略甜，香味较浓。

（3）黑朗姆（Dark Rum）

黑朗姆又称红朗姆，是指在生产过程中需加入一定的香料汁液或焦糖调色剂的朗姆酒。酒色较浓（深褐色或棕红色），酒味芳醇。

（4）巴塞洛（Bercelo Rum）

巴塞洛朗姆酒精选最上乘的加勒比海甘蔗，并且由传统贵族监控配制而成，由巴塞洛公司生产，原产地为多米尼加，通常通过西班牙销往全球各个国家。巴塞洛朗姆酒有四个等级：陈年佳酿、顶级佳酿、皇室佳酿、30年精品珍藏佳酿，一般酒精度数在38～40度。2012年上半年巴塞洛朗姆酒开始进入中国市场。

（5）卡耀（Cayo）

卡耀朗姆酒的原产地是多米尼加，通过西班牙销往各个国家，有白朗姆、红朗姆、调配朗姆、陈酿朗姆等多种香型和口味。

（6）慕兰潭（Mulata）

慕兰潭朗姆酒属甘蔗朗姆酒，由维亚克拉拉圣菲朗姆酒公司生产，将蒸馏后的酒置于橡木桶内熟成，有多种香型和口味。

此外还有郎立可莱姆、拉姆斯、口库斯巴、马脱壳、柠檬哈妥、唐Q、摩根船长、帕萨姿等具有独特风味的朗姆酒品种。

2. 按口味分类

朗姆酒按口味的不同，可分浓口、中口、淡口三种。

淡朗姆酒：无色，味道精致、清淡，是鸡尾酒基酒和兑和其他饮料的原料。

中性朗姆酒：生产过程中，加水在糖蜜上使其发酵，然后仅取出浮在上面澄清的汁液蒸馏、陈化。出售前用淡朗姆酒或浓朗姆酒兑和至合适程度。

浓朗姆酒：在生产过程中，先让糖蜜放2～3天发酵，加入上次蒸馏留下的残渣或甘蔗渣，使其发酵，甚至要加入其他香料汁液，放在单式蒸馏器中，蒸馏出来后，注入内侧烤过的橡木桶中陈化数年。

3. 按气味分类

根据气味特征，可将朗姆酒分为浓香型、轻香型：

（1）浓香型：首先将甘蔗糖澄清，再放入能产丁酸的细菌和产酒精的酵母菌，发酵10天以上，用壶式锅间歇蒸馏，得到酒精度为85%左右的无色原朗姆酒，在木桶中储存多年后勾兑成金黄色或淡棕色的成品酒。

（2）轻香型：甘蔗糖只加酵母，发酵期短，塔式连续蒸馏，产出酒精度为95%的原酒，储存勾兑成浅黄色到金黄色的成品酒，以古巴朗姆酒为代表。

（五）制作工艺方法

1. 朗姆酒生产的原料为甘蔗汁、糖汁或糖蜜。甘蔗汁原料适合于生产轻香型朗姆酒。甘蔗汁经真空浓缩被蒸发掉水分，可得到一种较厚的带有黏性液态的糖浆，适宜于制备浓香型朗姆酒。

2. 原料预处理。糖蜜的预处理可分成几个不同的阶段：首先要通过澄清去除胶体物质，尤其是硫酸钙，以免在蒸馏时结成块状物质。糖蜜预处理的最后阶段是用水稀释，经冲稀后的低浓度溶液中，总糖含量为10～12克/100毫升，是适宜的发酵浓度，并添加硫酸铵或尿素。

3. 朗姆酒的传统酿造方法：先将榨糖余下的甘蔗渣稀释，然后加入酵母，发酵24小时以后，蔗汁的酒精含量达5～6度，故俗称“葡萄酒”。之后进行蒸馏，第一个蒸馏柱内上下共有21层，由一个蒸汽锅炉将蔗汁加热至沸腾，使酒精蒸发，进入蒸馏柱上层，同时使酒糟沉入蒸馏柱下层，以待排除。

4. 陈化朗姆酒：经过这一工序后，蒸馏酒精进入第二较小的蒸馏柱进行冷却、液化处理。第二个蒸馏柱有18层，用于浓缩。以温和的蒸汽处理，可根据酒精所含香料元素的比重分别提取酒的香味：重油沉于底部；轻油浮于中间，最上层含重量最轻的香料，其中包括绿苹果香元素。只有对酒精香味进行分类处理，酿酒师才能够随心所欲地配对朗姆酒的香味。

五、金酒

（一）概念

金酒，又名毡酒、杜松子酒或琴酒，最先由荷兰生产，在英国大量生产后闻名于世，是世界第一大类的烈酒。金酒以谷物为原料，经发酵与蒸馏制造出的中性烈酒为基底，增添以杜松子为主的多种药材与香料调味后，所制造出来的一种西洋蒸馏酒。

金酒的外文原名源自它主要调味成分之一的杜松子，因此也经常被称为杜松子酒，但并不是所有的金酒都是这样，如较少见的黑刺李金酒就不适用“杜松子酒”之称。常用译名之一的“琴酒”是英语“gin”在上海话中的音译，而“金”的译法则源于普通话的直译。

（二）历史与发展

世界上的金酒名字很多。荷兰人称之为 Gellever，英国人称之为 Hollamds 或 Genova，德国人称之为 Wacholder，法国人称之为 Genevieve，比利时人称之为 Jenevers……在中国，金酒也有许多称呼：香港、广东地区称为毡酒；台北称为琴酒，又因其含有特殊的杜松子味道，所以又被称为杜松子酒。

在我国，金酒最早是 20 世纪 30 年代（1938 年）在北京生产出来的，其生产者是法国传教士。1910 年，法国传教士们创办了教会酒厂——北京上义葡萄酒厂，其厂址在北京阜成门外一公里（现北京市委党校）。上义葡萄酒厂的生产管理、技术工艺由法国人吉善执掌，酒厂与教堂共占地近百亩，厂内有葡萄园几十亩，建有工房、地下储酒室，地上与地下有发酵储酒水泥池 16 个、橡木桶 500 余个。当时的设备有破碎机、压榨机、蒸馏塔、香槟机等。教会还在颐和园以北的黑山扈村的前山和后山（现 309 医院）占地 700 亩，引进法国葡萄品种福勒多、塞必尔、法国兰等十余个品种。上义葡萄酒厂酿的酒供应全国传教做弥撒用酒，同时外销全国各大教堂、租界、饭店、使馆、西餐馆、食品罐头洋行等。上义葡萄酒厂采用的松子是从北京西山八大处一带古老的坟地中采来的，杜松子到处都有生长，其叶有两髭（zī）、五髭、七髭，年岁久了就结很多果实，中原也有生长。

上义葡萄酒厂制造金酒采用的是利用杜松子浸泡蒸馏制取天然香料，是取其香、不取其色的方法。该厂将杜松子筛选后，经粉碎后浸入处理好的酒精中，在常温下浸泡 4 个月，定期搅拌，然后蒸馏，即得到所需的香料。上义葡萄酒厂用铜板自制了壶式蒸馏锅，直火蒸馏，蒸发面积大，锅上安装简单回流器，回流器又连接一个蛇形冷却管，冷却后得香料。冷却管上面安装冷却头，这样有助于将浸液中的难溶部分或不易挥发物质拖带至馏液中，相应地提高了馏液成分的含量，更加突出杜松子风味的特征。蒸馏时严格控制酒头、酒尾，中流酒分段择取，最后将酒头、酒尾进行二次蒸馏，这样取得的香料酒质纯净，使金酒味道醇厚、回味无穷、有细腻和谐感。最后再与处理好的酒精调兑而成，储存期为 6 个月，装瓶销售。在当时，该酒受到了洋酒行业的欢迎，解决了金酒进口的问题，并很快成为北京饭店、六国饭店调兑鸡尾酒的主要产品。

金酒销售最盛时期在 1946 年，尤其在来华美国人中极为畅销，有的还被带回美国去，这是谁也始料不及的。同时上义葡萄酒厂生产的金酒香料也受到各地酒厂的欢迎，如北京苗记酒厂、北京张蔚酒厂、天津利达酒厂等，纷纷来厂购买。金酒的应用从此日趋广泛。

（三）分类

1. 英国金酒

英国金酒，又称干金酒，是用玉米、大麦芽和其他谷物搅碎、加热、发酵、蒸馏两次而得。英国金酒无色透明，气味清香，口感醇美爽适，既可纯饮，又可作为鸡尾酒的基酒。常见的品牌有哥顿金酒、必富达金酒等。

2. 荷式金酒

荷式金酒产于荷兰，主要的产区集中在斯希丹（Schiedam）一带，是荷兰人的国酒。

荷式金酒被称为杜松子酒，它以大麦芽与稞麦等为主要原料，配以杜松子为调香材料，经发酵后蒸馏三次获得谷物原酒，然后加入杜松子香料再蒸馏，最后将蒸馏而得的酒储存于玻璃槽中待其成熟，包装时再稀释装瓶。荷式金酒色泽透明清亮，酒香味突出，香料味浓重，辣中带甜，风格独特。荷式金酒无论是纯饮或加冰都很爽口，酒精浓度为 52 度左右。因香味过重，荷式金酒只适于纯饮，不宜作混合酒的基酒，否则会破坏酒品的平衡香味。

荷式金酒在装瓶前不可储存过久，以免杜松子氧化而使味道变苦，而装瓶后则可以长时间保存而不降低质量。荷式金酒常装在长形陶瓷瓶中出售。新酒叫 Jonge，陈酒叫 Oulde，老陈酒叫 Zeet Oulde。比较著名的酒牌有：亨克斯（Henkes）、波尔斯（Bols）、波克马（Bokma）、邦斯马（Bomsma）、哈瑟坎坡（Hasekamp）。

荷式金酒的饮法也比较多，东印度群岛流行在饮用前用苦精（Bitter）洗杯，然后注入荷式金酒，大口快饮，痛快淋漓，具有开胃之功效，饮后再饮一杯冰水，更是美不胜言。荷式金酒加冰块，再配以一片柠檬，就是世界名饮——干马天尼（Dry Martini）的最好代用品。

3. 美国金酒

美国金酒为淡金黄色，因为与其他金酒相比，它要在橡木桶中陈年一段时间。美国金酒主要有蒸馏金酒（Distiled Gin）和混合金酒（Mixed Gin）两大类。通常情况下，美国的蒸馏金酒在瓶底部有“D”字，这是美国蒸馏金酒的特殊标志。混合金酒是用食用酒精和杜松子简单混合而成的，很少用于单饮，多用于调制鸡尾酒。

4. 果味金酒

果味金酒是在干金酒中加入了成熟的水果和香料，如柑橘金酒、柠檬金酒、姜汁金酒等。

5. 其他

金酒的主要产地除荷兰、英国、美国以外，还有德国、法国、比利时等国家。比较常见和有名的金酒有辛肯哈根（Schinkenhager）（德国）、布鲁克人（Bruggman）（比利时）、西利西特（Schlichte）（德国）、菲利埃斯（Filliers）（比利时）、多享卡特（Doornkaat）（德国）、弗兰斯（Fryns）（比利时）、克丽森（Claessens）（法国）、海特（Herte）（比利时）、罗斯（Loos）（法国）、康坡（Kampe）（比利时）、拉弗斯卡德（Lafoscade）（法国）、万达姆（Vanpamme）（比利时）、布苓吉维克（Brinevec）（南斯拉夫）。

（四）酿造方式

金酒（Gin）是在 1660 年，由荷兰莱顿大学的西尔维斯教授（Doctor Sylvius）制造成功的。最初制造这种酒是为了帮助在东印度地域活动的荷兰商人、海员和移民预防热带疟疾病，作为利尿、清热的药剂使用，不久人们发现这种利尿剂香气和谐、口味谐调、醇和温雅、酒体洁净，具有净、爽的自然风格，很快该利尿剂就被人们作为正式的酒精饮料饮用。金酒的怡人香气主要来自具有利尿作用的杜松子。杜松子的加工法有许多种，一般是将其包于纱布中，挂在蒸馏器出口部位。蒸酒时，其味便串于酒中，或者将杜松子浸于绝对中性的酒精中，一周后再回流复蒸，将其味蒸于酒中。有时还可以将杜松子压碎成小片状，加入酿酒原料中，进行糖化、发酵、蒸馏，以得其味。有的国家和酒厂配合其他香料来酿制金酒，如荽子、豆蔻、甘草、橙皮等。这种用杜松子浸于酒精中制成的杜松子酒逐渐为人们接受而成了一种新的饮料。而准确的配方，厂家一向是非常保密的。

六、龙舌兰酒

（一）概念

龙舌兰酒是墨西哥的国酒，被称为“墨西哥的灵魂”，是在墨西哥开奥运会时，开始变得为世界所知的。该酒是以龙舌兰（agave）为原料经过蒸馏制作而成的一款蒸馏酒。龙舌兰酒常常被用来当作基酒调制各种鸡尾酒，常见的鸡尾酒有龙舌兰日出、斗牛士、霜冻玛格丽特等。

（二）起源

公元 3 世纪时，居住于中美洲地区的印第安文明早已发现发酵酿酒的技术，他们取用生活里面任何可以得到的糖分来源来造酒，含糖分不低又多汁的龙舌兰，很自然而然地成为造酒的原料，他们用龙舌兰汁经发酵后制造出普利克（Pulque）酒。

在来自大西洋彼岸、西班牙的征服者们将蒸馏术带来新大陆之前，龙舌兰酒一直保持着其纯发酵酒的身份。后来他们尝试使用蒸馏的方式提升 Pulque 的酒精度，以龙舌兰制造的蒸馏酒由此产生。由于这种新产品成功取代了葡萄酒，成为这些殖民者大量消费的对象，于是获得了 Mezcal Wine（麦斯卡尔酒）的名称。Mezcal Wine 的雏形经过了长久的尝试与改良后，才逐渐演变成为我们今日见到的 Mezcal Tequila（麦斯卡尔特基拉）——这名称是取自盛产此酒的城镇名。

（三）分类与等级

1. 酒品分类

（1）特基拉酒（Tequila）

Tequila，只有在某些特定地区，使用一种被称为蓝色龙舌兰草（Blue Agave）的植物作为原料所制造的此类产品，才有资格冠上 Tequila 之名。

（2）普利克（Pulque）

Pulque，这是一种用龙舌兰草的心为原料，经过发酵而制造出的发酵酒类，最早由古代的印第安文明发现，在宗教上有不小的用途，也是所有龙舌兰酒的基础原型。

(3) 麦斯卡尔 (Mezcal)

Mezcal，是所有以龙舌兰草心为原料，所制造出的蒸馏酒之总称，简单说来 Tequila 可说是 Mezcal 的一种，但并不是所有的 Mezcal 都能称作 Tequila。

2. 酒品等级

(1) Blanco 与 Plata

Blanco 与 Plata，分别是西班牙文里面“白色”与“银色”的意思，在龙舌兰酒的领域里面，它可以被视为一种未陈年酒款，并不需要放入橡木桶中陈年。Blanco 等级的龙舌兰酒放入橡木桶的时间规定却是上限，最多不可超过 30 日。

(2) Joven abocado

Joven abocado，在西班牙文里面意指“年轻且顺口的”，此等级的酒也常被称为 Oro（金色的）。以分类来说，这类酒全都属于 Mixto（混合型），理论上没有 100%用龙舌兰制造的产品高级。

(3) Reposado

Reposado，是西班牙文里面“休息过的”之意，意指此等级的酒经过一定时间的橡木桶陈放，只是还放不到满 1 年的程度。木桶里的存放通常会让龙舌兰酒的口味变得比较浓厚、复杂一点，因为酒会吸收部分橡木桶的风味，甚至颜色，时间越长颜色越深。Reposado 的陈放时间介于 2 个月到 1 年之间。

(4) Añejo

Añejo 在西班牙文里面原意是指“陈年的”，简单来说，就是在橡木桶里陈放的时间超过 1 年以上的酒，都属于此等级，没有上限。它们必须在使用容量不超过 350 升的橡木桶封存，由政府官员上封条，虽然规定上只要超过 1 年的都可称为 Añejo，但是一般来说，专家们都同意龙舌兰酒最适合的陈年期限是 4～5 年，再超过桶内的酒精会挥发过多。

（四）酿造工艺

1. 制作过程

龙舌兰酒的制造者把成熟后龙舌兰外层的叶子砍掉，取其中心部位（Pinal）（即凤梨之意），这种布满刺状的果实最重可达 150 磅，果子里充满香甜、黏稠的汁液，然后再把它放入炉中蒸煮，这样做为的是浓缩甜汁，并且把淀粉转换成糖类。将煮过的 Pinal 再送到另一机器挤压成汁发酵，果汁发酵达酒精度为 80 度即开始蒸馏。龙舌兰酒在铜制单式蒸馏器中蒸馏两次，未经过木桶成熟的酒，透明无色，称为 White Tequila，味道较呛，另一种 Gold Tequila，因呈淡琥珀色而得名，通常在橡木桶中至少储存 1 年，味道与白兰地近似。

2. 酿造步骤

(1) 原料分类

龙舌兰酒使用的是一种非常特殊且奇异的糖分来源——蕴含在龙舌兰草心（鳞茎）汁液里面的糖分。

在几种龙舌兰酒里面，Tequila 使用蓝色龙舌兰草的汁液作为原料，根据土壤、气候与耕种方式，这种植物拥有 8～14 年的平均成长期，相比之下，Mezcal（麦斯卡尔）

所使用的其他龙舌兰品种在成长期方面普遍较蓝色龙舌兰短。

根据法规，只要使用的原料有超过51%是来自蓝色龙舌兰草，制造出来的酒就有资格称为Tequila，其不足的原料是以添加其他种类的糖（通常是甘蔗提炼出的蔗糖）来代替，称为Mixto（混合型）。

（2）蒸煮过程

龙舌兰酒原料到了酒厂后，通常会被十字剖成四瓣，方便进一步的蒸煮处理。去除草心外部的蜡质或残留没有砍干净的叶根，因为这些物质在蒸煮的过程中会变成苦味来源，使用现代设备的酒厂则是以高温的喷射蒸汽来达到相同的效果。

传统上，蒸馏厂会用蒸汽室，或是西班牙文里面称为“Horno”的石造或砖造烤炉，慢慢地将切开的龙舌兰心煮软，需时长达50～72小时。在60℃～85℃的慢火烘烤之下，其植物纤维会慢慢软化、释放出天然汁液，但又不会因为火力太强太快而煮焦，让汁液变苦或不必要地消耗掉宝贵的可发酵糖分。使用炉子烘烤龙舌兰的另外一个好处是，比较有办法保持植物原有的风味。传统做法的蒸馏厂会在龙舌兰心煮好后让它冷却24～36小时，再进行磨碎除浆。当龙舌兰心彻底软化且冷却后，工人会拿大榔头将它们打碎，并且移到一种传统上使用驴子或牛推动、称为Tahona的巨磨内使其磨得更碎。至于取出的龙舌兰汁液（称为Aquamiel，意指糖水）则在掺调一些纯水之后，放入大桶中等待发酵。

（3）发酵过程

蒸煮完成后工人会在称为特帕奇（Tepache）的龙舌兰汁上洒下酵母进行发酵，用来发酵龙舌兰汁的容器可能是木造或现代的不锈钢酒槽，如果保持天然的发酵过程，其耗时往往需要7～12日之久。为了加速发酵过程，许多现代化的酒厂通过添加特定化学物质的方式加速酵母的增产，把时间缩短到两三日内。

（4）蒸馏过程

当龙舌兰汁经过发酵过程后，制造出来的是酒精度在5%～7%之间、类似啤酒般的发酵酒。传统酒厂会以铜制的壶式蒸馏器进行两次蒸馏，现代酒厂则使用不锈钢制的连续蒸馏器，初次的蒸馏耗时1.5～2小时，制造出来的酒其酒精度在20%左右。第二次的蒸馏耗时3～4小时，制造出的酒拥有约55%的酒精度。

从开始的龙舌兰采收到制造出成品，大约每7kg的龙舌兰心制造出1L的酒。

（5）陈年佳酿

刚蒸馏完成的龙舌兰新酒，是完全透明无色的，市面上看到的有颜色的龙舌兰酒都是因为放在橡木桶中陈年过，或是因为添加酒用焦糖（只有Mixto才能添加焦糖）。陈年龙舌兰酒所使用的橡木桶来源很广，最常见的还是美国输入的二手波本威士忌酒桶，龙舌兰酒并没有最低的陈年期限要求，但也可以按照陈年的方式进行分级。白色龙舌兰酒（Blanco）则是完全未经陈年的新酒。

（五）饮用方式与特色饮品

1. 饮用方式

传统的龙舌兰酒喝法十分特别，也颇需一番技巧。首先把盐巴撒在手背虎口上，用拇指和食指握一小杯纯龙舌兰酒，再用无名指和中指夹一片柠檬片，迅速舔一口虎口上的盐巴，接着把酒一饮而尽，再咬一口柠檬片，整个过程一气呵成，无论风味或是饮用技法，都堪称一绝。

除此之外，龙舌兰酒也适宜纯饮，先将龙舌兰酒含在嘴里，待舌头微麻时，慢慢下咽，饮用者便会进入一种忘我的境界。

2. 特色饮品

（1）玛格丽特（Margarita）

玛格丽特鸡尾酒创自洛杉矶调酒师简·杜雷萨，其女友玛格丽特在一次打猎中不幸中流弹身亡。为了纪念爱人，他调制了这款以爱人名字命名的酒，一举获得了1949年全美鸡尾酒大赛冠军。

龙舌兰酒是墨西哥的国酒，代表他的墨西哥女友，青檬汁代表他酸楚的心，而盐代表了他的眼泪。玛格丽特清澈中带有淡淡的模糊，这是回忆的颜色，憧憬而不可见，看似在眼前却怎么也抓不住，或许只有失去了最爱的人才能体会到这种感觉。

（2）地狱龙舌兰（Tequila Slammer）

地狱龙舌兰有个更酷的名字——地狱射手。这种极限喝法通常是男士们打赌时才会用到，一口下去，如地狱射手的箭一般穿肠而过，配合着柠檬汁的清爽和气泡酒的效果能让心肺瞬间灼热。

（3）龙舌兰日出（Tequila Sunrise）

龙舌兰日出是一款让人联想到墨西哥朝霞的、充满热情的鸡尾酒。龙舌兰日出利用石榴糖浆在龙舌兰酒与橙汁中的比重可以表现出日出的美丽情景。不仅是名字，它的气味也保留了龙舌兰酒的独特个性。若希望从日出这样美好的事物中找寻希望、得到活力，不妨来一杯龙舌兰日出。

七、蒸馏酒的历史起源及发展前景

蒸馏酒与酿造酒相比，在制造工艺上多了一道蒸馏工序，蒸馏器是关键设备。故蒸馏酒的起源的前提条件就是蒸馏器的发明，但蒸馏器的出现并不是蒸馏酒起源的绝对条件。因为蒸馏器不仅可用来蒸酒，也可用来蒸馏其他物质，如香料、水银等。随着考古资料的充实及对古代文献资料的查询，人们对蒸馏酒起源的认识逐步深化。因为这不仅涉及酒的蒸馏，而且还涉及具有划时代意义的蒸馏器。

（一）蒸馏酒在中国的起源

1. 宋代史籍中已有蒸馏器的记载

据史料记载，我国在宋代时已有蒸馏器。南宋张世南在《游宦纪闻》卷五中记载了一例蒸馏器，用于蒸馏花露，宋代的《丹房须知》一书中还画有当时蒸馏器的图形。吴德铎先生认为，至迟在宋代以前，中国人民便已掌握了蒸制烧酒所必需的蒸馏器。当然，此蒸馏器并不一定是用来蒸馏酒。

2. 考古发现了金代的蒸馏器

20世纪70年代，考古工作者在河北青龙县发现了被认为是金世宗时期的铜制蒸馏烧锅（也有人认为很难肯定是金代制品）。邢润川认为，宋代已有蒸馏酒应是没有问题的。从所发现的这一蒸馏器的结构来看，与元代朱德润在《轧赖机酒赋》中所描述的蒸馏器结构相同。器内液体经加热后，蒸汽垂直上升，被上部盛冷水的容器内壁所冷却，从内壁冷凝，酒沿壁流下被收集。而元代《居家必用事类全集》中所记载的南番烧酒所用的蒸馏器尚未采用此法，南番的蒸馏器与阿拉伯式的蒸馏器相同，器内酒的蒸汽是左右斜行走向，流酒管较长。从器形结构来考察，我国的蒸馏器具有鲜明的民族传统特色，由此判断，我国在宋代自创了蒸馏技术。

3. 东汉青铜蒸馏器的构造与金代蒸馏器的相似之处

东汉青铜蒸馏器分甑（zèng）体和釜体两部分，通高 53.9 厘米。甑体内有储存料液或固体酒醅的部分，并有凝露室。凝露室有管子接口，可使冷凝液流出蒸馏器外，在釜体上部有一入口，大约是随时加料用的。

蒸馏酒起源于东汉的观点，暂时没有被广泛接受，因为仅靠用途不明的蒸馏器很难说明问题。另外，东汉的众多酿酒史料中都未找到任何蒸馏酒的踪影，所以缺乏文字资料的佐证。

（二）蒸馏酒在外国的起源

在古希腊时代，亚里士多德曾经写道："通过蒸馏，先使水变成蒸汽继而使之变成液体状，可使海水变成可饮用水。"这说明蒸馏的原理早已经被人们发现，古埃及人曾用蒸馏术制造香料。在中世纪早期，阿拉伯人发明了酒的蒸馏。10 世纪，一位名叫阿维森纳的哲学家曾对蒸馏器进行过详细的描述。但当时还未提到蒸馏酒（alcohol）。有人认为尽管没有提到，但蒸馏酒在当时就已出现。1313 年，第一次记载了蒸馏酒（alcohol）的人也许是加泰隆（Catalan，分布于西班牙等国的人）教授。

国外有资料证明，大约在 12 世纪，人们第一次制成了蒸馏酒。但是当时蒸馏所得的烈性酒并不是用来饮用的，而是作为引起燃烧的东西（助燃剂），或作为溶剂，后来又被用于药品，国外的蒸馏酒大都用葡萄酒来蒸馏。从时间上来看，12 世纪相当于我国南宋初期。

（三）发展前景

蒸馏酒市场具有相当大的前景，随着我国人民消费水平的提高，消费市场快速扩张，先进的蒸馏酒技术也在不断地发展。大数据显示，蒸馏酒类仍是中国乃至世界的大宗消费。如今，有必要在提高蒸馏酒的质量的基础上，不断研究、开发、应用新技术，生产新产品，提高生产效益。根据目前蒸馏酒的发展态势，技术层面上可从两方面着手：第一，利用物理化学高新技术改进工艺；第二，通过基因工程，生产新式发酵菌。

随着科技的发展，蒸馏酒的生产力逐渐提高，蒸馏酒作为一种与人类密切相关的酒精饮料，丰富着人们的生活。相信蒸馏酒在以后的漫长岁月里，能够得到更加长远的发展。

第四章　鸡尾酒

第一节　鸡尾酒基础知识

一、鸡尾酒的起源

鸡尾酒最早起源于美洲，时间是18世纪末或19世纪初期，这是大部分史料所承认的。在美国独立战争之后，在肯塔基州炸鸡店的一家酒吧里，常聚集着一些热爱“斗鸡”活动的酒客，他们讨论有关斗鸡的技巧与知识，说着说着就把店里的酒全都喝光了，并要求老板继续加酒，老板没办法只好把店里剩下来的酒不分类别全部混合在一起，免费分给顾客。从此一传十、十传百，每个人都要到这家酒吧听有关雄鸡的故事，喝免费的混合酒，因此，他们把这种酒称为cock（雄鸡）加上tale（故事），合在一起转变成了cocktail——鸡尾酒。

二、鸡尾酒的特点及定义

鸡尾酒是由两种或两种以上的酒或由酒掺入果汁配合而成的一种饮品。具体地说鸡尾酒是用一种或几种烈酒（主要是蒸馏酒、酿造酒和配制酒）作为基酒，与其他配料（如汽水、果汁、乳品等）一起用一定的方法调制而成的混合饮料。它具有色、香、味、形俱佳的特点。

美国一本权威性的词典中对鸡尾酒的定义是：鸡尾酒是一种量少冰镇的含酒精的饮料，它以朗姆、威士忌或其他蒸馏酒为基酒，或以葡萄酒为基酒，再配以其他材料，如果汁、鸡蛋、比特酒、糖等，以搅拌或摇制法调制而成，最后再加以柠檬片或其他材料装饰。

概括来说，调制鸡尾酒的原料大致可以分为三大类，即基酒、辅助材料和装饰材料。

（一）基酒

基酒又叫酒基、底料、主料，它是鸡尾酒的中心部分，对鸡尾酒的整体风格和口味起着决定作用。通常把烈性酒作为基酒，其含量不低于鸡尾酒总量的一半，主要都是酿造酒、蒸馏酒、配制酒。常用的基酒以烈性酒为主，如金酒（杜松子酒）、威士忌、朗姆酒、伏特加、白兰地和龙舌兰等蒸馏酒，也有少量鸡尾酒是以葡萄酒或利口酒为基酒的。中式鸡尾酒一般以茅台、汾酒、五粮液、竹叶青等高度酒作为基酒。选择基酒也需要一定的技巧。接下来，将为大家介绍几款常见的基酒：

曼哈顿

1. 威士忌（Whisky）

威士忌是以大麦、黑麦、燕麦、小麦、玉米等谷物为原料，经发酵、蒸馏后放入橡木桶中陈酿，再经过勾兑而制成的烈性酒精饮料，是谷物蒸馏酒中最具有代表性的酒品之一。酒体呈浅棕红色，色味焦香。

“威士忌”这个词来自苏格兰古语，意为“生命之水”。后来这个蒸馏酒制作方法传到爱尔兰，当地人把啤酒蒸馏后产生了酒精度数强烈的威士忌，于是，爱尔兰人就用自己的语言直接译为 Uisge－beatha，就这样威士忌便诞生了。

现今世界各地都生产威士忌，具备生产优良品质威士忌的地区有四个：苏格兰、爱尔兰、美国和加拿大。

（1）苏格兰威士忌

苏格兰威士忌原产于苏格兰，用经过干燥、泥炭熏焙产生独特香味的大麦芽作酿造原料制成。其酿制经六道工序，即：将大麦浸水发芽→烘干、粉碎麦芽→入槽加水糖化→入桶加入酵母发酵→蒸馏两次→陈酿、混合。苏格兰威士忌起码要储存 8 年以上，15～20 年的为最优质的成品酒，超过 20 年的质量会下降，色泽棕黄带红，清澈透亮，气味焦香，带有浓烈的烟味。

（2）爱尔兰威士忌

爱尔兰威士忌的原产地在爱尔兰，用小麦、大麦、黑麦等麦芽作为原料酿造而成。经过三次蒸馏，然后入桶陈酿，一般需要 8～15 年。装瓶时还要掺水稀释。因原料不用泥炭熏焙，所以没有焦香味，口味比较绵长柔润，适用于制作混合酒与其他饮料共饮。

（3）美国威士忌

美国威士忌原产于美国南部，以玉米和其他谷物为原料，经发酵、蒸馏后放入内侧熏焦的橡木酒桶中酿制 2～3 年。装瓶时加入一定数量蒸馏水加以稀释。美国威士忌没有苏格兰威士忌那样浓烈的烟味，但具有独特的橡树芳香。

（4）加拿大威士忌

加拿大生产威士忌已有 200 多年的历史，其著名品牌是稞麦（黑麦）威士忌和混合威士忌。在稞麦威士忌中稞麦（黑麦）是主要原料，占 51% 以上，再配以大麦芽以及其他谷类组成，此酒经发酵、蒸馏、勾兑等工艺，并在白橡木桶中陈酿至少 3 年（一般 4～6 年），才能出品。该酒口味细腻，酒体轻盈淡雅，酒精浓度 40 度以上，特别适宜作为混合酒的基酒使用。加拿大威士忌在原料、酿造方法及酒体风格等方面与美国威士忌比较相似。

威士忌酸

2. 白兰地（Brandy）

“白兰地”一词最初来自荷兰语 Brandewijn，意为“烧制过的酒”。世界上生产白兰地的国家有很多，但以法国出品的白兰地最为驰名。比较著名的可作为基酒的白兰地品种有拿破仑、苹果白兰地、轩尼诗、人头马、马爹利等。

白兰地是一种蒸馏酒，以水果为原料，经过发酵、蒸馏、储藏后酿造而成。最好的白兰地是由不同酒龄、不同来源的多种白兰地勾兑而成的。兑酒师要通过品尝储藏在桶内的酒类来判断酒的品质和风格，并决定勾兑比例。勾兑后的白兰地在适当的容器中储藏 6 个月就可以装瓶。白兰地与葡萄酒不一样，不在瓶中沉淀，装瓶以后就成为定型产品。只要密封后避光、低温保存就可以长期留用。勾兑的白兰地酒精浓度在国际上一般标准是 42～43 度，我国的酒精浓度标准是 38～44 度。

白兰地的等级划分：

我国借鉴了法国白兰地生产发达国家的相关标准，在白兰地国家标准 GB/T11856—2008 中将白兰地分为四个等级：

①特级（XO）：最低酒龄为 6 年。

亚历山大

②优级（VSOP）：最低酒龄为 4 年。

③一级（VO）：最低酒龄为 3 年。

④二级（VS）：最低酒龄为 2 年。

缩写字母说明：F→Fine（精纯）；O→Old（陈年）；P→Pale（纯净）；S→Superior（优异）；V→Very（真正）；X→Extra（特级）。

边车

3. 朗姆酒（Rum）

朗姆酒是用甘蔗压出来的糖汁，经过发酵、蒸馏而成。朗姆酒也叫糖酒，是制糖业的一种副产品，它以蔗糖作原料，先制成糖蜜，然后再经发酵、蒸馏，在橡木桶中储存一定期限而成。

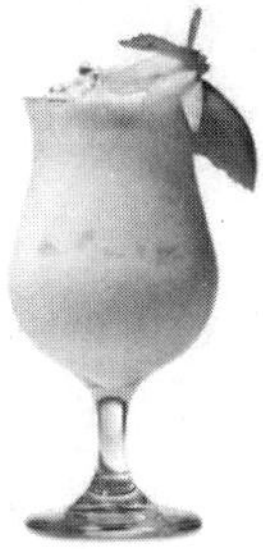

椰林飘香

根据不同的原料和酿制的不同方法，朗姆酒可分为朗姆白酒、朗姆老酒、淡朗姆酒、朗姆常酒、强香朗姆酒等，含酒精38%～50%，酒液有琥珀色、棕色，也有无色的。

蓝色夏威夷

比较著名的被作为基酒的朗姆酒品种有哈瓦那俱乐部（Havana Club）、百加得（Bacardi）、拉莫尼（La Mauny）、萨凯帕（Ron Zacapa）。

4. 龙舌兰酒（Tequila）

龙舌兰酒又叫特基拉、特吉拉，被称为“墨西哥的灵魂”，是墨西哥的国酒。特基拉原本是墨西哥的一个小镇，因为生产龙舌兰而闻名。此酒以龙舌兰（agave）为原料，属于蒸馏酒的一类。

比较著名的可作为基酒的龙舌兰酒品种有金快活（Jose Cuervo）、玛格丽特（Margarita)、龙宫龙舌兰酒（Casa Dragones）、唯一奇迹龙舌兰酒（Milagro Unico）。

龙舌兰日出

玛格丽特

龙舌兰有个很经典的传统饮用方法：首先把盐巴撒在手背虎口上，用拇指和食指握一小杯纯龙舌兰酒，再用无名指和中指夹一片柠檬片，迅速舔一口虎口上的盐巴，接着把酒一饮而尽，再咬一口柠檬片。整个过程一气呵成，无论风味或是饮用技法，都堪称一绝。

5. 金酒（Gin）

金酒又叫杜松子酒或者琴酒，是以谷物为原料，经发酵、蒸馏而成。金酒的原产国是荷兰，其在英国发扬光大，是世界第一大类烈酒。20 世纪 30 年代金酒在北京生产出来，销售最盛时期在 1946 年，在来华美国人中极为畅销。

金酒按口味风格可分为干金酒、黑刺李金酒、荷式金酒和普利茅斯金酒四种。干金酒质地淡、清凉爽口，略带辣味；黑刺李金酒由金酒浸泡黑刺李并加糖制成，讨人喜欢的口味很适合调酒；荷式金酒除了有十分浓烈的杜松子气味外，还具有麦芽的香味；普利茅斯金酒只以带有甜味的药用植物为素材，风味特殊。

新加坡司令

红粉佳人

金菲士

比较著名的被作为基酒的金酒品种有比菲特（Beefeater）、波尔斯（Bols）、哥顿金酒（Gordon's）、邦贝（Bombay）。

6. 伏特加（Vodka）

伏特加的主要生产国是俄罗斯。比较著名的被作为基酒的伏特加品种有莫斯科夫斯卡亚（Moskovskaya）、苏联红牌（Stolichnaya）、绝对伏特加（Absolute Vodka）。

伏特加以谷物或马铃薯为原料，经过蒸馏制成高达 95 度的酒精，再用蒸馏水淡化至 40～60 度饮用。在各种调制鸡尾酒的基酒之中，伏特加是最具有灵活性、适应性和变通性的一种酒。

B-52 轰炸机

血腥玛丽

伏特加的饮用方法：一种是古典原始的“冷冻伏特加”（Neat Vodka），冰镇后的伏特加略显黏稠，入口后酒液蔓延；另一种喝法是“混合伏特加”（Mixed Vodka），乃伏特加加浓缩果汁或兑其他软饮料或低度酒混合而成，长杯盛放，慢慢品味。

（二）辅助材料

虽然基酒能够决定酒的特点，但是辅助材料也不能忽视，常用的辅助材料有果汁、冰块、香料等，它们可以增强鸡尾酒的色、香、味，在原有的基础上使鸡尾酒更加具有独特性。下面为大家介绍一些比较常见的鸡尾酒辅助材料。

1. 果汁

在调制鸡尾酒的过程中，加入新鲜的果汁，使酒和果汁充分融合在一起，能够减少烈性基酒的刺激感，并增加果酸味，使之成为口味更好的饮用鸡尾酒。而且一般在调制过程中，需要尽量使用现榨的果汁，这样才能维持果汁的口味与鲜度。一般常用的果汁有柠檬汁、葡萄汁、橙汁、苹果汁、芒果汁等。

2. 碳酸饮料

碳酸饮料能够增加鸡尾酒的口感，对于它的调制并没有具体要求，随性而来，混搭模式可能会有意想不到的效果，勾兑的方法和用量因人而异。一些比较常用的碳酸饮料有可乐、雪碧、七喜等。

3. 香料

说到香料，肯定有人会疑惑，它也可以加入鸡尾酒吗？其实很多鸡尾酒都可以添加香料进行调制，在世界范围内甚至掀起了一股“香料鸡尾酒”的潮流。香料本身具有特殊的香气和味道，与酒融合在一起更是风味独特。现在调制的鸡尾酒中，香料的作用也愈加显著。加入鸡尾酒的香料一般有肉豆蔻、桂皮、丁香、辣椒和胡椒粉。

（1）肉豆蔻。它又叫肉果、玉果，它的颜色呈暗棕色，气味芳香，味道辛辣且苦，属于常绿乔木植物，原产于马来西亚、印度尼西亚等热带地区，在我国西南地区也有少量种植。肉豆蔻在我国并不常见，但是在西方国家却是常见的香料，肉豆蔻粉经常被用来调制鸡尾酒。

（2）桂皮。桂皮又名香桂，为天竺桂、细叶香桂等树皮的统称，颜色呈灰褐色，气味芳香浓郁，味道辛辣且甜。在西方国家常被用作香料，在我国多用于调味。

（3）丁香。被用作香料的丁香是用丁香花干燥制成，颜色呈浅红色，气味芬芳。其多产于坦桑尼亚、马来西亚、印度尼西亚等热带地区。

（4）辣椒。大家对辣椒都很熟悉，被用作调制鸡尾酒的辣椒水，颜色为红、绿两种，味道辛辣。

（5）胡椒粉。胡椒原产于印度西部的马拉巴尔海岸，被称为“香辛料之王”。胡椒粉是用来调制鸡尾酒的常用辅料，有白胡椒粉和黑胡椒粉两种，白胡椒粉颜色呈淡黄色，黑胡椒粉颜色呈黑褐色，气味芳香，味道辛辣。

4. 其他辅助材料

（1）鸡蛋。采用新鲜的鸡蛋调制鸡尾酒，一般可以分别加入蛋黄或蛋清，也可以把整个鸡蛋都放进去，但是因为鸡蛋本身具有腥味，所以调制过程中需要剧烈地摇晃酒杯，使之与其他配料充分融合。

（2）新鲜牛奶。加入鸡尾酒的牛奶应是新鲜牛奶，用完后要及时放入冰箱冷藏保存。牛奶与绿薄荷酒、糖浆搭配，调制出来的鸡尾酒更有感觉。

（3）咖啡。需要采用风味浓郁且醇厚的咖啡或咖啡粉来调制鸡尾酒，这样在加入糖和酒精后，咖啡的味道才不会被掩盖。

（4）糖浆。它是鸡尾酒调制中的常用配料，可以适当地增加甜味。对于糖浆的要求比较少，常用的糖浆有薄荷糖浆、黑加仑糖浆、水果糖浆等。

（5）冰块。冰块是调制鸡尾酒的重要配料，要尽量选用新鲜的冰块加入，会使口感比较清爽。但是要注意的是，并不是所有的鸡尾酒都要加入冰块，有些鸡尾酒加入冰块可能会把原来的味道冲淡，反而适得其反。

（三）装饰材料

装饰影响人们对鸡尾酒的第一印象。好的装饰不仅能提高客人对酒的“印象分”，也能起到调味的作用。鸡尾酒的装饰材料大部分色彩艳丽、造型美观，酒在被装饰以后也会更加妩媚、光彩照人。在使用装饰材料时，要注意颜色和口味应与酒品保持和谐一致，并力求其外观色彩缤纷，能够引起视觉享受，同时伴以个性化创新来为宾客提供独特的体验。

使用装饰材料时，可尽情地运用想象力，使各种原材料灵活组合变化。装饰物对饮品风格、饮品外在形象有着重要影响。只有加上相配的装饰，才能使一款鸡尾酒成为一杯色、香、味俱佳的饮品。

1. 装饰物的品种

鸡尾酒的装饰物十分灵活，无论是水果、花草，还是一些饰品、杯具，都可以用作鸡尾酒的装饰物。目前流行的鸡尾酒的装饰物有以下类型：

（1）水果类，如柠檬、樱桃、香蕉、草莓、橙子、菠萝、苹果、葡萄柚、猕猴桃、西瓜和哈密瓜等。

（2）蔬菜类，如珍珠洋葱、青瓜、西芹、黄瓜和青橄榄等。

（3）花草类，如玫瑰、热带兰花、蔷薇、菊花和薄荷叶等。

（4）饰品类，如花色酒签、花色吸管和调酒棒等。

（5）酒杯类，如各种异形酒杯。

（6）其他类，如糖粉、盐、豆蔻粉和肉桂棒等。

酒吧常用的标准装饰物有青柠檬角、挤汁用柠檬皮、带把樱桃、橄榄、杏片、蜜桃片、橙片、珍珠洋葱、芹菜杆、菠萝块、香蕉片、新鲜薄荷叶、刨碎的巧克力或刨碎的椰子丝、香料、泡状鲜奶和肉桂棒。

2. 装饰的品种

鸡尾酒的装饰基本上可以分成下列几类：

（1）杯口装饰。杯口装饰大多是水果，给人以活泼、自然的感觉，使人赏心悦目，它既是装饰品，又是美味的佐酒品。

（2）盐边、糖边。对于某些酒，这种装饰必不可少。其做法是：先取一个干净的杯子，用切开的柠檬片擦拭杯口一周，使杯口完全湿润。然后，将杯口倒扣入糖或盐中轻轻按压。最后，轻轻旋转一周使杯口处完全挂匀糖或盐。它既美观，又是不可缺少的调味品。

（3）杯中装饰。杯中装饰的装饰物大部分是由水果制成的，适用于酒体清澈的酒，普遍具有装饰和调味的双重作用。

（4）调酒棒。调酒棒大多花色繁多、做工精细。它既是调酒时不可缺少的工具，也能对酒起点缀作用。

（5）酒杯。品种各异、晶莹剔透的酒杯本身便是艺术品，也是美酒很好的载杯。

3. 装饰规律

鸡尾酒种类繁多，装饰要求也千差万别，但其中仍有一般规律可循。

（1）应选择与鸡尾酒酒品原味相协调的装饰物。要求装饰物的味道和香气与酒品原有的味道和香气相吻合，使二者的风味相辅相成。

（2）突出鸡尾酒的特色。装饰物的选取主要取决于鸡尾酒配方的要求，它是一个重要组成部分，因此不应以追求创新为由随意改动。

（3）保持传统习惯，搭固定装饰物。按传统习惯搭配固定装饰物在传统的鸡尾酒配方中尤为显著。例如，在菲士酒类中，常以一片柠檬和一颗红色樱桃来作装饰；马提尼一般都以橄榄或柠檬来作装饰等。

（4）色泽搭配，表情达意。五彩缤纷的颜色固然是鸡尾酒装饰的一大特点，但是在颜色使用上也不能随意选取，色彩本身都有其内涵。例如，红色是热烈而兴奋的，黄色是明朗而欢快的，蓝色是抑郁而悲哀的，绿色是平静而稳定的。灵活地使用颜色可以使酒呈现出不同的感情。

（5）象征性的造型更能突出主题和特色，如龙舌兰日出（Tequila Sunrise）杯上的红樱桃，能让人联想到天边冉冉升起的一轮红日；而马颈杯中盘旋而下的柠檬长条又让人联想到骏马美丽而细长的脖颈。

（6）形状与杯型的协调统一，形成鸡尾酒装饰的特色。装饰物形状与杯型务必协调一致，用平底直身杯或高大矮脚杯少不了吸管和调酒棒这两个装饰物。另外，用大型的果片、果皮或复杂的花形来作装饰，可以表现出挺拔秀气的观感；用樱桃等小型果实作装饰，可以增添新鲜色彩。用古典杯时要注意体现传统风格，如果想要给人稳重的感觉，可以尝试将果皮、果实、蔬菜等可食用物直接放进酒水中，另外短吸管与调酒棒也是很好的装饰品。高脚小型杯（主要指鸡尾酒杯和香槟杯）常常用樱桃、橘瓣之类来搭配，果瓣或果实直接放在杯边或者用鸡尾酒签串起来悬在杯上，既能给人小巧玲珑的感觉，又能体现出丰富的色彩。用糖霜、盐饰杯也是此类酒中较常见的装饰。但切记，鸡尾酒的装饰一定要保持简单、整洁。

（7）注意传统规律，切勿画蛇添足。鸡尾酒的制作中装饰是个重要环节，但并不是说，每杯鸡尾酒都一定要有装饰品，有几种情况是不需要装饰的。例如，表面有浓乳的酒品，这类酒品除按照配方可撒些豆蔻粉之类的调味品外，一般情况下就不需要任何装饰了，因为如浮云的白色浓乳本身就是最好的装饰；彩虹酒（分层酒）是在彩虹酒杯中兑入不同颜色又互不相溶的酒品，使其层层分明、色彩各异，即使没有过多装饰，酒色已经非常美了，过多的装饰反而会显得杂乱。此外，在鸡尾酒的装饰过程中，有些约定俗成的规则，例如，如果酒液浑浊，装饰物就挂在杯边或杯外，如果酒液清澈，就把装饰物放进杯中。

（四）鸡尾酒常用载杯

1. 飓风杯：

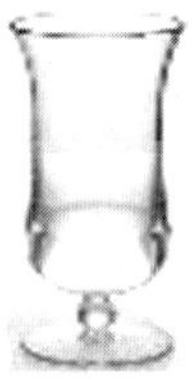

2. 古典杯：

3. 马提尼杯：

4. 玛格丽特杯：

5. 郁金香形香槟酒杯：

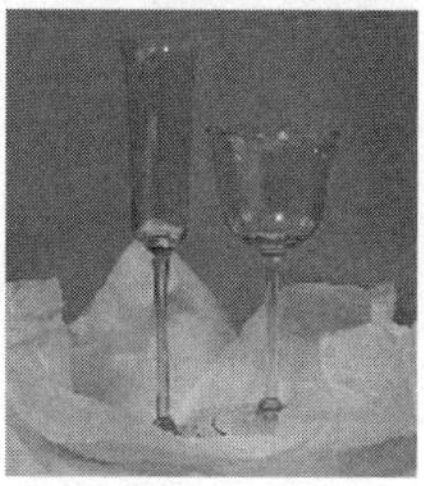

6. 笛形香槟酒杯：

7. 浅碟香槟酒杯：

8. 勃艮第红酒杯：

9. 勃艮第白酒杯：

10. 波尔多红酒杯：

11. 波尔多白酒杯：

12. 利口酒杯：

13. 带柄啤酒杯：

14. 比尔森式啤酒杯：

（五）鸡尾酒的种类

作为一种深受年轻人，尤其是女性喜爱的时尚产品，鸡尾酒有与生俱来的不羁、个性、叛逆、张扬、独立、自我的时代烙印。如果将其仅仅作为一种低酒精度的饮料或者酒类产品，其生命力总是有限的。最近几十年来，鸡尾酒为了满足顾客需求，不断推陈出新，如今品种多达2000多种，但是可以将其归纳成以下30大类：

1. 霸克类（Bucks）

霸克类鸡尾酒是用烈酒，加姜汽水、冰块，采用兑和法调配而成的，饰以柠檬，盛酒容器是高杯。

2. 考伯乐类（Cobblers）

考伯乐类鸡尾酒是长饮类饮料，可用白兰地等烈性酒加橙皮甜酒或糖浆调制，再用水果装饰。这类酒酒精含量较少，在炎热的天气中非常受人们喜爱。

3. 柯林类（Collins）

柯林类鸡尾酒通常以威士忌、金酒等烈性酒为基酒，加柠檬汁、糖浆或苏打水兑和而成，也是一种酒精含量较低的长饮类饮料。

4. 奶油类（Creams）

奶油类鸡尾酒是以烈性酒为基酒，加1～2种利口酒后摇制而成的。因为其口味较甜，柔顺可口，餐后饮用效果颇佳，深受女士的青睐，名品有青草蜢、白兰地亚历山大等。

5. 杯饮类（Cups）

杯饮类鸡尾酒通常以烈性酒如白兰地等为基酒，加橙皮甜酒、水果等调制而成，但目前以葡萄酒为基酒调制已成为时尚，该类酒的容器一般是高脚杯或大杯。

6. 冷饮类（Coolers）

冷饮类鸡尾酒是一种清凉饮料，以烈酒兑和汽水或苏打水、石榴糖浆等调制而成，与柯林类鸡尾酒同属一类，但通常有一条切成螺旋状的果皮做装饰。

7. 克拉斯特类（Crustar）

克拉斯特类鸡尾酒是用各类烈性酒如金酒、朗姆酒、白兰地等加冰霜稀释而成，属于短饮类饮料。

8. 得其利类（Daiquiris）

得其利类鸡尾酒属于酸酒类饮料，它主要是以朗姆酒为基酒，加上柠檬汁和糖配制而成的冰镇饮料，调成的酒品非常清新，但因其容易出现分层，需尽快饮用。

9. 黛西类（Daisy）

黛西类鸡尾酒是以烈酒如金酒、威士忌、白兰地等为基酒，加糖浆、柠檬或苏打水等调制而成，属于酒精含量较高的短饮料鸡尾酒。

10. 蛋诺类（Eggnogs）

蛋诺类鸡尾酒是一种酒精含量较少的长饮类饮料，通常用烈性酒，如威士忌、朗姆酒等，加入牛奶、鸡蛋、糖、豆蔻粉等调制而成，装入高杯或异形鸡尾酒杯内饮用。

11. 菲克斯类（Fixes）

菲克斯类鸡尾酒是一种以烈性酒为基酒，加入柠檬、糖和水等兑和而成的长饮类饮料，常以高杯作为载杯。

12. 菲士类（Fizz）

菲士类鸡尾酒是一种以烈性酒如金酒为基酒，加入蛋清、糖浆、苏打水等调配而成的长饮类饮料，因最后兑入苏打水时有一种“嘶嘶”的声音而得名，如金菲士等。

13. 菲力普类（Flips）

菲力普类鸡尾酒通常以烈性酒如金酒、威士忌、白兰地、朗姆酒等为基酒，加糖浆、鸡蛋和豆蔻粉等，采用摇和的方法调制，以葡萄酒杯为载杯，如白兰地菲力普。

14. 弗来培类（Frappes）

弗来培类鸡尾酒是一种以烈性酒为基酒，加各类利口酒和碎冰调制而成的短饮类饮料，它也可以只用利口酒加碎冰调制，最常见的是薄荷酒加碎冰。

15. 高杯类（Highball）

高杯类鸡尾酒是一种最为常见的混合饮料之一，它通常是以烈性酒，如金酒、威士忌、伏特加、朗姆酒等为基酒，加苏打水、汤尼克水或姜汽水兑和而成，因以高杯作为载杯而得名。这是一类很受欢迎的清凉饮料。

16. 热托地类（Hot Toddy）

热托地类鸡尾酒是一种热饮，它是以烈性酒如白兰地、朗姆酒为基酒，兑以糖浆和开水，并缀以丁香、柠檬皮等材料制成，适宜冬季饮用。

17. 热饮类（Hot Drinks）

热饮类鸡尾酒与热托地类鸡尾酒相同，同属于热饮，其通常以烈性酒为基酒，以鸡蛋、糖、热牛奶等辅料调制而成，并采用带把杯为载杯，具有暖胃、滋养等功效。

18. 朱力普类（Juleps）

朱力普类鸡尾酒俗称薄荷酒，常以烈性酒如白兰地、朗姆酒等为基酒，加入刨冰、水、糖粉、薄荷叶等材料制成，并用糖圈杯口装饰。

19. 马提尼类（Martini）

马提尼类鸡尾酒是用金酒和味美思等材料调制而成的短饮类鸡尾酒，也是当今最流行的传统鸡尾酒之一，它分甜型、干型和中性三种。其中以干型马提尼最为流行，由金酒加干味美思调制而成，并以柠檬皮装饰，酒液芳香，深受饮酒者喜爱。

20. 曼哈顿类（Manhattan）

曼哈顿类鸡尾酒与马提尼类鸡尾酒同属短饮类鸡尾酒，是由黑麦威士忌加味美思调配而成。以甜曼哈顿最为著名，其名来自美国纽约哈德逊河口的曼哈顿岛，其配方经过了多次演变，至今已趋于简单。甜曼哈顿通常以樱桃装饰，干曼哈顿则用橄榄装饰。

21. 老式酒类（Old Fashioned）

老式酒类鸡尾酒，又称为古典鸡尾酒，是一种传统的鸡尾酒，调制的原材料包括烈性酒，主要是波本威士忌、白兰地等，加上糖、苦精、水及各种水果等，采用兑和法调制而成，用正宗的老式杯装载酒品，故又称为老式鸡尾酒。

22. 宾治类（Punch）

宾治类鸡尾酒是较大型的酒会中必不可少的饮料，有含酒精的，也有不含酒精的，即使含酒精，其酒精含量也很低。调制的主要材料是烈性酒、葡萄酒和各类果汁。宾治类鸡尾酒变化多端，具有浓、淡、香、甜、冷、热、滋养等特点，适合于各种场合饮用。

23. 彩虹类（Pousse Cafe）

彩虹酒，又称为普斯咖啡，它是以白兰地、利口酒、石榴糖浆等多种含糖量不同的材料按其比重不同依次兑入高脚甜酒杯中制成，制作工艺不复杂，但对技术要求较高，尤其要了解各种酒品的比重。

24. 瑞克类（Rickeys）

瑞克类鸡尾酒是一种以烈性酒为基酒，加入苏打水、青柠汁等调配而成的长饮类饮料，与柯林类鸡尾酒同类。

25. 珊格瑞类（Sangaree）

珊格瑞类鸡尾酒不仅可以用通常的烈性酒配制，还可以用葡萄酒和其他基酒配制，属于短饮类饮料。

26. 思迈斯类（Smashes）

思迈斯类鸡尾酒是朱力普类鸡尾酒中一种较淡的饮料，是用烈性酒、薄荷、糖等材料调制而成，加碎冰饮用。

27. 司令类（Slings）

司令类鸡尾酒是以烈性酒如金酒等为基酒，加入利口酒、果汁等调制，并兑以苏打水混合而成，这类饮料酒精含量较少，清凉爽口，很适宜在热带地区或夏季饮用，如新加坡司令等。

28. 酸酒类（Sours）

酸酒类鸡尾酒可分为短饮酸酒和长饮酸酒两类，酸酒类鸡尾酒是以烈性酒为基酒，如威士忌、金酒、白兰地等，以柠檬汁或青柠汁和适量糖粉为辅料调制而成。长饮酸酒是兑以苏打水以降低酒品的酸度。酸酒类鸡尾酒通常以特制的酸酒杯为载杯，以柠檬块装饰，常见的酒品有威士忌酸酒、白兰地酸酒等。

29. 双料鸡尾酒类（Two-liquor Drinks）

双料鸡尾酒，是用一种烈性酒与另一种酒精饮料调配而成的鸡尾酒。这类鸡尾酒口味特点是偏甜，最初主要作为餐后甜酒，但现在任何时候都可以饮用，著名的酒品有生锈钉、黑俄罗斯等。

30. 赞比类（Zombie）

赞比类鸡尾酒俗称蛇神酒，是一种以朗姆酒等为基酒，兑以果汁、水果、水等调制而成的长饮类饮料，其酒精含量一般较低。

此外，鸡尾酒还有漂漂类（Float）、提神酒类（Pick-me-up）、斯威泽类（Swizzle）、无酒精类、赞明类（Zoom）等。

（六）鸡尾酒的饮用方式

因为鸡尾酒一般具有开胃的作用，所以最早是作为餐前饮用的饮料，但是随着其种类的逐渐增多，使之有烈、柔、酸、甜、冷、热之分，有大杯也有小杯，所以只限于餐前饮用未免太狭隘了。最早期的鸡尾酒只是人们为追求新鲜刺激而产生的一种混合型饮料，而现在人们饮用鸡尾酒是追求时尚或表达内心情感的一种方式。现代年轻人面对多重压力，很多人会选择喝酒来调节自己的情绪，由于鸡尾酒由果汁以及多种口味的酒混合而成，既能让人找到醉醺醺的感觉，又不像白酒那样火辣烧口，因而鸡尾酒深受年轻人的欢迎。此外现代人饮用鸡尾酒的目的不一，但多数为品尝、会客、交友以及酒吧休闲，故而鸡尾酒有长饮和短饮的区别。

短饮类比较有特点的是B—52，其饮用方式十分特别，饮用时要配上短吸管和打火机。这种酒一般有两种喝法，即用吸管或是一口喝下。饮用B—52不仅需要胆量还需要技巧，将酒带火一口气吞入口中，然后立即合紧嘴巴，火会立刻熄灭，这样就能体验到冰火两重天的感觉。需要注意的是，B—52酒杯很烫，嘴唇不要靠到杯子。如果比较保守也可拿吸管插到杯子底部，一口气吸完。

长饮类鸡尾酒最为常见，如玛格丽特、新加坡司令、血腥玛丽以及金菲士等。长饮类鸡尾酒对时间要求并不严格，但在冰块完全融化之前口味最佳。多数鸡尾酒不存在挂杯这一说法，所以出于礼仪最好不要大幅度摆弄酒杯，也不要托举杯底。同时要区分品酒的持杯法和饮鸡尾酒的持杯法，后者没有过多礼仪和技术要求，但注意不要把高脚杯口拎起来饮用。有吸管的，请尽量用吸管饮用；如果是长饮类鸡尾酒且不是大型杯具，直接饮用不算失仪；有搅棒的，不需要故意频繁搅动以致失态。几乎所有的鸡尾酒都不需要出品后再劳驾客人自己加工，但是瑞克类鸡尾酒是一个例外。瑞克类的酒都很清澈，但里面的酸橙角要即时加工，需客人自己动手。杯饰的水果，食用类的尽量不佐食，咬过再放回不雅，但大块菠萝、金马提尼内的奇异果碎果可以食用；各类朱力普风格酒中的薄荷也可以直接喝下去；纯杯饰不要吃，如蓝色夏威夷里的鲜花、马颈里的螺旋橙皮、血腥玛丽里的芹菜叶；水果杯饰可能插有小果签，也需特别注意，防止受伤。

多数鸡尾酒我们在家就可以调出，只有少数需要去酒吧找专业调酒师。其实鸡尾酒是人们享受生活的产物，并没有太多的礼仪，只要品酒者喝得快乐即可。

三、鸡尾酒的分类

（一）按饮用时间和场合分

1. 餐前鸡尾酒：餐前鸡尾酒又称为餐前开胃鸡尾酒，主要是在餐前饮用，起生津开胃之妙用，这类鸡尾酒通常含糖分较少，口味或酸，或干烈，即使是甜型餐前鸡尾酒，口味也不是十分的甜腻。常见的餐前鸡尾酒有马提尼、曼哈顿、红粉佳人及各类酸酒。

2. 餐后鸡尾酒：餐后鸡尾酒是餐后佐助甜品，帮助消化的，因而口味较甜，且酒中使用较多的利口酒，尤其是香草类利口酒，这类利口酒掺入了诸多药材，饮后能化解食物油腻，促进消化，常见的餐后鸡尾酒有史丁格、亚历山大、玛格丽特等。

3. 晚餐鸡尾酒：晚餐鸡尾酒是晚餐时佐餐用的鸡尾酒，一般口味较辣，酒品色泽鲜明，且非常注重酒品与菜肴口味的搭配，有些可以作为头盘、汤等的代替品，在一些较正规和高雅的用餐场合，通常以葡萄酒佐餐，而较少用鸡尾酒佐餐。

（二）按调制方法分

1. 长饮鸡尾酒：长饮（Long Drink）是调制成适于消磨时间、悠闲饮用的鸡尾酒，兑上苏打水、果汁等。长饮鸡尾酒几乎全都是用平底玻璃酒杯或果汁酒杯这种大容量的杯子。它是加冰的冷饮，也有加开水或热奶趁热喝的，与短饮相比大多酒精浓度低，所以容易喝。

2. 短饮鸡尾酒：短饮（Short Drink）意即短时间喝的鸡尾酒，时间一长风味就减弱了。此种酒采用摇动或搅拌以及冰镇的方法制成，使用鸡尾酒杯。一般认为短饮鸡尾酒在调好后 20～30 分钟饮用为好。大部分酒精度数是 30 度左右。

第二节　鸡尾酒的创新与设计

随着经济的高速发展与人们物质文化生活水平的不断提高，源自西方国家的鸡尾酒被越来越多的中国消费者所接受并开始流行。鸡尾酒具有色、香、味、形俱佳的特点，饮品的设计追求丰富的色彩、宜人的香气、优于单体酒水的口味、载杯的考究。除了这些外在的形式，鸡尾酒还追求其文化内涵。因此，鸡尾酒的设计与创新是一门技术，同时是一门艺术，是技术和艺术相结合的产物。鸡尾酒的设计对每一位学生来说，实际上是一种自我设计、自我超越、抒发情感的创作活动，而这一活动的实现要求学生有扎实的功底，对各种酒水的构成、特性有充分的认识，熟悉调制方法，精通调酒的原理，只有这样，才能将调酒技能和艺术灵感进行巧妙结合，到达科学创作的目的。

一、鸡尾酒设计的原则

进行鸡尾酒的创新设计时可以根据已掌握的酒水调制知识展开思路设计，想要鸡尾酒成为商品，能在酒吧、餐饮企业进行销售，那就必须考虑饮用者口味的需求，迎合他们对酒品艺术欣赏的追求。在鸡尾酒设计上，要遵循以下原则：

（一）健康营养

鸡尾酒是几种酒加果汁制作而成的混合饮料，酒精对人体是有害的，但通过与饮料、果汁的勾兑与混合，降低了酒精浓度，也间接减轻了酒精对人体的伤害程度，但我们还是要旗帜鲜明地提出，饮酒有害健康，未成年人和特殊人群是禁止饮酒的。鸡尾酒调制过程中还会使用到水果等配料，如果搭配适宜，可发挥水果的营养价值，在鸡尾酒设计中首要考虑的原则就是健康营养原则。随着人们健康意识的普遍提升，越来越多的人注重健康与营养搭配，例如维生素、蛋白质、无机盐等成分的摄入，糖类的精准控量等。鸡尾酒设计应充分考量消费者对健康营养的需求与重视。

（二）口感适宜

鸡尾酒是一种混合酒，由不同的酒类和其他成分混合而成。它们既可以作为开胃酒在晚宴前享用，也可以作为晚上的主要饮料。设计一个好的鸡尾酒需要考虑到许多因素，包括口感、外观、香气等。

甜度是一个非常重要的因素，它直接影响到顾客对这款鸡尾酒的喜爱程度。如果甜度过高，会让人感到厌倦；如果甜度过低，则会让人感到不够丰富。在设计甜度时，需要根据不同顾客的口味来调整。

酸味则是让顾客产生食欲的味道，适当的酸味刺激能产生生津止渴、促进食欲的作用，但是过于酸的口感则会让顾客感到难以接受。

除此之外，辛、苦都是鸡尾酒调制的特殊味道，但需要把握好这些特殊味道的度，这些特殊调味不是每一个顾客都喜欢的，因此一定要了解顾客的口味与喜好，再做推荐与设计。

当顾客喝下某款鸡尾酒时，它是否能够给顾客的味蕾带来刺激感非常重要。对于某些人来说，这种刺激感可能会让他们觉得不舒服，而对于另一些人来说，则可能会成为他们选择这款鸡尾酒的原因之一。

在设计一个好的鸡尾酒时，需要考虑到口感适宜。这意味着不同的成分应该在口中有一个平衡的分布，以便顾客能够感受到所有的味道。

（三）构思新颖

鸡尾酒设计创意最好是有一个主题，选题要凸显文化内涵，以浓郁的地域文化或传统文化为灵魂，同时，创意构思更要凸显时代特色，作品应与时代背景、时代精神和热点社会事件相结合，才能与品尝者产生共鸣。当然设计创意也可以围绕风景、人物等进行设计，一些影视题材也可以作为鸡尾酒设计创意的构思点。

（四）突显个性

鸡尾酒的设计一定要有自身独特的个性，这是区别于其他鸡尾酒的显著特性，能成为独一无二的特性，要设计出一杯个性化的鸡尾酒，首先必须对鸡尾酒足够了解，这需要多品尝，只有多喝多了解，才能知道不同的酒组合在一起生成的全新风味和颜色，形成对各类酒水饮料以及辅料的认识，这是接下来的鸡尾酒创作中最为重要的必备要素之一。只有对鸡尾酒足够了解，才能摸索出不一样的地方，形成自己独特的设计风格。

（五）促进销售

鸡尾酒设计的目的最终是销售，要让一款鸡尾酒被顾客青睐，成为酒吧点单的首选才是设计的最终目的。这需要对消费者有足够的了解，可以用问卷调查与聊天谈话的方式来了解顾客的喜好，设计出符合顾客偏好并且性价比优越的鸡尾酒，易于推销与销售。鸡尾酒的外观、价格等都是促进销售的关键。

（六）传播文化

从鸡尾酒诞生以来，已逾 200 余年，其魅力至今不减，鸡尾酒从诞生到流行，每一步都和社交属性分不开，中国鸡尾酒的起源可以追溯到 20 世纪初期，当时中国的酒吧文化开始兴起。一些酒吧开始尝试将传统的中国酒类和西方酒类进行混合，创造出了一些新的饮品，其中就包括了鸡尾酒。中国鸡尾酒是中西文化交流的产物，它融合了中式酒文化和西式酒文化的元素，代表了一个时代的文化融合。同时，中国鸡尾酒也是现代都市文化的象征，它代表了人们对高品质生活的追求和对多元文化的包容。

二、鸡尾酒的创新设计

下面，我们将以几款创新鸡尾酒为代表，详细介绍鸡尾酒的创新设计思路与理念。

（一）缤纷丝路

该作品的创意来自新疆的美景与丰富物产，以新疆特产为主料，选用新天葡萄酒 30 毫升作基酒，加入 30 毫升葡萄汁，加入冰块以摇壶充分混合后倒入载杯，余下用雪碧补足，将葡萄冰冻后放入酒种，哈密瓜做造型后置于杯壁，葡萄酒加葡萄汁的设计理念呼应新疆吐鲁番的葡萄特产，用雪碧冲淡葡萄汁颜色，呈现出瑰丽的淡紫色，葡萄冰冻后颗粒饱满均匀，置于鸡尾酒中，既可以达到降低酒温度的作用，又可以让鸡尾酒的颜色出现分层的效果，最后以哈密瓜做造型置于杯壁提升设计主题。

（二）橙心橙意

该作品以橙子为原材料，选用 30 毫升朗姆酒为基酒，加入鲜榨橙汁、冰块、10 毫升青柠汁、20 毫升橙皮力娇酒，用摇壶充分混合，以切片橙子装饰载杯杯壁，用削皮刀削下条状橙皮置于杯壁做装饰，饮用时将橙皮挤压后以打火机点燃，观赏效果极佳。

（三）梅子黄时雨

该作品以中国古诗词为设计主题，选用黄酒为基酒，量杯倒入 20 毫升黄酒、10 毫升青柠汁与冰块，加入摇壶混合，倒入载杯后加入 30～50 毫升的雪碧，并放入青梅 1～2 颗，以古风饰物点缀载杯。

（四）椰风轻盈莫吉托

该作品以朗姆酒为基酒，选用青柠汁和无糖的椰子水代替薄荷糖浆与雪碧，与朗姆酒加入摇壶混合，将新鲜薄荷叶捣碎后放入饮品中，补足冰块。这杯椰风轻盈莫吉托以传统经典莫吉托为蓝本进行了改进，用无糖椰子水代替薄荷糖浆与雪碧，低糖低热卡，适合控糖和健身人群。

（五）九天揽月，漫步星河

这款鸡尾酒设计创意来自神舟飞船探索太空，以朗姆酒与龙舌兰酒为基酒，倒入载杯，再用树莓口味的可口可乐补充，蓝色的橙皮力娇酒进行调色，让红色的树莓口味可乐与蓝色橙皮力娇酒混合成深蓝紫色，加入可食用闪粉，并加入冰块，最后用月亮和航天员贴纸装饰载杯，深蓝紫色和闪粉象征着浩瀚无垠的星空，中国航天员贴纸和月亮的造型，代表了中国航天员探索太空的勇气。

第五章　饮料基础知识

第一节　中国名茶

茶是世界三大无酒精饮料（茶、可可、咖啡）之一。世界上最早发现茶树和利用茶叶的国家是中国，因为最初世界各国的饮茶习惯和茶叶生产技术都是直接或间接从中国传入的，所以中国有“茶的故乡”的美誉。

一、茶的起源

茶树起源于什么时候？植物学家按植物分类学方法来追本溯源，经过一系列分析研究，最终得出茶树至今已有6000万～7000万年的历史了。

从1824年印度发现野生茶树以来，就有国外学者对中国是茶树原产地这一说法提出异议。然而早在公元前200年左右，野生大茶树就在《尔雅》中被提及，查阅现今资料可知，我国在10个省区的198处发现了野生大茶树，其中云南的一株茶树，已有2700多年的树龄，仅在云南省内就有十多株树干直径超过一米的茶树。有的地区甚至有数千亩的野生茶树群落。我国已发现的野生大茶树，时间之早、树体之大、数量之多、分布之广、形状之异都堪称世界之最。此外，经过考证，印度发现的野生茶树为从中国引入印度的茶树，同属中国茶树的变种。因此，可证明中国是茶树的原产地。

近几十年来，茶学和植物学研究相结合，进一步从三个方面证明了茶树原产地是中国西南地区。

（一）从茶树的自然分布来看

目前全世界共发现380余种茶树，其中有260余种属于我国，且大部分分布在云南、贵州、四川一带。其中，分布在云贵高原的就有60多种，那里占最重要地位的植物之一就是茶树。从植物学角度来看，其起源中心在某一个地区集中，即表明该地区是这一植物区系的发源中心。我国西南地区高度集中地分布着各种茶树，说明该地区为茶的发源地。

（二）从地质变迁来看

西南地区群山起伏、河谷纵横交错、地形变化多端的特征，使之形成许许多多的小地貌区和小气候区。因而在纬度高低和海拔高低悬殊的情况下，形成了气候差异大的特点，使原来生长在这里的茶树慢慢分置在热带、亚热带和温带这些不同的气候区域中，从而导致茶树种类变异，变成了热带型和亚热带型的大叶种和中叶种茶树，以及温带的中叶种和小叶种茶树。植物学家认为，某种物种变异最多的地方就是该物种起源的中心地。而我国西南三省是我国茶树变异最多、资源最丰富的地方，则可证明其为茶树发源的中心地。

（三）从茶树的进化类型来看

茶树一直在不断地进化，因此，凡是原始型茶树比较集中的地区，即为茶树的原产地。我国西南三省及其毗邻地区的野生大茶树，具有原始茶树的形态特征和生化特性，我国西南地区是茶树原产地的中心地带也因此得以证明。

二、茶的传播

（一）茶在国内的传播

我国是茶树的原产地，茶被誉为我国的国饮。从神农氏发现茶叶可以饮用以来，各个地方开始流行茶饮。《华阳国志》中有最早关于茶的文字记载：在周武王伐纣时，巴蜀就已经把茶连同其他珍贵产品纳贡与周武王了，而且，那时已经出现了人工栽培的茶园。

现代绝大多数研究学者认为，世界范围内关于茶叶的饮用及茶文化均发源于我国巴蜀地区。我国早期茶业离不开巴蜀茶业的影响，从西汉王褒所著的《僮约》中可知一二，其中有这样的记载："脍鱼炰鳖，烹茶尽具……牵犬贩鹅，武都买茶。"由此可知，西汉时期，四川地区不仅饮茶成风，而且出现了专门的饮茶用具，是全世界最早种茶与饮茶的地区，茶叶也已经商品化，当时茶叶主产区和著名的茶叶市场位于武都。《僮约》被视为我国，甚至是全世界最早的关于饮茶、买茶和种茶的记载。

随着秦朝统一中国，各地区加强了经济文化交流，茶叶也因此在全国各地流通起来。以巴蜀为中心，茶叶以向东向南的趋势逐步传播，其他地区的茶业逐渐兴盛起来。如西汉时湖南设置的茶陵县，便是以茶命名。在西晋时期，长江中游及华中地区的茶业迅速发展，我国的茶业中心伴随其他地区茶业的发展，已经从巴蜀地区转向华中地区。三国时，南方栽种茶树的规模和范围有很大的发展，而此时，饮茶也在北方高门豪族中流行。西晋南渡的同时，饮茶风尚传入南方，客观上促进了茶业向我国东南方推进。据《桐君录》记载："西阳、武昌、庐江、晋陵好茗"，表明东晋和南朝时，宜兴地区的茶业得到了一定程度的发展。

唐代是茶发展的鼎盛时期，形成了全民饮茶的风尚，许多地区都嗜茶成俗，史籍中也有"茶兴于唐"的记载。原本对饮茶不屑一顾的北方百姓，将茶鄙称为"水厄"，直到唐代，饮茶才逐渐被北方百姓接受。公元641年，文成公主入藏，将产于四川一带的蒙顶贡茶传入西藏，自此开创西藏饮茶的先河。朝廷贡茶的出现是唐朝茶业兴盛的一个重要表现，也是当时制茶技术达到顶峰的重要标志。唐朝出现了茶文化，当时茶文化的集大成之作是茶圣陆羽所作的《茶经》。作为茶文化的鼻祖，现今陆羽公园仍在竟陵西湖上，其中展示了许多珍品，展现出唐代茶业的繁荣景象。

宋朝时期，全国气候由暖转寒，茶业的重心也因此随之南移，闽南与岭南一带的茶业开始活跃起来。欧阳修说："建安三千五百里，京师三月尝新茶"，更是佐证了福建茶叶作为贡茶的崛起与发展。宋代茶区分布已有相当完善的发展，与现今的大致相符。茶叶真正地变成了中国人的日常饮品。当时以茶款客的礼仪已经出现，历史上也有了"茶兴于唐而盛于宋"的说法。

唐宋时期，我国基本完成了茶的传播，而之后的时代基本上就是茶叶制法与茶文化的变革。

（二）茶在国外的传播

自明朝以来，中国茶开始向国外传播。为了方便海上贸易的管理，朝廷专门在沿海港口设置了市舶司，主管各种对外贸易，其中占很大比例的便是茶叶的出口。明朝万历三十五年（1607年），荷兰人将茶从澳门运到欧洲。此后饮茶之风蔓延到欧美国家，但是因为数量稀少且价格昂贵，茶叶在当时被当作奢侈品。后来，我国逐渐增多了茶叶输出，价格才有所下降，成为平民百姓的日常饮品，英国成为世界上最大的茶叶消耗国之一。

1780年，美国人与荷兰人开始将茶从中国转运到印度种植。阿萨姆于1835年从中国引进茶种开始种茶，成为印度最有名的红茶产地。后来中国茶叶专家亲自前往印度教授种茶制茶方法，印度茶业开始出现蓬勃发展的局面，红茶成为一种全球性的饮料。

中国茶向世界传播，主要依托以下四种方式：

1. 通过来华学佛的僧侣和遣唐使将茶叶带回本国，如805年日本高僧最澄从天台山将茶籽引到日本种植。

2. 通过古商路，以经贸的方式传到国外，如唐代京城长安与回纥（hé）进行的茶马交易。

3. 通过派出的使节，将茶作为贵重礼物，馈赠给出使国，如1618年，中国公使向俄国沙皇赠茶。

4. 以专家身份应邀到国外发展茶业生产，如清末时，宁波茶厂厂长刘峻周带技工去格鲁吉亚种茶。

依托以上四种方式，中国主要经由两条路线向外传播茶文化，即陆路传播路线和海路传播路线。

三、茶的发展

唐朝陆羽在《茶经》中道："茶之为饮，发乎神农氏。"在中国的文化发展史上，一切与农业、植物相关的事物起源往往都被归结于神农氏。传说神农在野外用釜锅煮水时，刚好有几片叶子飘进锅中，煮好的水，其色微黄，喝入口中生津止渴、提神醒脑，神农凭过去尝百草的经验，判断出它是一种药，茶也因此被发现。

西周时期，茶叶已经作为贡品献给帝王。而在东周，茶已经可以做成美味佳肴。《晏子春秋》中就有"食脱粟之饭，炙三弋五卵，茗菜而已"的记载。在春秋战国时期，我国经过几次大规模战争，人口大迁徙，各地的货物交换和经济文化交流迅速增加。陕西、河南等地因此引入了巴蜀地区的茶树栽培和制作技术，分别成为我国最古老的北方茶区之一。

在汉代，佛教由西域传入我国。佛教提倡坐禅，而茶有振奋精神的功效，刚好满足了佛教坐禅的需求。因此，各个佛院古刹普遍种植茶树，逐渐兴起了饮茶之风。在我国，许多知名茶叶最初是种植在寺院里的，如黄山毛峰、庐山云雾、武夷岩茶、感通茶等。由此可见，茶叶的发展与寺院的发展联系密切，佛教的发展在一定程度上促进了茶叶的发展。不过当时茶叶并不普及，只是上层统治阶级独有的饮品。

到了唐朝，茶叶才真正普及。随着茶叶商品化程度的提高、产量的不断增加，茶叶不仅仅作为上层统治阶级的消耗品，还逐渐走入寻常百姓家，成为我国国饮，茶文化由此衍生。陆羽把对茶相关的经验与文人墨客的思想结合在一起写成了《茶经》，此书后来成为中国茶文化的理论基础，而后宋徽宗也作《大观茶论》，更是对茶文化的发展与传播作出重大贡献。

元朝时期利用水力带动茶磨和椎具碎茶，首创机械制茶方法。这不仅提高了茶叶的产量与质量，还节省了许多人力物力。元曲中“坐烧丹忘记春秋……淡饭一杯茶去”，可见避世隐居的寄情山水之趣，茶、饭并列的普遍。

我国古代制茶发展最快、成就最大的时期是明代。明太祖时设茶司马一职，专门管理茶叶贸易。明太祖朱元璋废团茶兴叶茶，对炒青叶茶的发展起了重要的作用。另外，明朝也有了对茶叶外形美观的要求，饮茶方式也由煮茶变为泡茶。此时茶肆的经营已很普遍，民间品茶的活动由户内转向户外，且时常举行点茶、斗茶之会，相互比拼技术，一时成为风尚。

由于清朝时期内忧外患，文人谈及茶茗者较少，茶肆也更加少见，而在达官贵人间，竟然出现了端茶送客的陋规，即当宾主言谈并不融洽时，主人会令仆人献茶，这等于下逐客令，这和从前客来烹茶、敲冰煮茗、以茶待客的情况简直不可同日而语。但清朝时期我国的茶叶出口达到了顶峰，中国茶在世界各地大放异彩。

民国后，饮茶被蒙上浓厚的商业气息。各地茶肆各有特色，如兼营浴池生意的福州茶馆、说书的贵州茶馆、道情的江西茶馆、颇有帝王气势的北平茶坊。此外，四川茶馆花样最多，气象万千，饶富趣味；广东茶馆的功夫泡法等颇具地方色彩，又蕴含特殊风味。

现如今，茶已经发展成为世界三大无酒精饮料之一。我国作为茶叶的发源地，除了江南茶区、江北茶区、华南茶区、西南茶区这四大传统茶区之外，甘肃、山东等茶区开始崛起，茶叶种植在我国蓬勃发展。

四、饮茶方式的变迁

春秋以前，茶叶最初作为药而受到关注。古人直接含嚼茶树鲜叶而感到芬芳、清口，并伴随收敛性快感，久而久之，含嚼茶树鲜叶成为人们的一种嗜好，该阶段成为茶作为饮料的前奏。

随着人类生活的发展，人们的习惯由生嚼茶叶转变为煎服，即将鲜叶洗净后，放在陶罐中加水煮熟，连汤带叶服用。茶通过煎煮，虽苦涩，但是滋味浓郁，风味与功效均胜几筹。时间久了，煮煎品饮的习惯自然养成，这是茶作为饮料的开端。

秦汉时期，已经开始出现对茶叶简单加工的步骤。用木棒将鲜叶捣成饼状茶团，晒干或烘干后存放，饮用时，先将捣碎的茶团放入壶中，注入开水并加入葱姜和橘子调味。

隋唐时，茶叶多加工成饼状。饮用时，加调味品烹煮汤饮。随着茶事的兴旺，贡茶的品种也越来越多，茶叶栽培和加工技术进一步发展，许多名茶涌现出来，品茶之法也有了较大改进。尤其到了唐代，饮茶蔚然成风，饮茶方式进步较大。此时，为改善茶叶的苦涩，开始加入薄荷、盐、红枣调味。此外，专门的烹茶器具已被使用，论茶的专著也已出现。对茶和水的选择、烹煮方式以及饮茶环境和茶的质量也越来越讲究，茶道逐渐形成。

在宋代，制茶方法的改变给饮茶方式带来了深远影响。宋初茶叶多制成团茶、饼茶，饮用时碾碎，加调味品烹煮。随着茶品的日益丰富和品茶的日益考究，茶叶原有的色香味被重视起来，调味品逐渐减少。同时用蒸青法制成的散茶出现且不断增多，茶类生产由以团饼为主转为以散茶为主。

明代后，由于制茶工艺的革新，团茶、饼茶多被散茶取代，烹茶方式由原来的以煎煮为主逐渐发展为以冲泡为主。

明清之后，茶类的不断增加使饮茶方式出现了以下两大特点：

1. 饮茶方法日渐完善而讲究。要用开水先洗涤茶壶茶杯，干布擦干，倒掉茶渣，再斟入水。器皿也“以紫砂为上，盖不夺香，又无熟汤气”。

2. 六大茶类出现，随茶类的不同，品饮方式也有了很大变化。如两广喜好红茶，福建多饮乌龙茶，江浙则好绿茶，北方人喜花茶或绿茶，边疆少数民族多用黑茶、茶砖。

如今，现代生活节奏加快，茶也出现了变体，如速溶茶、冰茶、液体茶以及各类袋泡茶，现代文化务实的精髓也随之充分体现。虽不能称为品，却不能否认这是茶的发展趋势之一。

五、茶的效用

在中国古代，人们便已认识到“诸药为各病之药，茶为万病之药”。如今，这一点被现代医学证明。现代医学的自由基学说认为：人体的许多疾病皆因人体内的自由基积累过多，自由基被称为“人体垃圾”，而茶的重要成分——茶多酚可与人体内的自由基结合，从而将垃圾排出体外。由此可见，茶对人有着显而易见的益处。

1. 饮茶健美。饮茶不仅能解决脂肪乳化的问题，提高脂肪分解的速度，解除肥胖者的烦恼，肌肉和皮肤的弹性还能被茶中丰富的维生素所改善，抑制色斑的形成，使容颜增光。

2. 提神解闷。茶叶中含有的咖啡因能使中枢神经兴奋，刺激大脑皮层，从而振奋神经，集中注意力。

3. 健胃助消化。茶叶中的茶多酚、咖啡因、B族维生素等有促进胃液分泌的作用，能提高消化酶的活性，清除胃胀不适。

4. 防止动脉硬化。茶叶能降血脂、降胆固醇，乌龙茶的抗凝溶栓的作用尤为明显，能有效降低血管壁脆性、降低血液黏稠度、增加血液流速，并且无副作用，是活血化瘀的良药。

5. 消炎解毒。在我国民间，很早就有人利用茶叶治疗痢疾，它的杀菌效果与黄连不相上下。茶叶中的天然抗氧化剂、沉淀剂、大量的还原性物质能沉淀重金属和某些生物碱，是解决慢性中毒行之有效的方法。

6. 防蛀健齿。氟是护齿防蛀元素，而茶又是含氟较高的饮料。

7. 舒肝明目。茶叶中富含的维生素 A 是形成视网膜中视紫红质的重要物质，除此之外，维生素 B1 和 B2、维生素 C 都是视神经、血管、晶状体的必要营养成分。茶还有利尿作用，排尿是重要的清热解毒过程，肝脏将有毒物质代谢后排出体外，能使血液和脏腑精气纯净。

8. 喝茶抗癌。茶叶中的茶多酚和各类维生素，能有效防止细胞的恶性突变。致癌物质亚硝胺的形成可被其中的维生素 C、维生素 E 抑制。绿茶可以抑制黄曲霉素对肝脏的伤害，龙井茶有明显的防癌效果。

六、茶叶的制备历史

自茶被人们发现和利用至今，经历了含嚼茶树鲜叶、生煮羹饮、晒干收藏、蒸青做饼、炒青散茶，乃至白茶、黄茶、黑茶、乌龙茶、红茶等多种茶类的发展过程。

1. 采食茶树鲜叶

中国发现和利用茶树，如果从神农时代算起，至今已有 4000 多年的历史。神农尝百草的传说广为流传，在《神农本草经》《史记·补三皇本纪》《淮南子·修务训》《本草衍义》等书中均有记载，“日遇七十二毒，得茶而解之”。可见，采食茶树鲜叶是最初的利用。

2. 从生煮羹饮到晒干收藏

茶被应用开始于含嚼茶树鲜叶，接着发展为类似现代煮菜汤的生煮羹饮。茶作羹饮，在《晋书》中有记：“吴人采茶煮之，曰茗粥。”唐代诗人储光羲当时在友人家里做客，作了一首盛夏吃茗粥的诗：“当昼暑气盛，鸟雀静不飞。念君高梧阴，复解山中衣。数片远云度，曾不蔽炎晖。淹留膳茗粥，共我饭蕨薇。”这说明饮用茗粥的习俗在唐代仍被保留。

3. 从蒸青团茶到龙团凤饼

三国时代，人们饮用的茶已为饼茶。到了唐代，逐渐完善了制法。由于采摘的茶叶基本上没有经过处理，早期制成的饼茶有很浓的青草气，为去掉青草气的蒸青制茶法由此创造。陆羽的《茶经·三之造》记述：“晴，采之，蒸之，捣之，拍之，焙之，穿之，封之，茶之干矣。”唐代饼茶中间有孔可串穿，有大有小。宋代出现研膏茶、蜡面茶，之后在团饼茶表面有了龙凤之类的纹饰，称为龙团凤饼。

4. 从团饼茶到散叶茶

陆羽在《茶经·六之饮》中道：“饮有粗茶、散茶、末茶、饼茶者”，说明唐代有粗茶、散茶、末茶、饼茶。到了宋代，饼茶与散茶均有生产。《宋史·食货志》中记载：

“茶有两类，曰片茶，曰散茶”，片茶即饼茶，散茶即芽叶散茶。到了明代，散茶生产更为普遍，明太祖朱元璋为顺应潮流，也下达了改贡芽茶的诏令。

5. 从蒸青到炒青

唐宋时代以蒸青茶为主，但炒青茶技术也开始萌发。到了明代，炒青制法日趋完善。至于“炒青”茶名，早在宋代陆游诗中就有“日铸则越茶矣，不团不饼，而曰炒青”的记述。

6. 从绿茶发展至其他茶

绿茶经杀青、揉捻、干燥等工序制成，为清汤绿叶。起初炒制不当的茶叶焖黄后就变成黄汤黄叶从而被废掉，后来黄汤黄叶的茶叶也被认为别具一格，就采取有意焖黄的黄茶。茸毛特多的茶树芽叶经晒干或烘干后，表面的白色茸毛使茶叶呈白色，形成白茶。

经泼水堆积发酵制成的绿茶，茶叶发黑，形成了黑茶。明代黑茶的制造已相当普遍，品质是在“船舱中、马背上”形成的。唐宋以来，蒸青团饼茶在长途运输至边远地区时，茶叶受潮，内含化学成分发生变化，逐步形成与绿茶完全不同的香味，随着消费习惯的形成，这一特殊的香味也逐步被人们接受并固定下来。

茶鲜叶采用日晒代替杀青，揉捻后发酵变红而形成红茶。从福建崇安星村镇演变而来的小种红茶是最早的红茶。红茶之风盛行于清代，1850 年（道光末年）以前，红茶生产就开始了。星村镇的红茶是“正山小种”，此外还有“外山小种”，此后演变成工夫红茶。1875 年，在福建罢官的余干臣把福建红茶的制法带回安徽，最早的祁门工夫红茶由此产生。

乌龙茶是从宋代的龙凤团茶演变而来的，但在明代末期，与现行乌龙茶采制方法相当的乌龙茶才开始出现。

7. 从素茶到花香茶

早在宋代就有添加龙脑的加香茶，也有用茉莉花焙制的花茶。龙脑是一种产于闽广一带的常绿乔木，它香芬浓郁的花果和树干中的树膏结成一种莹白如冰的结晶体，俗称冰片。明代的钱椿年在其著作《茶谱》中记述：“木樨、茉莉、玫瑰、蔷薇、兰蕙、橘花、栀子、木香、梅花皆可作茶。”其还强调了花与茶配量的适宜，“花多则太香而脱茶韵，花少则不香而不尽美。”

七、茶叶制备流程

1. 绿茶加工

绿茶为不发酵茶，是我国茶叶中产量最多的品种，全国 19 个产茶省（区）都生产绿茶。

绿茶的基本工艺流程为杀青、揉捻、干燥。杀青方式有锅炒杀青和热蒸汽杀青。干燥依最终干燥方式不同有炒干、烘干和晒干之别。炒青是炒干的，烘青是烘干的，晒青是晒干的。细嫩的名优绿茶因在制造过程中采取不同的造型方式（手法）形成了千姿百态的外形：有压扁的，有搓条成针的，有团揉成球的，有抓拍成片的，有搓揉卷曲的，有结扎成花的等。

2. 红茶加工

红茶是全发酵茶，关键的工艺是揉捻后发酵使叶子变红。中国红茶分小种红茶、工夫红茶和红碎茶三类。

小种红茶制造中用松柴烟熏烘干作为最后干燥，因此松烟香味明显。小种红茶的基本工艺流程为：萎凋、揉捻、发酵、烟熏烘干。

工夫红茶制造中讲究适度发酵、文火慢烤烘干，具有特殊高香的祁门工夫红茶就是如此。工夫红茶的基本工艺流程为：萎凋、揉捻、发酵、毛火烘焙、足火、烘干。

红碎茶制造中采用揉切设备切成颗粒形小碎片，讲究发酵适度与及时烘干。红碎茶的基本工艺流程为：萎凋、揉切、发酵、烘干。

3. 乌龙茶加工

乌龙茶是介于绿茶（不发酵茶）和红茶（全发酵茶）之间的半发酵茶。乌龙茶有条形茶和半球形茶两类，半球形茶需经包揉。

条形乌龙茶有福建的武夷岩茶、广东的凤凰水仙、台湾的文山包种茶。基本工艺流程（武夷岩茶）：晒青、凉青、做青、杀青、揉捻、烘干。

福建的安溪铁观音、台湾的冻顶乌龙茶属半球形（卷螺形）乌龙茶。基本工艺流程（闽南乌龙茶）：晒青、凉青、做青、杀青、揉捻、毛火烘焙、包揉、足火、烘干。

4. 白茶加工

白茶的基本工艺流程为：萎凋、烘干（晒干）。

5. 黄茶加工

黄茶是杀青后包闷和烘炒后再包闷，使芽叶变黄而形成的，因此，工艺的关键是闷黄。以蒙顶黄芽为例，基本工艺流程为：杀青、初包、复炒、复包、三炒、堆积、摊放。

6. 黑茶加工

黑茶多数是以比较粗老的鲜叶为原料，揉捻后经过渥堆发酵，或制成绿茶后再经过发酵而使叶色变黑，汤色深浓。

湖南安化黑茶的工艺流程为：杀青、初揉、渥堆、复揉、干燥。

湖北老青茶的工艺流程为：杀青、初揉、初晒、复炒、复揉、渥堆、晒干。

四川南路边茶的工艺流程为：杀青、蒸揉、渥堆发酵、干燥。

广西六堡茶的工艺流程为：杀青、揉捻、沤堆、复揉、干燥。

云南普洱茶的工艺流程为：杀青、揉捻、晒干、泼水堆积发酵、干燥。

7. 紧压茶加工

紧压茶的原料是绿茶、红茶或黑茶，经过蒸软压模制成砖形、饼形、碗形、柱形、方块形等不同形状的茶叶。中国生产的紧压茶主要有沱茶、普洱方茶、竹筒茶、米砖茶、湘尖、黑砖茶、花砖茶、茯砖茶、青砖茶、康砖茶、金尖茶、方包茶、六堡茶、紧茶、圆茶、饼茶、固型茶等。

8. 花茶加工

花茶是将绿茶或红茶用香花拌和，使茶叶吸收花香后制成。基本工艺流程为：茶坯处理、鲜花维护、拌和窨花、通花散热、收堆续窨、出花分离、湿坯复火干燥、提花。

八、中国茶艺

中国茶艺历史久远，但20世纪才有人提出来关于茶艺的定义。茶艺不仅仅是关于泡茶技艺的艺术，也包含着品茶的艺术。关于茶艺的定义莫衷一是，茶文化专家寇丹曾说："茶艺有广义与狭义之分，广义的茶艺是研究茶叶的生产、制造、经营、饮用的方法和探讨茶叶的原理、原则，以达到物质和精神全面满足的学问；狭义的茶艺是如何泡好一壶茶的技艺和如何享受一杯茶的艺术。"接下来我们将从不同的角度来感受中国茶艺。

（一）茶艺的六要素

茶艺的六要素为茶、水、器、境、人、艺。泡好一壶茶的前提条件是选择合适的茶。中国从古至今有上千种名茶，还有许多不知名的茶叶。那么如何从如此庞大的数量中选择一种适用的茶叶？我们必须充分地了解茶叶。根据不同的制造方法和品质，我国目前将茶叶分为绿茶、红茶、乌龙茶、黄茶、黑茶、白茶与配制茶七大类。不同的茶有不同的制作方法，不同茶叶的风味更是因这些不同的制作方法变得丰富多彩，同时根据这些滋味的不同，泡制方法也有略微的差异。茶叶的滋味变化繁杂，即使同一种类的茶叶，也会因为产地、季节、存放时间、储藏方式的不同而产生些许差异。因此，在选购茶叶的时候，我们要学会鉴别茶叶。选择茶叶不能只比较茶叶的外观，也要比较香气、茶汤和叶底的不同。买到好茶之后要学会储藏，比较适用于家庭的储藏方法是干燥剂保管法，可选择石灰、硅胶或者木炭作为干燥剂。

茶的色香味的载体是水，好水才能成就一壶好茶。古人云："得佳茗不易，觅好水亦难。"那么什么水才是好水呢？在《大观茶论》中，宋徽宗曾提出宜茶之水"以清轻甘洁为美"的观点。水无沉淀物且无色透明为"清"，以活水为佳；用来沏茶之水的水品要轻，即为"轻"；水甘洌清冷，入口有甘甜滋味，即为"甘"；水质清洁无杂物，即是"洁"。相传乾隆以银斗量天下泉水，以获得最适宜沏茶之水。古人进行诸多尝试来选取宜茶之水，发现了许多名泉，如济南槛泉、北京玉泉、杭州龙井泉与虎跑泉等。并不是所有的水都适合泡茶，如果用积水、蒸馏水沏茶会使茶汤的香气大打折扣。

茶具在饮茶中不可或缺，一杯佳茗的取得离不开一套适合的茶具。随着饮茶人数的增加、饮茶方法的改进和茶艺的发展，人们自然而然开始关注茶具。茶艺的载体是茶具，没有茶具也不可能有茶艺，赏器也是茶艺的重要部分。我们很难说清茶具产生的具体时间，但是从文物与文献中最早可以追溯到的茶具出现在西汉。王褒的《僮约》中写到了"烹茶尽具"，虽然不能断定其是茶具，但也可以确定当时烹茶用具已经产生。我国茶具在唐代发展迅速，不仅种类趋向齐全，而且茶具质地愈发讲究，注意因茶择具。唐宋时期饮茶之风盛行，但关于茶具的选择两者略有不同，唐人推崇越窑青瓷茶盏，宋人偏爱建盏黑釉；唐人的炙茶器具是用小青竹制的夹，宋人则用金属夹子。现代茶具的奠基之作是明代茶具。明朝茶壶开始看重砂壶，最佳为紫砂壶。同时外形美观的白定窑茶盏出现了，但由于其受热容易损坏，不少人只是把它当作收藏品，"藏为玩器，不宜日用"的说法也由此出现。茶具根据质地不同，可分为陶土茶具、瓷器茶具、漆器茶具、玻璃茶具、金属茶具、竹木茶具等。

茶馆作为载体传承发扬茶文化，历经千百年的变化，成为一个包罗万象的舞台，涵盖了建筑、饮食、养生等各个方面，成为人们休闲娱乐的不二选择。品茶是习俗，人们在品茶的同时，品味的也是一种精神境界。我们欣赏茶艺的一个重要方面即是品境，品茶的“境”可以分为：建筑与环境，室内陈设环境，客人与主人、茶客与茶客相处的关系境界以及茶的冲泡过程所体现出的意境。通常来讲，一个安静舒适、完美和谐的环境更能使人们充分感受茶艺，提高对艺术美的欣赏能力。不同的茶馆定位，会有其不同的设计风格。通常有庭院式茶馆、综合式茶馆、宫廷式茶馆、书斋式茶馆等，茶客通过不同的风格能感受到不同的意境。

在茶艺的六大要素中，最根本的因素是人。那么什么是茶人？从广义上说，茶人是一切与茶有关的人，不论是王公贵族，还是黎民百姓，都可以称之为茶人；狭义上讲，茶属于灵魂之饮，那么茶人自是有一定精神境界的人，即在茶界德高望重的人，才能称之为茶人。不同的时代关于茶人有不同的定义，现在我们普遍认为茶人应具有三种品质。首先，茶人应是爱茶之人，这也是最起码的标准；其次，茶人要懂得茶叶的基本知识及茶艺知识，只有懂得这些知识，才能更好地领会博大精深的茶艺；最后，茶人则是要识茶，充分了解中国传统文化，识茶性、懂茶源、领悟茶之精神，把品茶上升到心灵高度，以修身养性。我国著名的茶人有陆羽、苏轼、宋徽宗、吴觉农等。

“艺”是茶艺的六大要素中非常重要的因素。茶艺之美，美在过程，能否编排好茶艺的程序，直接影响茶艺能否成功。现今茶艺蓬勃发展，我们也在不断创新茶艺的形式与种类。创新需要在一定的基础上才能得以实现，在创新的过程中，必须遵循茶艺编排的原则。实用性是茶艺编排的首要原则，茶艺是生活的艺术，离开了生活的土壤，茶艺仿如无土之木，无法获得长久发展；其次应遵循科学性原则，我们编排茶艺程序不能仅根据个人喜好随意编排，而应有科学依据；最后是艺术性原则，茶艺来源于生活又高于生活，具有一定的艺术性。只有遵循这三个原则，才能编排出更好的茶艺程序，更好地欣赏茶艺带给我们的心灵之美。在茶艺中，我们不只是得到一种生活技能，还应通过感受茶艺来体会先贤的精神思想，体验美的精神。

（二）现代实用茶艺

我国有悠久的饮茶历史，在茶艺的研究上经历了一段漫长的时期，异彩纷呈的茶艺随之产生。接下来介绍几种现代实用茶艺。

1. 绿茶茶艺（信阳毛尖）

信阳毛尖是我国十大名茶之一，共有十道茶艺程序，分别是：鉴赏佳茗毛尖茶、泡茶玉液龙潭水、烫壶温杯洁器具、毛尖入宫吉祥意、重洗仙颜涤凡尘、浸润毛尖露芳容、回青沏茶表敬意、玉液回海待君品、平分秋色入茶盏、敬奉宾客一杯茶。

2. 红茶茶艺（清饮法）

红茶茶艺分为调饮法与清饮法，清饮法能够最大限度地保持红茶的自然风味，所以在这里向大家介绍清饮法。首先是准备器具，然后是观茶、置茶、泡茶、分茶、敬茶、闻茶与品茶。

3. 普洱茶茶艺

在众多茶类中，普洱茶不仅品质独特，而且饮法独特、功效奇妙。只有正确的泡茶方法才能使普洱茶的茶性充分展现。前期要准备合适的茶具和水，掌握茶叶用量、泡茶水温和冲泡时间，其工序分为第一泡温润泡，第二泡要停壶静置一会儿再进行第三泡，最后一泡结束后不用着急清理茶渣，可以冲入滚烫沸水，盖上壶盖，静置一旁，或许能得到一壶好茶。

总体来说，现代茶艺的基本操作一般有赏茶、洁具、置茶、泡茶、分汤、品茶这几个步骤。不同的茶有不同的茶艺程序，要结合茶自身的特性，在以上几个步骤中酌情增减，只要掌握这些步骤便可得到一杯佳茗。

（三）舞台表演茶艺

舞台表演茶艺是在现代实用茶艺、古今茶俗、茶礼、茶风等基础上发展而来的，是由一个或几个专门的表演者在舞台上演示的茶的艺术。它高于生活，是古今饮茶习俗的艺术再现，风格独特。这种茶艺适合舞台演出，也适合大型聚会和影响较大的活动，其在推广、普及和提高茶文化方面的作用，是普通茶艺无法替代的。因此，舞台表演茶艺在瑰丽多彩的茶文化里占有重要的地位。我国是一个多民族的国家，自古以来，“客来敬茶”是各民族的共同习俗。但不同民族品茶习俗不同，就是汉族也“千里不同风，百里不同俗”。在长期的茶事实践中，有独特韵味的民俗茶艺被不少民族和地区创造出来，如藏族的酥油茶、蒙古族的奶茶、白族的三道茶、傣族和拉祜族的竹筒香茶、纳西族的盐巴茶、土家族的擂茶、苗族的油茶以及回族的罐罐茶等。这些民俗茶艺被人们推向舞台，成为民俗舞台的茶艺表演。同时，根据各地茶叶、茶艺的特点，现代人又推出武夷山功夫茶、安溪功夫茶、潮汕功夫茶等舞台表演茶艺，这些可以归入民俗型茶艺之列。

我国的佛教和道教与茶缘分很深，以茶礼佛、以茶祭神、以茶助道、以茶待客、以茶修身，形成了多种茶艺形式。根据宗教的饮茶情况，发展了佛茶茶艺、禅茶茶艺和太极茶艺等，被称为宗教型茶艺。这种宗教型茶艺非常注重礼仪，气氛庄严肃穆，茶具古朴，强调修身养性或以茶释道。

宫廷茶艺在我国已有上千年历史，从唐朝开始，我国就有关于宫廷茶宴的文字记载。清初，康熙、乾隆都是嗜茶的国君，宫廷茶艺又形成了严格的茶规。安溪铁观音发源于清初雍正、乾隆年间。近年来，本着古为今用的原则，安溪一些有识之士依据安溪民间传说进行挖掘、整理，创作了反映清代宫廷尝茶习俗的茶艺，其程序分为赏舞、献器、涤器、投茶、注水、点汤、献茶等。另外，盖碗茶茶艺、禅茶茶艺、唐代宫廷茶艺等舞台表演茶艺也较为常见。

九、中国名茶

（一）绿茶篇

1. 洞庭碧螺春

洞庭碧螺春属于炒青茶，最早在民间被称为洞庭茶，又名“吓煞人香”，是我国十大名茶之一。当地茶农对碧螺春有“铜丝条，螺旋形，浑身毛，花香果味，鲜爽生津”

的描述。

（1）产地：江苏省苏州市洞庭东西山一带。

（2）采摘与制作：在每年春分至谷雨时节采摘碧螺春，采一芽一叶初展，经摊青、杀青、炒揉、搓团、焙干等工序制作而成。

（3）按国家标准分级：特一级、特二级、一级、二级、三级。

（4）特征：优质的碧螺春条索纤细、卷曲成螺，满身披毫、银白隐翠，有浓郁的香气、鲜醇甘厚的滋味、碧绿清澈的汤色和嫩绿明亮的叶底。

2. 西湖龙井

西湖龙井属于扁形炒青绿茶，是我国十大名茶之一。其品质优良，自古有“西湖之泉，以虎跑为最，两山之茶，以龙井为佳”的美誉。

（1）产地：浙江省杭州市西湖一带。

（2）采摘与制作：于每年的清明前后至谷雨期间采摘西湖龙井，摘其一芽一叶及一芽二叶初展，用极其复杂的炒制手法，炒制中有抖、带、挤、甩、挺、拓、扣、抓、压、磨十大手法。

（3）按国家标准分级：

①西湖龙井茶：特级、一级至四级。

②浙江龙井茶：特级、一级至五级。

（4）分类：

①历史分类：龙井村狮峰一带所产的“狮”字号龙井，龙井、翁家山一带所产的“龙”字号龙井，云栖、梅家坞一带所产的“云”字号龙井，虎跑、四眼井一带所产的“虎”字号龙井。

②根据龙井生产的发展和品质风格的实际差异性，后人将其分为狮峰龙井、梅坞龙井和西湖龙井。

（5）特征：制成后的西湖龙井茶有翠绿的色泽和扁平光滑的外形，冲泡后茶汤汤清色绿，香气馥郁，幽而不俗，滋味甘鲜醇厚，叶底嫩绿，匀齐成朵，素有“色绿、香郁、味甘、形美”四绝的特点。

3. 黄山毛峰

黄山毛峰属于条形烘青绿茶，是中国十大名茶之一。

（1）产地：安徽省黄山市黄山风景区和毗邻的汤口、充川、岗村、芳村、杨村、长潭一带。

（2）采摘与制作：于每年的清明前后采摘黄山毛峰，采其一芽一叶初展，经杀青、揉捻、烘焙等工序制作而成。

（3）按国家标准分级：特级、一级、二级和三级，以特级、一级为名茶。

（4）特征：制成后的茶形似雀舌，匀齐壮实，峰毫显露，色如象牙，鱼叶金黄（俗称茶笋或金片）。茶汤冲泡后明亮清澈，滋味香浓，醇厚甘甜。可以用八个字来概括特级黄山毛峰的优良品质：香高、味醇、汤清、色润。

4. 六安瓜片

六（lù）安瓜片属于片形烘青绿茶，也是我国十大名茶之一。

（1）产地：安徽省六安、金寨、霍山三市县响洪甸水库周围一带。质量最优的为金寨县齐头山所产。

（2）按采摘时间分类：

①“提片”是谷雨前采摘，其品质最优。

②“瓜片”是谷雨后大量采摘。

③“梅片”是梅雨季节采摘，因为鲜叶粗老，所以成茶品质较差。

（3）制作：唯一一种以单片的嫩叶进行炒制的绿茶是六安瓜片，堪称一绝。通常是采摘对夹二三叶和一芽二三叶，采回后要进行茎叶分离，就是所称的“扳片”，然后再根据叶片的嫩度分别炒制。

（4）特征：炒制好的成茶形态为瓜子状，单片装，自然伸展，大小匀称，叶缘微翘，色泽宝绿，叶披白霜，明亮油润。冲泡后茶汤清澈明亮、香气高长、滋味鲜醇回甘，叶底黄绿明亮且柔软。

5. 太平猴魁

太平猴魁属于尖形烘青绿茶，是我国十大名茶之一。

（1）产地：安徽省黄山市黄山区新明、龙门一带。

（2）采摘与炒制：太平猴魁茶于每年的谷雨前开采，立夏前停采，每年只有15～20天时间采摘，时间较短。采摘有“一芽三叶初展”的标准，还要严格做到“四拣”：一拣坐北朝南、阴山云雾笼罩的茶山上茶叶；二拣生长旺盛的茶棵；三拣粗壮、挺直的嫩枝；四拣肥大多毫的茶叶。将所采摘的一芽三四叶从第二叶茎部折断，一芽二叶俗称“尖头”，为制太平猴魁的上好原料。经杀青、毛烘、足烘、复焙四道工序制作而成。

（3）级别：太平猴魁的产量很少，极品被称为“猴魁”，低一级为“魁尖”，再低一级为“尖茶”。

（4）特征：制成后的猴魁茶平扁挺直，两叶抱芽，白毫隐伏，有“猴魁两头尖，不散不翘不卷边”之称，叶底苍绿匀润，叶脉绿中隐红，俗称“红丝线”。冲泡后茶汤杏绿清亮，幽香扑鼻，入口醇厚清爽，喉底回甘，有独特的“猴韵”，叶底肥厚柔软，黄绿明亮。

6. 庐山云雾

庐山云雾，古时候称为“闻林茶”，明代开始改称庐山云雾，属于条形炒青绿茶，是我国十大名茶之一。

（1）产地：江西省庐山一带。

（2）采摘与制作：由于气候条件，庐山云雾茶采摘的时间要比其他茶较晚一些，一般采摘于谷雨之后至立夏之间。采其一芽一叶初展，长度不超过3厘米。经过杀青、抖散、揉捻、炒二青、理条、搓条、拣剔、提毫、烤干（或烘干）等复杂的工序制作而成。

（3）特征：庐山云雾茶制成后条索圆直，芽长毫多，叶底翠绿，冲泡后的茶汤清澈明亮，滋味甘醇，有豆香味。

7. 信阳毛尖

信阳毛尖，也称“豫毛峰”，属于针形细嫩烘青绿茶，是我国十大名茶之一。

（1）产地：河南省信阳西南山一带。

（2）采摘与制作：一般在谷雨后采摘信阳毛尖，谷雨前只采少量的“跑山尖”，所以毛尖中的极品是“雨前毛尖”。采摘的标准为一芽一叶或二叶，程序有筛分、摊放、生锅、熟锅、初烘、摊凉、复烘、毛茶整理、再复烘等。

（3）特征：制成后的茶外形细秀匀直，白毫显露，色泽翠绿，冲泡后的茶汤黄绿明亮，香气高长并带有熟板栗味道，口感鲜爽浓厚，叶底细嫩匀整。

8. 蒙顶甘露

蒙顶甘露属于卷曲形炒青绿茶，是我国最古老的名茶之一，被尊称为“茶中故旧”，是我国十大名茶之一。

（1）产地：四川蒙山一带。

（2）采摘与制作：一般于每年的春分时节开始采摘，采摘标准为单芽或一芽一叶初展。采来的鲜叶经杀青后再三炒三揉，制作程序有整形、烘焙等。

（3）特征：制成后的茶紧秀多毫，翠绿油润，冲泡后的茶汤黄绿明亮，嫩香馥郁，鲜爽可口。

9. 竹叶青

竹叶青属于扁形炒青绿茶，是我国十大名茶之一。

（1）产地：四川省峨眉山市及周围地区。

（2）采摘与制作：竹叶青是四川小叶种采摘而来，采其一芽一叶或一芽二叶初展。

（3）特征：精制后的成茶外形扁平似竹叶，冲泡后的茶汤黄绿明亮，入口鲜浓爽口。

10. 安吉白茶

安吉白茶也称“玉蕊茶”，属于半烘炒型绿茶，是我国十大名茶之一。

（1）产地：浙江省天目山北麓安吉的山河、山川、章村一带。

（2）采摘与制作：一般采摘一芽一叶初展，经杀青、清风、压片、初烘、摊凉、复烘等复杂的工序制作而成。

（3）特征：制成的茶条索挺直扁平，形状像兰花，有翠绿的色泽，白毫显露。冲泡后的茶汤清澈明亮，香气四溢，鲜绿爽口，叶底柔软嫩绿。

（二）黄茶篇

黄茶是我国特有的茶叶品类之一，其黄汤黄叶的品质特点是由于在制作时多了一道闷黄的工序而形成的。黄茶的品类有外形肥壮挺拔的君山银针、芽匀显多的北港毛尖、肥壮大片的广东大叶青。

黄汤黄叶是黄茶的主要特点，根据其采摘鲜叶的嫩度和芽叶大小，可将黄茶分为黄芽茶、黄小茶和黄大茶。

1. 黄芽茶

黄芽茶，采摘最为细嫩的单芽或者一芽一叶制作而成，单芽挺直是此类茶的最大特点，冲泡后茶芽芽尖向上立于杯中，有很好的欣赏价值。主要品种有湖南岳阳的君山银针、四川雅安的蒙顶黄芽和安徽霍山的霍山黄芽，其中君山银针是黄茶中的极品。

2. 黄小茶

黄小茶，采摘最细嫩的芽叶制作而成，此类茶有条索细紧显毫、汤色杏黄明亮、滋味醇厚回爽的特点。主要品种有湖南岳阳的北港毛尖，湖南宁乡的沩（wéi）山毛尖，湖北远安的远安鹿苑和浙江温州、平阳一带的平阳黄汤。

3. 黄大茶

黄大茶，采摘一芽二三叶甚至一芽四五叶制作而成，此类茶有叶肥梗壮、梗叶相连成条的品质特点，色泽金黄，有锅巴香，滋味浓厚耐冲泡。安徽霍山的霍山黄大茶和广东韶关、肇庆、湛江一带的广东大叶青为主要品种。

4. 黄茶名品介绍

（1）君山银针

君山银针属于黄芽茶。君山又名洞庭山。君山银针始于唐代，清代被列为贡茶。

①产地：湖南省岳阳市洞庭湖的君山岛。

②采摘与制作：每年的清明前后 7～10 天之内采摘完成，而且只采芽头，并且有“雨天不采”“风伤不采”“开口不采”“发紫不采”“空心不采”“弯曲不采”“虫伤不采”等要求，所以上等的君山银针茶堪称极品。制作采摘的茶叶要经过杀青、摊凉、初烘、复摊凉、初泡、复烘、再泡、焙干八道工序。

③特征：制成后的茶芽挺直，匀整多毫，色泽黄绿，冲泡后的茶汤杏黄明亮，有清爽的香气和甘甜醇和的滋味，叶底黄亮匀齐。

（2）北港毛尖

北港毛尖，属于黄小茶的品类。关于此茶的记载早在唐代就已出现，被称为“邕湖茶”。

①产地：湖南省岳阳市北港和岳阳县康王乡一带。

②等级：北港毛尖根据老嫩程度可分为五个等级：特号、一号、二号、三号和四号。

③采摘与制作：一般于每年的清明后五六天开始采摘，特号的北港毛尖一般只采一芽为原料，一号毛尖原料为一芽一叶，二、三号的毛尖原料则为一芽二三叶。制作采摘来的鲜叶要经过锅炒、锅揉、拍汗、复炒和烘干五道工序。

④特征：制成后的茶条索肥厚，毫尖显露，色泽金黄，冲泡后的茶汤色泽澄亮，香气清高，入口有醇厚的滋味，甘甜爽口，叶底肥嫩。

（3）广东大叶青

广东大叶青，属于长条形黄大茶。

①产地：广东省韶关、肇庆、佛山、湛江等地。

②采摘与制作：广东大叶青的原料是云南大叶种茶树的鲜叶，采摘标准为一芽二三叶。经萎凋、杀青、揉捻、闷黄、干燥五道工序制成。广东大叶青虽属黄茶类，但却与其他黄茶的制法有所不同，为了消除清气涩味，使香味醇和纯正，要先萎凋后杀青，再揉捻、闷堆。

③特征：制成的茶条索肥壮、紧结、重实，老嫩均匀，叶张完整、显毫、色泽清润显黄，香气纯正，并有浓醇回甘的滋味，汤色橙黄明亮，叶底淡黄。

（三）白茶篇

白茶是我国特有的茶叶品类之一，由宋代三色细芽、银丝水芽演变而来，因其成茶表面披满银毫而得名。白茶的主要特点是“银叶白汤”，白茶中的名优品种有状似银针的白毫银针、卷曲成朵的白牡丹等。

白茶一般多采摘自福鼎大白茶、福鼎大毫茶、政和大白茶及福安大白茶等茶树品种，采其单芽制作而成的是白毫银针；采其一芽一叶或二叶制作而成的为白牡丹或新白茶；采其一芽三叶或四叶加工制成的为寿眉。

白茶的制作工艺一般分为萎凋和干燥两道工序，萎凋这个环节是其中的重点。白茶的萎凋分为室内萎凋和室外日光萎凋两种，室外日光萎凋一般在晴朗天气时采用，室内萎凋则适合在气候不佳时采用。之后再用文火进行烘焙到足够干为止。这种制作方法既不会破坏茶叶中酶的活性成分，又不促进其氧化作用，所以制成的茶多芽头肥壮，色泽白亮，毫多且密，汤色黄亮，滋味醇厚，叶底嫩匀。

按茶树品种、鲜叶采摘的不同可将白茶分为芽茶和叶茶。

1. 白毫银针

白毫银针，简称银针，也称白毫，属于针状白芽茶，得名于其单芽披满银白色茸毛、状似银针的特点。最早的白茶便是白毫银针。

（1）产地：福建省福鼎、政和一带。

（2）采摘与制作：白毫银针于每年的三月下旬至清明前采摘，采其一芽一叶初展，然后剥离出茶芽，俗称“剥针”，只采用肥厚的茶芽，经萎凋、干燥两道工序制作成白毫银针。

（3）特征：制成的茶状似银针，白毫密披，色白如银，冲泡后的茶汤浅黄清澈，香气清鲜，滋味醇厚爽口，叶底嫩匀完整。

2. 白牡丹

白牡丹属于叶状白芽茶，得名的原因是其绿叶中夹杂着银白色的毫芽，形似花朵，冲泡后绿叶托着嫩芽，犹如初开的白色牡丹花。

（1）产地：福建建阳、政和、松溪、福鼎等地。

（2）采摘与制作：白牡丹的制作原料是采自政和大白茶、福鼎大白茶和水仙品种的茶树鲜叶，一般采其一芽二叶，并要求芽白，第一、二叶都带有白色茸毛，即为“三白”。采来的鲜叶经萎凋、干燥两道工序制作而成。

（3）特征：成茶为深灰色或暗青苔色，叶张肥嫩，呈波纹隆起，叶背遍布洁白茸毛，叶缘向叶背微卷，芽叶连枝。汤色杏黄或橙黄，滋味醇厚，叶底浅灰，叶脉微红。

（四）青茶篇

青茶也称乌龙茶，青茶最主要的品质特点是叶色绿镶红边、香气如梅似兰。根据茶中的多酚类氧化程度不同，将其分为四大类，即闽南乌龙、闽北乌龙、广东乌龙和台湾乌龙。青茶的杰出代表有岩茶极品大红袍、安溪名茶铁观音等。

青茶属于半发酵茶，它综合了绿茶和红茶的特点，既有绿茶的清香，又有红茶醇厚浓郁的花香，是我国比较有特色的茶种之一。经采摘鲜叶、萎凋、摇青、杀青、揉捻和干燥等加工程序制作而成。

1. 安溪铁观音

安溪铁观音是乌龙茶三大品系之一，铁观音既是茶名，又是茶树品种名。

（1）产地：福建安溪西坪一带。

（2）特征：铁观音成品茶条索卷曲，肥壮圆结，色泽砂绿，红点明显，其形状有的如秤钩，有的似蜻蜓头，“砂绿起霜”是由于咖啡因随着水分蒸发，在茶叶表面形成一层白霜。冲泡后的铁观音茶汤口味醇厚甘鲜，喉底回甘，有一种特殊的浓郁香气，被称为“铁观音韵”。

2. 武夷大红袍

武夷四大名丛之首为武夷大红袍，它属于武夷岩茶中的珍品，被称为“乌龙茶中的茶圣”。

（1）产地：福建省武夷山九龙窠（kē）高岩峭壁。

（2）历史：大红袍是采摘自福建省武夷山九龙窠高岩峭壁上的名丛大红袍的鲜叶制成的乌龙茶。1927 年，天心寺和尚所作的“大红袍”三个字的石刻至今仍保留在岩壁上，旁边的 6 棵大红袍母树都属于灌木茶丛，其叶质量比较厚，芽头微微泛红。

（3）特征：制成后的大红袍茶条紧，色泽绿褐鲜润，冲泡后的汤色橙黄，香气馥郁，味胜幽兰，耐冲泡，久泡仍余花香。大红袍每年的产量极少，所以价格也比较昂贵。经过武夷山市茶叶科学研究所的反复试验，现在“大红袍”茶树无性繁殖技术已获成功，经繁育种植，已经能批量生产了。

3. 冻顶乌龙茶

台湾冻顶乌龙茶属于轻度或中度发酵类茶，俗称冻顶茶，冻顶乌龙茶是台湾包种茶中知名度极高的一种茶，又名“清香乌龙茶”，按照成茶外形的不同将包种茶大致分为两类：一类为条形包种茶，文山包种茶是其代表茶品；另一类为半球形包种茶，冻顶乌龙茶就是这种茶的代表。

（1）产地：台湾省南投县凤凰山支脉冻顶山一带。冻顶山属于凤凰山的支脉，海拔 700 多米，冻顶山上种茶，因雨量多山高路滑，上山种茶的茶农必须绷紧脚尖（当地人称“冻脚尖”）才能上山顶的传说，故称此山为“冻顶”。

（2）特征：冻顶乌龙茶外形为半球形，紧结匀整，色泽墨绿油润，有隐隐的金黄边缘，冲泡后的茶汤色泽金黄透亮，有浓郁的花香和熟果香，滋味浓醇甘爽，入喉回甘，焙火韵味明显，叶底边缘镶红边，中间淡绿，有青蛙皮的灰白点。

（五）黑茶篇

六大基本茶类中原料最为古老的茶类是黑茶，黑褐色或油黑的色泽是由于在制作过程中堆积发酵时间过长。最为著名的云南普洱茶就属于黑茶的品类，黑茶还包括湖北老青茶、广西六堡茶、湖南安化黑茶等其他的名优品种。

四川最早出现了黑茶，是由绿毛茶经蒸压而成的边销茶。四川的茶叶要运输到西北地区，路途遥远且交通很不方便，所以必须减小体积，蒸压成团块。在加工成团块的过程中，要经过二十多天的湿坯堆积，毛茶的色泽逐渐由绿变黑，而成品团块茶叶的色泽已经变成黑褐色，并形成了独特的风味，黑茶因此由来。

黑茶的品质特征主要是在渥堆工艺中形成的，在此过程中，受微生物胞外酶、微生物呼吸代谢产生的热量和茶叶本身湿热的协同作用，茶叶内的化合物发生一系列复杂的化学反应，形成黑茶独有的风味特征。

黑茶常常被用来制作紧压茶是因为它外形粗大，色泽黑褐，气味也比较重，如砖茶、饼茶、沱茶等。这些黑茶紧压茶是藏族、蒙古族和维吾尔族等民族的日常生活必需品。

（1）基本制作工序：杀青、揉捻、渥堆、干燥。

（2）分类：湖南黑茶、湖北老青茶、四川黑茶、滇桂黑茶。

（3）功效：降低血脂和增加血液中过氧化物活性。

1. 云南普洱茶

（1）产地：云南思茅、西双版纳、昆明和宜良地区。

（2）普洱茶的分类：

①根据制作方法的不同，分为生茶和熟茶两种。

②按照其存放方式不同，分为干仓普洱和湿仓普洱两种。

③根据外形的不同，分为散茶、饼茶、沱茶、砖茶、金瓜贡茶等。

（3）功效：安神、明目、清头目、止渴生津、清热、消暑、解毒、消食、去肥腻、下气、利水、通便、去痰、祛风解表、坚齿、治心痛、疗疮治瘘、疗饥、益气力、延年益寿及其他。

2. 湖南黑茶

（1）产地：原产于湖南省安化地区，最早产自资江边上的苞芷园，后转至资江沿岸地区。现在湖南黑茶的产区已扩大到桃江、汉寿、宁乡、益阳和临湘等地。

（2）湖南黑茶的制法：杀青、初揉、渥堆、复揉、干燥五道工序。

（3）湖南黑茶的分类：成品茶分为“三尖”“三砖”“花卷”等系列。“三尖”也称“湘尖”，分为三个等级，即“天尖”（湘尖一号）、“贡尖”（湘尖二号）、“生尖”（湘尖三号）。“三砖”即“黑砖”“花砖”“茯砖”。

3. 湖北老青茶

（1）产地：湖北省咸宁地区的蒲圻（今赤壁市）、通山、崇阳、通城等市县。

（2）等级：一般将湖北老青茶的品质分为三个等级，鲜叶采摘时以茎梗为主的是一级茶，基部稍带些红梗和白梗，成茶条索较紧，色泽乌绿；采摘鲜叶的茎梗以红梗为主的是二级茶，也称“二面茶”，顶部稍带些青梗，成茶叶色乌绿微黄；当年生红梗新梢、不带麻梗的是三级茶，也叫“里茶”，成茶叶面卷皱，叶色乌绿带花。

4. 六堡茶

（1）产地：原产于广西苍梧六堡镇，其名称也是来源于此地名。

（2）采摘与制作：采摘灌木型中叶种的一芽二三叶，制作工序有摊青、低温杀青、揉捻、渥堆、干燥。

（3）特征：成茶茶色黑褐光润，香气醇厚陈香，有槟榔的味道，冲泡后的茶汤色泽红浓明亮，滋味醇和爽口，略感甜滑，叶底红褐。六堡茶耐于久藏，越陈越香。

（六）红茶篇

六大基本茶类中发酵最深的一种茶是红茶，红茶红汤红叶的品质特点是因为全发酵的制作工艺而形成。我国主要的出口茶类别之一就是红茶，熏烟的正山小种红茶、宁红工夫红茶及小颗粒型的红碎茶等都是红茶中的名优品种。红茶的主要产区集中于华南茶区的海南省、广东省、广西壮族自治区、湖南省、福建省和台湾地区，西南茶区的云南省、四川省以及江南茶区的安徽省、浙江省和江西省等。

1. 祁门红茶

多年以来我国的国事礼茶一直都是祁门红茶。祁门红茶与印度大吉岭红茶和斯里兰卡的乌瓦红茶并称为世界三大高香红茶。

（1）产地：安徽省祁门、东至、贵池、石台一带，其中品质最优的在祁门的历口、闪里、平里一带。

（2）采摘与制作：祁门红茶只采其一芽二叶，制作工序有萎凋、揉捻、发酵等。

（3）特征：制成后的成茶条索紧细匀整，苗峰秀丽，色泽乌润，俗称“宝光”。冲泡后的茶汤色泽红亮，香气甜鲜，滋味醇和鲜爽。上等的祁门红茶有一种与众不同的兰花香，被称为祁门香，是祁门红茶所特有的香气。祁门红茶闻名于世凭借“四绝”品质，即香高、味醇、形美、色艳。

2. 正山小种

正山小种于18世纪后期在福建省崇安县桐木地区首次被发现，也称为星村小种。历史上这种茶以星村为集散地，所以，它与人工小种合称为小种红茶。世界上最早出现的红茶是正山小种，距今已有400多年历史，江西入闽的关口桐木关是最早产区。

（1）采摘与制作：小种红茶所特有的制作方法是烟熏干燥，形成其香高带松柏烟香和桂圆汤滋味的关键就在于此。正山小种一年只采春夏两季，春茶在立夏开采，要采摘一定成熟度的一芽二三叶，制作工序有萎凋、揉捻、发酵、过红锅、复揉、熏焙、筛拣、复火、匀堆等。

（2）特征：制成后的小种红茶条索肥厚，紧结圆直，不带任何毫芽，色泽乌黑油润，冲泡后的茶汤红艳浓厚，香气高长，松烟香浓郁，入口滋味醇厚，伴随桂圆汤味，叶底肥厚红亮。

（3）保存：保存正山小种红茶只需采用常规常温密封的方法即可，很容易保存。因为它属于全发酵茶，一般经过一两年存放后，松烟香味会进一步转化为干果香，而茶也会有更加醇厚甘甜的滋味，特别是陈年正山小种红茶，其味道更加醇厚。

3. 红碎茶

红碎茶也称分级红茶、红细茶、小颗粒型红茶，云南、广东、海南、广西、贵州、湖南、四川、湖北、福建等地区是主要产区，其中品质较好的成茶是云南、广东、海南、广西用大叶种鲜叶为原料制成的。红碎茶在我国仅有30多年历史。

（七）花茶篇

我国所独有的一个茶叶品种就是花茶，它是一种新的茶叶品类，花茶也称客花茶、熏花茶、香片，属于再加工茶类，是以绿茶、红茶、乌龙茶等为原料，经过加窨各种香花而制成的。使用不同的鲜花窨制可形成不同香气的茶类。花茶受到越来越多现代人的青睐是因其香气繁多。很多花茶都是以花的名字来命名的，如茉莉花茶、玫瑰花茶、玉兰花茶、珠兰花茶、金银花茶、玳玳花茶、桂花茶等，花茶产于福建、江苏、浙江、江西、广西、湖北、四川、安徽、湖南、云南等地。

第二节　国外名茶

一、东亚茶

中国是茶的故乡和茶文化的发源地，并且形成了以中国为中心向全世界辐射的局势。在东亚，韩国与日本的茶叶及茶文化也有比较完备的发展。

（一）日本

中国是日本茶道的源头，但日本茶道却具有日本民族特色。它有自己的形成、发展过程和特有的内蕴。奈良时代日本人开始饮茶，当时的茶文化基本照搬《茶经》。镰仓时代日本茶文化进一步发展，茶文化普及分为禅宗系统与律宗系统，“斗茶”作为一种娱乐方式开始兴起。日本茶道在江户时期灿烂辉煌，在吸收、消化中国茶文化后终于形成了具有民族特色的抹茶道、煎茶道。日本茶道的流派虽多，但却有大同小异的仪式规范程序，欣赏以茶碗为主的茶道用具，主客间的心灵交流是其根本意义。

日本出产的茶叶中九成多都是绿茶，它的分类非常细。依照制法和茶叶生长的位置，细分出了各种名称的茶，而这些茶又有不同的香气、味道、口感，喝的场合也有讲究。日本茶中最高级的茶品是玉露，据说一百棵茶树里可能也找不出一棵可以生产玉露，可见对茶树要求之高。玉露的涩味较少，口感鲜爽，香气清雅，茶汤清澄。日本传统茶仪式饮用的茶是抹茶，它是由切碎的碾茶研磨成粉末后制成的，茶汤醇厚，有涩味，呈绿玉色。日本人最常喝的绿茶是煎茶，有约占日本茶八成的产量，成茶挺拔如松针，好的煎茶色泽墨绿油亮，冲泡后却变得鲜嫩翠绿起来。茶味中带少许涩味，茶香清爽，回甘悠长。焙茶又叫烘焙茶，用大火炒，直至香味散发出来，这是唯一用火炒的日本绿茶，焙茶因为炒过，故茶叶呈褐色，已经去除了苦涩的味道，烟熏味浓烈，冲泡后散发暖暖的香气，是适合寒冷天气的茶饮。

（二）韩国

韩国早在新罗时代便已有茶文化，是韩国传统文化的一部分。韩国饮茶的全盛时期是高丽时期，无论是贵族还是平民，都普遍爱饮茶，全国遍布 35 个茶产地。李朝排斥茶道，导致茶道中落，茶园衰败，直到朝鲜末期，通过多位名人的倡导，茶道才再度兴盛。在现今经济发展、文化复兴的前提下，韩国继承和发展优秀的茶文化，形成了以“和、敬、俭、美”为中心的茶礼。

韩国茶与中国茶不同，韩国传统茶里不放茶叶，却可以放几百种材料。传统茶不用开水冲泡，而是将原料长时间浸泡、发酵或熬制而成。韩国传统茶种类多，经一番发扬光大后已经达到无物不能入茶的程度。五谷茶是比较常见的传统茶，还有如大麦茶、玉米茶等，药草传统茶有五味子茶、百合茶、艾草茶、葛根茶、麦冬茶、当归茶、桂皮茶等，水果传统茶有大枣茶、核桃茶、莲藕茶、青梅茶、柚子茶、柿子茶、橘皮茶、石榴茶等。传统茶各有不同的功效：大麦茶有增进食欲、暖肠胃的功效，在韩国，许多家庭都以大麦茶代替饮用水；松针茶可以减缓咽喉痛，兼有美容的功效；柚子茶可以祛除风寒；艾草茶有助消化。人们在饭店用餐后，店主往往会端来一杯叫“水正果”的传统茶，它可以消食解腻，也可作为饭后甜点。

二、南亚茶

（一）印度红茶

印度作为世界上最大的茶叶生产国之一，拥有数以万计的种植园，从事茶叶生产的人超过 200 万。在印度的传说中，达摩大师在菩提树下打坐昏昏欲睡时，突然闻到一股香气，他将散发香气的灌木叶摘下来咀嚼，顿时精神振奋，从此茶叶被发现。1834 年，为研究茶叶的种植、开发，以及商业价值，印度总督设茶叶委员会。19 世纪东印度公司决定在阿萨姆大规模生产茶，大规模的茶工业被激活。1839 年，伦敦市面第一次出现印度的阿萨姆茶，其味道浓郁，备受好评，多次赢得最佳品质大奖。如今，印度有大吉岭茶、阿萨姆茶与尼尔吉里茶三种特色茶叶。

拍卖是印度茶叶贸易的主要方式，印度没有类似中国的大型茶叶集贸市场或茶叶批发市场。19 世纪中叶以后，几个产地茶叶拍卖中心在印度陆续设立，现已增加到 7 个：加尔各答、古瓦哈蒂、斯里古里、柯钦、古诺尔、科因巴托尔、姆利则。印度政府规定，75%左右的茶园所产茶叶必须通过拍卖进入市场，同时为了加强对印度三大特色茶叶的保护，茶叶委员会推出了三种鉴别性的标识，来保证茶叶为正品。

印度出产名茶，在世界四大名茶中，占有一席之地的有阿萨姆红茶与大吉岭茶。阿萨姆红茶，产于印度东北喜马拉雅山麓的阿萨姆溪谷一带。当地日照强烈，需另种他树为茶树适度遮蔽，丰富的雨量促进了热带性的阿萨姆大叶种茶树蓬勃发育。以 6～7 月采摘的品质最优，但 10～11 月产的秋茶较香。阿萨姆红茶茶叶有着细扁外形，深褐色、深红稍褐的汤色伴有淡淡的麦芽香、玫瑰香，且滋味浓，属烈茶，是冬季饮茶的上好选择。大吉岭茶，产于印度西孟加拉邦北部喜马拉雅山麓的大吉岭高原一带。当地年均温度 15 ℃左右，白天有充足的日照。但日夜温差大，谷地里常年云雾弥漫，是孕育此茶独特芳香的一大因素。3～4 月的一号茶多为青绿色，5～6 月的二号茶为金黄色，被誉为“红茶中的香槟”，其汤色橙黄，气味芬芳高雅，上品更是带有葡萄香，口感细致柔和。大吉岭茶最适合清饮，但需稍久焖（约 5 分钟）才可使较大的茶叶尽舒，得其味，此茶最适合作下午茶。

（二）斯里兰卡红茶

斯里兰卡是世界第四大茶叶生产国，主产红茶，锡兰红茶闻名于世。最初的斯里兰卡只是作为茶叶的一个中转站。在 19 世纪 60 年代前，斯里兰卡以生产咖啡为主，在爆发咖啡锈病之后，咖啡树大量死亡，为了摆脱困境，庄园主们把目光投向了茶叶。斯里兰卡处在东西航向的要道上，而且当地受季风气候影响，降雨充沛，再加上日照充足，客观因素和主观因素汇合在一起，促成了一个茶叶大国的诞生。

斯里兰卡有 6 个主要的茶叶生产区：加勒、拉特纳普拉、康提、努沃勒埃利耶、丁比拉、乌沃。这些茶叶生产区的茶叶无论是口味还是色泽都属上乘，同时又有专属的色、香、味。斯里兰卡红茶适合加入牛奶饮用，味道极佳。斯里兰卡人不仅在产量上做文章，还提高茶叶附加值，开发特色茶，塑造茶叶品牌等，可谓将茶叶的运用推向了顶峰。

三、非洲茶

肯尼亚是非洲最重要的茶叶生产国，也是东非地区工业最发达的地区之一。在非洲红茶产区中，无论是红茶数量还是质量，肯尼亚都居于首位。肯尼亚处在赤道正下方，日照丰富，土壤肥沃，技术先进，这里的茶叶凭借茶色优美、味道甘醇与口感清新的特色而闻名于世。肯尼亚高原是肯尼亚茶叶的主要种植区，那里充沛的雨水有利于优质茶叶的种植与生长。

肯尼亚茶叶可以冲泡出高品质的茶汤，被认为是世界上最好的饮料之一。肯尼亚红茶富含胡萝卜素、维生素 A、钙、磷、镁、钾、咖啡因、赖氨酸、谷氨酸等多种营养元素。红茶在发酵过程中，多酚类物质的化学反应使鲜叶中的化学成分产生较大变化，会产生茶黄素、茶红素等成分，和鲜叶相比其香气明显增加，形成红茶特有的色、香、味。

喀麦隆也是非洲重要的茶叶生产地。托勒位于喀麦隆西南部，处在海拔 600 米的高地上，降水量适宜、年温差小、日照充足等条件非常适宜茶树的种植。从 20 世纪 40 年代以来，其茶叶种植园的面积不断增加，产量也随之大幅提高。对于寻找新奇茶叶的爱好者来说，喀麦隆茶有极大吸引力，在喀麦隆茶园里有一部分茶是通过无性繁殖方式栽种的。托勒低海拔茶叶、恩杜高海拔茶叶和鸠第萨无性系茶叶都具有极高的品质。

非洲如意茶，又称“博士茶”，也是世界闻名的，它是用一种南非的豆荚类植物加工而成的茶。如意茶凭借香味深邃和口感浓郁的特点被称为非洲最流行的饮品。如意茶的享用方法有多种，如可以热饮、冷饮，可以原味、甜味或添加牛奶等，口感清凉。如意茶的抗氧化剂和酚类化合物比普通茶叶含量更高，但不含任何咖啡因，其单宁酸含量也很低。

第三节　果汁类饮料

一、概念

果汁类饮料，以新鲜或冷藏水果为原料，经机械加工和酶处理等制成的饮料，是以水果为原料，经过物理方法如压榨、离心、萃取等得到的汁液产品，一般是指纯果汁或100％果汁。常用于加工果汁类饮料的水果有仁果类（如苹果、山楂、梨、海棠果等）、核果类（如李、桃、杏、樱桃等）、浆果类（如猕猴桃、草莓、黑加仑、沙棘、石榴等）、柑橘类（如甜橙、橘、柠檬等）、热带水果（如菠萝、杧果、西番莲、刺梨等）及葡萄。

二、分类

（一）按果汁形态分类

1. 澄清果汁：果液澄清透明，无沉淀物（如果肉等）。果汁澄清的目的是在发酵前将果汁中的杂质尽量减少到最低限度，以避免果汁中的杂质参与发酵而产生不良成分给酒带来异味。也是为了避免果汁在储存过程中结晶沉淀或无定形的色素微粒自行沉淀出来以及出现蛋白质浑浊、微生物浑浊等不良现象。

2. 浑浊果汁：果液均匀浑浊，多呈浆状。水果浊汁的工艺难点在于容易出现分层、沉淀现象，主要原因在于果汁均质程度不足使果汁中的悬浮颗粒大小不一，由于受重而分层、沉淀，解决方法一般是添加适量的增稠剂。

（二）按果汁含量分类

1. 果汁及混合果汁（俗称100％果汁），具有原水果果肉的色泽、风味和可溶性固形物含量等；

2. 果肉饮料，用果浆或浓缩果浆调制而成的果浆含量不低于20％或30％的饮料；

3. 果汁饮料，用果汁或浓缩果汁调制而成的果汁含量不低于10％的饮料；

4. 果粒果汁饮料（果粒悬浮饮料），是在果汁中加入柑橘囊胞或其他水果的囊胞或果粒，通过糖酸液调配制得的产品。它要求果汁含量不少于10％，果粒不少于5％；

5. 水果饮料浓浆，指在果汁或浓缩果汁中加入水、糖液、酸味剂等调制而成的，含糖量较高，稀释后方可饮用的饮品。按照该产品标签上标明的稀释倍数稀释后，果汁含量不低于50g/L；

6. 水果饮料，果汁含量不低于5％。

（三）按果汁原料分类

1. 鲜榨果汁：鲜榨的果汁是果汁中营养价值最高的，既新鲜，又不会在榨取过程中丢失营养物质。没有添加物质，含糖量少，也可以选择适合自己的水果，如橙子、柠檬、胡柚、猕猴桃和芒果等，它们含有丰富的维生素，可以增强免疫功能，适合各年龄阶段的人群。鲜榨的果汁在榨汁过程中容易受到污染，没有防腐剂，也不易存放，应随榨随饮。

2. 单一果汁：最常见的果汁，其材料来源于一种水果。这些饮料大都保留水果的特有品质与清香，尤其是可以选用不常见的水果，如西番莲等热带水果，黑加仑、蔓越莓、蓝莓、树莓、黑莓等红色水果。

3. 混合果汁：由两种以上的水果汁混合而成。特点是既能提供多种营养，又能弥补某些水果口感上的不足。例如，西柚汁虽极富营养，它含有大量的糖、酸、乳、蛋白质、各种氨基酸、维生素、无机盐等营养成分，但大多数人对它的酸和苦涩并不适应，如与其他适宜口感的果汁混合就好多了。因为果汁种类较多，其成分也各不相同，购买或饮用时应记住观察商标以了解果汁的组成成分，如水果的种类、水果含量，以及糖分等。

4. 果蔬饮料：果蔬汁指用新鲜或冷藏的水果或蔬菜加工制成的饮料。果蔬中含B族维生素、维生素E、维生素C、胡萝卜素，以及钙、镁、钾等无机盐，这些成分对维护人体健康起着重要的促进作用，所以也越来越受到消费者追捧。

5. 加奶果汁：国内已经上市的有橙、草莓、苹果、蓝莓等多种口味的加奶果汁。这类饮料的特点是在果汁中加入一些发酵乳、乳清、鲜乳或还原乳，有的还添加人体必需的维生素、膳食纤维、活性钙等营养成分，使饮料口感更加滑润，营养更为丰富。

（四）按果汁生产工艺分类

1. 鲜榨果汁

鲜榨果汁是使用新鲜水果榨出来的汁。一般出现在水果店、餐厅或在家中，用榨汁机现榨。鲜榨果汁保留了大部分的果肉和香味，但是因为没有杀菌，极易氧化和变质，鲜榨果汁一般建议2个小时内食用完。

2. 100％纯果汁

100％纯果汁确切的叫法应该是浓缩还原果汁，即复原果汁。仔细看100％纯果汁的配料表，不难发现，配料为水、浓缩果汁。

很多人都会有一个误区，说100％纯果汁就是鲜榨果汁。实际上100％纯果汁≠鲜榨果汁！浓缩果汁是指把水果榨出汁，经高温或真空浓缩而成的果汁。通俗一点说，就是先从果汁中除去一定比例的水分，之后再添加适量的水分，将其还原而成的果汁。所以“100％”的含义并不是指“鲜榨的原汁”，而是取决于其中兑水的含量。比如浓缩果汁去掉了原果汁中的80%的水，在还原时加入80%的水，这就是“100%纯果汁”。为什么要如此复杂地去水浓缩再加水呢？当然是为了便于保存和运输。这种操作的缺点是在浓缩的过程中，部分水溶性的香味物质会与水一起蒸发掉。此外高温杀菌的过程也会使果汁风味发生改变。这时就要使用香精香料来保持水果的色泽和香味，这也是浓缩果汁没有鲜榨果汁味道好的原因。

3. NFC果汁

NFC是Not From Concentrate的缩写，意思就是非浓缩还原。说通俗一点，NFC果汁就是水果原汁，有些产品会采用“原榨”这一概念。其与鲜榨果汁的区别就在于保质期长短，NFC果汁经过巴氏杀菌，在冷藏条件下，可以保存一个月左右。

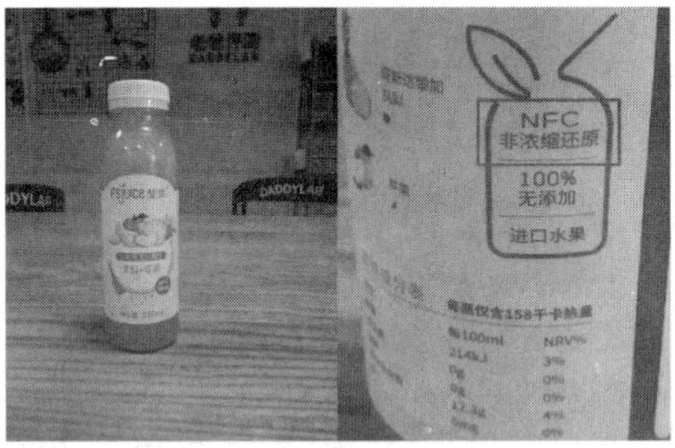

4. 冷压果汁

(1) 冷压：严谨一点应该翻译为“冷压技术”，顾名思义，这是一种压榨方法。该技术就是利用压榨的方法，通过压力将水果中的水分挤压出来，这样在工作的过程中保持常温。

(2) HPP (High Pressure Processing)：超高压冷杀菌技术，让果汁承受600MPa的高压，在这种环境下，绝大多数微生物无法生存。

三、存在误区

（一）误区一：喝果汁可以代替吃水果

新鲜的果汁的确是最接近鲜水果的东西了，但喝果汁并不能代替吃水果。当水果压榨成果汁时，果肉和膜被去除了，在这个过程中，维生素C也会减少。果汁类饮料通常要经过高温消毒处理，不少营养成分也因此失去。另外，水果中的植物纤维也是有益健康的，但在榨汁时，这些植物纤维也会被剔除。

（二）误区二：果汁类饮料可以代替白开水

果汁类饮料中，或多或少会加入添加剂，如大量饮用，会对胃产生不良刺激，还会增加肾脏过滤的负担。另外为了增加口感，果汁中往往会加大量的糖，对糖尿病以及肥胖人群而言，果汁类饮料还是少喝为好。

（三）误区三：果汁喝得越多越好

由于果汁中大量的糖不能为人体吸收利用，而是从肾脏排出，长期过量饮用，可能导致肾脏病变，产生一种称作“果汁尿”的病症。另外，过多摄入果糖会引起消化不良和酸中毒现象。

（四）误区四：药物和果汁同服

果汁中含有大量维生素 C，呈酸性，如将一些不耐酸的或碱性的药物与果汁同服，不仅会降低药效，还会引起不良反应。如磺胺药与果汁同服，会加重肾脏的负担，对患者健康不利。

四、搭配推荐

1. 苹果香瓜汁

（1）功效：补血益气，苹果香瓜汁对于胃肠不适、慢性疾病的人具有改善作用。

（2）成分：维生素 A、维生素 B、维生素 C、蛋白质、糖类，以及铁、磷、钠等矿物质。

（3）准备材料：苹果 150 克、香瓜 200 克、蜂蜜少许。

（4）做法：①将苹果、香瓜去皮后切成适当块状，放入榨汁机内榨汁；②榨汁完成后加入蜂蜜调味即可。

2. 苹果菠萝汁

（1）功效：苹果菠萝汁在缓解头昏眼花方面有较好的效果，也具有促进食欲及美容养颜、补血等作用。

（2）成分：维生素 A、维生素 B、维生素 C、维生素 E、铁、磷、纤维素等。

（3）准备材料：苹果 150 克、菠萝 200 克、柠檬 1/2 个。

（4）做法：①将苹果、菠萝去皮后切成适当块状，放入榨汁机中榨汁；②榨汁完成后加入柠檬调味即可。

3. 哈密瓜牛奶

（1）功效：预防恶性肿瘤。

（2）成分：维生素 A、钠、磷、铁、钙、蛋白质等。

（3）准备材料：哈密瓜 200 克、牛奶 250 mL。

（4）做法：将哈密瓜榨汁后加入牛奶搅匀即可。

4. 西瓜加黄瓜汁

（1）功效：利尿、解热，肾脏机能不佳者适合饮用，好喝又强身。

（2）成分：含有丰富的维生素 A、维生素 B1、维生素 B2、维生素 C、氨基酸及矿物质。

（3）准备材料：西瓜 200 克、黄瓜 100 克、蜂蜜少许、柠檬 1/3 个。

（4）做法：①将西瓜、黄瓜（去皮）一起放入榨汁机内榨汁；②完成后加入柠檬及蜂蜜调味即可。

5. 酪梨牛奶

（1）功效：可调整血压及去除胆固醇、美化肌肤、消除斑点、预防慢性疾病。

（2）成分：维生素 B2、维生素 B6、维生素 C、钙、脂肪。

(3) 准备材料：酪梨 100 克、牛奶 250 mL、蜂蜜少许、冰块少许。

(4) 做法：①将酪梨肉挖出放入果汁机内榨汁；②加入牛奶和蜂蜜，加入少许冰块搅拌约 40 秒后即可。

6. 苹果牛奶汁

(1) 功效：改善肤质粗糙；对高血压、心脏病、腹泻有改善作用；消除脂肪、健胃整肠。

(2) 成分：维生素 A1、维生素 B、维生素 C、维生素 D、苹果酸、酒石酸等。

(3) 准备材料：苹果 200 克、牛奶 250 mL、蜂蜜少许。

(4) 做法：①将苹果切片放入榨汁机内榨汁；②将牛奶及蜂蜜加入调味即可。

五、正确饮用方法与购买技巧

(一) 正确饮法

超市里一排排的饮料五花八门，令人难以下手。既有营养、口感又好的天然饮品当属果汁饮料，可是那么多品牌和种类，究竟应该如何挑选呢?

1. 观念一：100%果汁比其他果汁更有营养。

判别果汁的营养多寡：一要看其纯度，二要看其水果种类，三要看果肉含量。同一种水果的果汁，100%果汁的营养就肯定比 10%或者其他纯度的高。

混合果汁具有更高的营养：一种水果一种营养，多种水果多种营养。比如说大家都很熟悉的“三种水果在里面”的农夫果园，就是属于混合果汁类别。

含有更多果肉的果汁：营养价值比较高，因为果肉纤维素对人体非常有利。

所以观念一基本上正确。

2. 观念二：一般在超市里卖的果汁饮料都是有质量保证的，随便挑，没问题。

果汁饮料企业在生产规模和质量要求上各有不同，消费者就是在超市购买果汁饮料，也要瞪大眼睛看仔细。

挑选果汁，安全是第一位。要“在安全基础上讲营养，在营养基础上讲口味。”消费者挑果汁，一般有三种简单的方法：一个是看品牌，国内知名大企业的产品，一般都有品质保证；二是看标签，标签上有不含防腐剂、人工色素，不加糖等注明的，通常都是比较重视天然品质的品牌；三是比较色泽、香味和口感，品质越好，其色泽和香味越自然，口感越浓郁，而通过香精、糖分调制的果汁，其口感和香气都比较刺鼻。

因此观念二是错误的。

3. 观念三：吃水果要考虑农残，喝果汁就没有这方面的问题。

果汁饮料是以水果为原料制成的，一样要考虑安全和健康问题。果汁的安全，一个在于有没有添加防腐剂，这个可以从标签上看出来；一个是农残，这个肉眼无法分辨，就只能尽量挑选品质好的果汁品牌，来确保安全。

所以观念三也是错误的。

(二) 购买技巧

果汁饮料口味多变，市场庞大，作为消费者，在选购时要注意以下方面。

要根据标签上标注的原果汁含量判断饮料和其名称是否一致，同时注意看包装有无渗漏和胀气现象。瓶装或罐装饮料的瓶口、瓶身不得有糖渍和污物，软包装饮料手捏不变形，瓶盖、罐身等不得凸起。

要看果汁的外观，凡不带果肉的透明型饮料，应清澈透明，无任何漂浮物和沉淀物；不带果肉且不透明型饮料，应均匀一致，不分层，不得产生浑浊；果肉型饮料，可见不规则的细微果肉，允许有沉淀。

果汁饮料易被细菌污染，导致口味变劣。为延长其保质期，一般在生产过程中都要添加防腐剂，如山梨酸（钾）或苯甲酸（钠）。消费者不要误认为是有机酸或钠盐、钾盐。果汁饮料中除100%原果汁外，一般果汁饮料在生产过程中都要加糖、食用色素、香料和防腐剂。所以，日常生活中不能用其代替水果和水，特别是儿童，大量饮用这些饮料，会因抑制食欲或过多摄入糖分而导致肥胖。

第四节　碳酸饮料

一、概念

碳酸饮料是在液体饮料中充入二氧化碳做成的，其主要成分为糖、色素、香料等，除热量外，没有任何营养。碳酸饮料是人们日常生活中必不可少的食品。在炎热夏季，人们常用碳酸饮料来消暑解热，其在餐桌上也是必备之品。它们因口感甜美而深受大众欢迎。碳酸饮料含有大量的糖分、防腐剂、色素、香精。碳酸饮料中还含有极少量的维生素、矿物质，并且含有碳酸、磷酸等化学成分。

二、分类

1. 果汁型碳酸饮料

果汁型碳酸饮料指原果汁含量不低于2.5%的碳酸饮料，是添加一定量的鲜果汁制成的汽水，如橘子汽水、山楂汽水。

2. 果味型碳酸饮料

果味型碳酸饮料指以果香型食用香精为主要赋香剂，原果汁含量低于2.5%的碳酸饮料，不添加任何鲜果汁，而是依靠香料和色素赋予汽水以一定的水果香型和色泽。

3. 可乐型碳酸饮料

可乐型碳酸饮料是将多种香料物质与天然果汁、焦糖色素混合后充气制得的，如可口可乐、百事可乐、健力宝等。

4. 低热量型碳酸饮料

低热量型碳酸饮料是指以甜味剂全部或部分代替糖类的各型碳酸饮料和苏打水，热量低于75 kJ/100mL。

5. 其他型碳酸饮料

其他型碳酸饮料指含有植物抽提物或以非果香型的食用香精为赋香剂，以及补充人体运动后失去的电解质、能量等的碳酸饮料，如运动汽水等。

目前，碳酸饮料有可乐型、果味型、低热量型，香型则以柠檬和柑橘味为主。包装有塑料瓶、金属罐、玻璃瓶等，体积也大小不一。碳酸饮料的标签除了标明产品名称、产品类型、净含量、配料表、制造者（或经销者）的名称和地址、产品标准号、生产日期、保质期外，果汁型必须标明原果汁含量，果味型必须标明“果味”标志，可乐型必须标明酸味剂的名称，低热量型须标明甜味剂的名称、热值。

三、饮用危害

碳酸饮料适合人群：一般人群均可饮用，但是不宜多饮，也不宜天天饮用。处于更年期者、儿童、老人、糖尿病患者更不宜多饮。

1. 影响骨质

健康专家提醒，过量地喝碳酸饮料，其中的高磷可能会改变人体的钙、磷比例。研究人员还发现，与不过量饮用碳酸饮料的人相比，过量饮用碳酸饮料的人骨折危险会增大约 3 倍；而在体力活动剧烈的同时，再过量地饮用碳酸饮料，其骨折的危险也可能增加 5 倍。

儿童期、青春期是骨骼发育的重要时期。在这个时期，孩子们活动量大。如果食物中高磷低钙的摄入量不均衡，再加上喝过多的碳酸饮料，则要引起足够的重视。因为它不仅可能对骨峰量产生负面影响，还可能会给将来发生骨质疏松症埋下伏笔。

2. 破坏细胞

英国一项最新研究结果显示，碳酸饮料可能会导致人体细胞严重受损。专家们认为，碳酸饮料里的一种常见防腐剂能够破坏人体 DNA 的一些重要区域，严重威胁人体健康。

据悉，喝碳酸饮料造成的这种人体损伤一般都与衰老以及滥用酒精相关联，最终会导致肝硬化和帕金森病等疾病。

3. 睡眠障碍

澳大利亚昆士兰大学主导的一项新研究发现，频繁摄入碳酸饮料和快餐食品的青少年，更容易出现睡眠障碍问题。“碳酸饮料往往含有咖啡因，快餐食品往往含高热量但缺乏营养，过于频繁地摄入这些食品，睡眠障碍出现的概率也在增加。”昆士兰大学健康与康复科学学院研究员、副教授阿萨德·汗说。研究发现，每天喝 3 杯以上碳酸饮料的青少年比每天只喝一杯的同龄人出现睡眠障碍的概率要高出 55%。每周有 4 天以上吃快餐食品的男性青少年出现睡眠障碍的概率比每周只吃一次快餐的男性青少年要高出 55%，而这一概率在女性青少年中高出 49%。阿萨德·汗表示，睡眠质量差会对青少年的健康和认知发展产生负面影响。

4. 蛀牙

气泡饮料不仅是青少年的最爱，好多婴幼儿对其也是情有独钟。调查显示，带气泡的饮料是导致青少年、婴幼儿患牙蚀的主因，但好多家长并没有意识到这个问题的存在。碳酸饮料对牙齿有腐蚀作用，90%以上的青少年因喝碳酸饮料腐蚀了牙釉质保护外层。牙蚀患者的牙齿脆弱且很薄，若大量喝气泡饮料，患牙蚀的可能性会增加至 5 倍。饮用牛奶和水则与此相反，可以降低患牙蚀的危险。

5. 其他危害与禁忌

糖尿病患者不宜饮用；吃饭前后、用餐中都不宜喝碳酸饮料；不宜多饮，因为饮用过多会抑制人体内的有益菌，破坏消化系统的功能；长期饮用易引起肥胖等疾病；过多饮用碳酸饮料也会增加心肾负担，使人产生心慌、乏力、尿频等症状，同时胃液的消化、杀菌能力也会因此而降低，容易造成胃肠疾病。

碳酸饮料可能增加患食管癌的危险，这是因为碳酸饮料使胃扩张，这样会导致食物反流；不宜过量饮用碳酸饮料，否则会导致脏腑功能紊乱，发生胃肠黏膜血管收缩、胃肠痉挛、分泌减少等一系列病理改变，引起食欲下降或其他疾病。

第五节　咖啡知识

一、咖啡概述

（一）咖啡概念与相关文化

1. 咖啡概念

咖啡（英语：coffee），是用经过烘焙、磨粉的咖啡豆制作出来的饮料。作为世界三大饮料之一，其与可可、茶同为流行于世界的主要饮品。咖啡树属茜草科多年生常绿灌木或小乔木，日常饮用的咖啡是用咖啡豆配合各种不同的烹煮器具制作出来的，而咖啡豆就是指咖啡树果实里面的果仁，再用适当的方法烘焙而成，一杯标准的咖啡品尝起来的味道不应该是苦涩的，一名合格的咖啡师在制作咖啡时会严谨地进行每一步操作，最后为客人呈上的咖啡在味觉上会呈现出不同程度的甜度、酸度、香醇度或是干净度。

2. 咖啡文化

世界各地的人们越来越爱喝咖啡，随着而来的咖啡文化也充斥着我们的生活。无论在家里，还是在办公室，或是在其他社交场合，人们都喜欢品味咖啡。正是因为咖啡所具有的独特的生物和社会功用，与人类生理和心理需求、新的消费潮流和商业文化、现代资本的逐利模式和种植园的生产方式，甚至现代科技的发展等多种因素相结合，最终使咖啡成为一种世界性的饮料和消费品，它还渐与现代生活联系在一起，成为一种时尚。

（二）咖啡的起源历史与发展过程

1. 起源历史

古代中国有神农氏尝百草，并一一加以记录整理，使后人对许多植物能有系统的认识。西方世界没有神农氏这样的人，更没有留下什么文字的记录，因此关于咖啡的起源有种种不同的传说。其中，最普遍且为大众所乐道的是牧羊人的故事。

传说有一位牧羊人，在牧羊的时候偶然发现他的羊蹦蹦跳跳异常兴奋，仔细一看，原来羊是吃了一种红色的果子才导致举止滑稽怪异。他试着采了一些这果子回去熬煮，没想到满室芳香，熬成的汁液被喝下以后更是令人精神振奋，神清气爽，从此这种果实就被作为一种提神醒脑的饮料，且颇受好评。古时候的阿拉伯人最早把咖啡豆晒干熬煮后，把汁液当作胃药来喝，认为可以有助消化。后来发现咖啡还有提神醒脑的作用，同时由于回教严禁教徒饮酒，因而就用咖啡取代酒精饮料，作为提神的饮料而时常饮用。15 世纪以后，到圣地麦加朝圣的回教徒陆续将咖啡带回居住地，使咖啡渐渐流传到埃及、叙利亚、伊朗和土耳其等国。咖啡进入欧陆当归因于土耳其当时的奥斯曼帝国，由于嗜饮咖啡的奥斯曼大军西征欧陆且在当地驻扎数年之久，在大军最后撤离时，留下了包括咖啡豆在内的大批补给品，维也纳和巴黎的人们得以凭着这些咖啡豆，和从土耳其人那里得到的烹制经验，而发展出欧洲的咖啡文化。战争原是攻占和毁灭，却意外地带来了文化的交流乃至融合，这可是统治者们所始料未及的了。

西方人都熟知咖啡有 300 年的历史，然而在东方，咖啡在更久远前的年代已作为一种饮料在社会各阶层普及。咖啡出现的最早且最确切的时间是公元前 8 世纪，但是早在荷马（希腊诗人，生卒年有争论，一较权威说法是生于公元前 744 年）的作品和许多古老的阿拉伯传奇里，就已记述了一种神奇的、色黑、味苦涩且具有强烈刺激作用的饮料。公元 10 世纪前后，阿维森纳（Avicenna，公元 980－1037 年，古代伊斯兰世界最杰出的集大成者之一，是哲学家、医生、理论家等）在用咖啡当作药物治疗疾病。还有一个源自 15 世纪的奇特故事，传说一个也门牧羊人看见一群山羊从一丛灌木上衔落色泽微红的浆果，很快这些山羊变得焦躁不安，兴奋不已，这个牧羊人把这件事报告给了一位修道士（在古时中东和西方修道士是掌握知识的上层阶级），这位修道士将一些浆果煮熟，然后提炼出一种味苦、劲足、能驱赶困倦和睡意的饮料。

虽然咖啡是在中东被发现，但是咖啡树最早源于非洲一个现属埃塞俄比亚的地区，叫 Kaffa，从这里咖啡传向也门、阿拉伯半岛和埃及，正是在埃及，咖啡的发展异常迅猛，并很快流行进入人们的日常生活。到 16 世纪时，早期的商人已在欧洲贩卖咖啡，由此将咖啡作为一种新型饮料引进西方的风俗和生活。绝大部分出口到欧洲市场的咖啡来自亚历山大港和士麦那（土耳其西部港市），但是随着市场需求的日益增长，进出口港口强加的高额关税，以及人们对咖啡树种植领域知识的增强，使得经销商和科学家开始试验把咖啡移植到其他国家。荷兰人在他们的海外殖民地（巴达维亚和爪哇，巴达维亚即现印度尼西亚首都雅加达的旧称）开始尝试种植咖啡。1723 年法国人在马提尼克岛（位于拉丁美洲），以及随后又在安的列斯群岛（位于西印度群岛）都移植了咖啡树；后来英国人、西班牙人和葡萄牙人开始侵占亚洲和美洲热带咖啡种植区。

1727 年巴西北部开始了咖啡种植，然而糟糕的气候条件使得这种作物种植逐渐转移到了其他区域，最初是里约热内卢，最后到了圣保罗和米纳斯洲（1800－1850 年间），在这里咖啡找到了它最理想的生长环境。咖啡种植在这里发展壮大，直到成为巴西最重要的经济来源，巴西成为世界上的咖啡出口大国，被称为“咖啡王国”。正是在 1740－1850 年期间咖啡种植在中南美洲达到了它的普及之最。

2. 发展过程

(1) 咖啡在世界的发展

“咖啡”一词源自阿拉伯语“qahwah”，意思是“植物饮料”。在世界各地，人们越来越爱喝咖啡。随之而来的“咖啡文化”充满生活的每个时刻。无论在家里，还是在办公室，或是各种社交场合，人们都在品着咖啡，它逐渐与时尚、现代生活、工作和休闲娱乐联系在一起。

咖啡树原产于非洲埃塞俄比亚西南部的高原地区。据说1000多年以前一位牧羊人发现羊吃了一种植物后，变得非常兴奋活泼，进而发现了咖啡。还有说法称是因野火偶然烧毁了一片咖啡林，烧烤咖啡的香味引起周围居民注意。

当地土著人经常把咖啡树的果实磨碎，再把它与动物脂肪掺在一起揉捏，做成许多球状的丸子。这些土著部落的人将这些咖啡丸子当成珍贵的食物，专供那些即将出征的战士享用。直到11世纪左右，人们才开始用水煮咖啡作为饮料。13世纪时，埃塞俄比亚军队入侵也门，将咖啡带到了阿拉伯世界。因为伊斯兰教义禁止教徒饮酒，有的宗教界人士认为这种饮料刺激神经，违反教义，曾一度禁止并关闭咖啡店，但埃及、苏丹认为咖啡不违反教义，因而解禁，咖啡饮料迅速在阿拉伯地区流行开来。咖啡Coffee这个词，就是来源于阿拉伯语“qahwah”，意思是“植物饮料”，后来传到土耳其，成为欧洲语言中这个词的来源。咖啡种植、制作的方法也被阿拉伯人不断地改进而逐渐完善。

在公元15世纪以前，咖啡的种植和生产一直为阿拉伯人所垄断。当时咖啡主要被使用在医学和宗教上，医生和僧侣们承认咖啡具有提神、醒脑、健胃、强身、止血等功效；15世纪初开始有文献记载咖啡的使用方式，并且在此时期咖啡融入宗教仪式中，同时也在民间作为日常饮品。因伊斯兰教严禁饮酒，咖啡因此成为当时很重要的社交饮品。

1570年，土耳其军队围攻维也纳，失败撤退时，有人在土耳其军队的营房中发现一口袋黑色的种子，谁也不知道是什么东西。一个曾在土耳其生活过的波兰人，拿走了这袋咖啡，在维也纳开了第一家咖啡店。

16世纪，咖啡以“阿拉伯酒”的名义通过威尼斯商人和海上霸权荷兰人的买卖辗转传入欧洲，很快地，这种充满东方神秘色彩、口感馥郁、香气迷魅的黑色饮料受到贵族士绅阶级的争相竞逐，咖啡的身价也跟着水涨船高，甚至产生了“黑色金子”的称号。当时的贵族流行在特殊日子互送咖啡豆以示尽情狂欢，或是给久未谋面的亲友，有财入袋、祝贺顺遂之意，同时也是身份地位象征。而“黑色金子”在接下来风起云涌的大航海时代，借由海运的传播，全世界都被纳入了咖啡的生产和消费版图中。

相传1600年时，一些天主教人士认为咖啡是“魔鬼饮料”，怂恿当时的教皇克莱门八世禁止这种饮料，但教皇品尝后认为可以饮用，并且祝福了咖啡，因此，咖啡在欧洲逐步普及。

直到1690年，一位荷兰船长航行到也门，得到几棵咖啡苗，在印度尼西亚种植成功。1727年荷属圭亚那的一位外交官的妻子，将几粒咖啡种子送给一位在巴西的西班牙人，他在巴西试种取得很好的效果。巴西的气候非常适宜咖啡生长，从此咖啡在南美洲迅速蔓延。因大量生产而价格下降的咖啡开始成为欧洲人的重要饮料。

（2）咖啡在中国的发展

咖啡自1898年引进中国海南文昌迈号镇种植以来，经过了100多年，咖啡进入高速发展时期。

进入 2014 年 3 月下旬，在咖啡种植面积和产量占中国 99%以上的云南省，咖啡采收接近尾声。受国际市场影响，在经历 2 年多的“价格寒冬”后，2014 年咖啡豆收购价飙升，从每公斤 13 元涨到 25 元。

尽管价格飙升刺激了市场信心，但在 2013 年—2014 年产季，中国咖啡产量从上个产季的 8 万吨降至不足 6 万吨。在缺乏大型咖啡品牌和本土品牌的情况下，减产压力让中国咖啡产业从原料产地“突围”愈加急切。

调查统计显示，云南咖啡种植面积从 2008 年的 30 多万亩发展到 2014 年的 140 多万亩，产量从 3 万吨左右上升到 2013 年的 8 万多吨，均占到中国咖啡种植面积和产量的 99%以上，是中国最大的咖啡产区。

咖啡业内人士介绍，纵观近 20 年来云南咖啡价格走势，近乎每 10 年一个价格周期。2010 年，云南咖啡价格达 41 元每公斤，当时创下历史最高纪录。2012 年—2014 年初，受国际咖啡期货价格下跌的影响，价格一度低至每公斤 13 元左右，咖啡种植业连续 2 年走进“价格寒冬”。

2014 年 1 月底，随着国际咖啡期货价格回暖，云南咖啡价格也快速提升。“刚过去的 2 月份，国际咖啡价格创造了 20 年来的单月最大涨幅度，从 1 月 28 日的 114 美分每磅涨至 2 月 28 日的 180 美分每磅。”

造成咖啡价格快速上涨的原因大概有三方面：一是世界第一大咖啡生产国巴西 2013 年底以来气候干旱，预计会影响到咖啡产量；二是中南美洲一些咖啡生产国遭遇咖啡锈病影响，咖啡产量预计会减少；三是咖啡期货长期低迷，咖啡期货炒家有意拉升咖啡价格，活跃咖啡期货市场等。

“2014 年咖啡采收已接近尾声，但全省咖啡产量还不足 6 万吨。普洱咖啡产量也在 2013 年基础上至少下降了 30%。”尽管收购价飙升，但咖啡产量的大幅下降给中国咖啡种植业蒙上了一层阴影。

到 2014 年以来，雀巢、星巴克、咖蜜儿加大在云南开辟原料产地的力度，云南小粒咖啡也销往欧洲及美国、日本、韩国等二十多个国家和地区，但总体上云南咖啡产业仍停留在起步阶段，产业“突围”不容乐观。

当前中国咖啡深加工业中缺乏大型综合企业，本土咖啡品牌更是屈指可数，在国内外市场占有率小、市场评价少。

据网络调查发现：47%网友喜喝速溶咖啡，而 72%最看重咖啡口味。中国人喝咖啡的习惯大概从 20 世纪 90 年代以后开始，如今很多都市人已经对咖啡产生了依赖。虽然我国的咖啡年消费量仅为 20 万吨，但人均消费量却以 30%的速度递增，有望成为世界上最具潜力的咖啡消费大国。

（三）咖啡树与咖啡豆

1. 咖啡树种

全球咖啡树种分为：阿拉比卡、罗布斯塔、利比里卡。

于高海拔地区，阿拉比卡种咖啡生长得最好。这种品种的咖啡风味较其他咖啡要精致得多，且咖啡中咖啡因含量仅占咖啡全重的 1%。

罗布斯塔种咖啡品味醇厚，抗病虫害能力强，单株产量高，生长于低海拔地区，因能萃取出丰富、稳定的 crema（此处特指咖啡中的油脂），故多用于意式重焙配方豆中，用以制作 Espresso（意式浓缩咖啡）。

利比里卡种咖啡于全球范围内极其罕见。这种咖啡具有较强焦糖风味，甜感强烈，且有较明显菠萝蜜干风味。由于产量低、浓度高，利比里卡种咖啡难以商业化。

2. 咖啡豆

咖啡豆，是指用于制作咖啡的植物果实。广义地讲，世界上有 3 种咖啡豆：阿拉比卡豆、罗布斯塔豆和利比里卡豆。咖啡的果实是由两颗椭圆形的种子相对组成的。互相衔接的一面为平坦的接面，称为平豆。但也有由一颗圆形种子组成的，称为圆豆，其味道并无不同。

最早期阿拉伯人食用咖啡的方式是将整颗果实（Coffee Cherry）咀嚼，以吸取其汁液。其后他们将磨碎的咖啡豆与动物的脂肪混合，当成长途旅行的体力补充剂，一直到约公元 1000 年，绿色的咖啡豆才被拿来在滚水中煮沸成为芳香的饮料。又过了 3 个世纪，阿拉伯人开始烘焙及研磨咖啡豆，由于古兰经中严禁喝酒，使得阿拉伯人消费大量的咖啡，因而宗教其实也是促使咖啡在阿拉伯世界广泛流行的一个很大的因素。

咖啡豆分级不能够以统一的标准去进行比较，因为每个国家的历史背景、贸易利益、气候与地形等各类因素不同，因此更多情况下是综合多种标准来进行描述。

在不同的产国，会有各自习惯使用的分级方式。但基本上来说，最常使用的分级标准如下：生豆外形的差异，例如：大小、形状、瑕疵比；生豆成长的环境及其影响，例如：海拔高度、硬度；经过烘焙以后，由杯测品质来判定。

因此，咖啡豆在处理到出口之前，各产国会根据一些重点来区分等级：按瑕疵豆的比例；按咖啡豆大小；海拔高度与硬度；杯测品质。

（1）按瑕疵豆的比例划分

按瑕疵豆的比例划分，这是最早的分级方法，巴西的许多地区仍在使用。鉴定的方法是随机抽取 300 克的样本，找出样本内的瑕疵豆，并按瑕疵的种类，累积不同的分数。鉴定完成后，巴西豆依照累积的缺点分数评定级为 Gr2～Gr8，但没有 Gr1。印尼豆主要分级为 6 级：Gr1～Gr6，伊索比亚则分为 5 级：Gr1～Gr5。其中 Gr1～Gr2 级保留给水洗豆，日晒豆品质依序则是 Gr3、Gr4 或 Gr5。水洗豆 Gr1 代表每 300 克生豆中瑕疵豆只有 0～3 颗，而 Gr2 代表每 300 克生豆的瑕疵豆有 4～12 颗。

（2）按咖啡豆大小划分

筛网分级的方式是按咖啡生豆大小分级的方法。生豆通过打了洞的铁盘筛网决定豆子的大小从而确定等级。筛网的洞孔大小单位是 1/64 英寸（不到 0.4mm），所以几号筛网就表示有几个 1/64 英寸，比如 17 号筛网大小就是 17/64 英寸，大约为 6.75mm，所以筛网的数字越大表示咖啡生豆的颗粒越大。

肯尼亚是最具代表性的依筛网分级的国家之一，肯尼亚的分级是以豆体大小为主，杯测品质与豆重为辅。所以我们经常听到肯尼亚 AA，最优质的等级为 AAPLUS（AA+），接着是 AA、AB（15～16 目，占大部分产量）等等。另外还有 PB，意即 Peaberry（圆豆），是以外形做分类。

其他的还包括坦桑尼亚、哥伦比亚等。此外，有许多巴西咖啡豆也采用这种分级法。

（3）按海拔高度与硬度划分

按海拔高度与硬度划分的分级标准主要是因为高海拔生产的咖啡豆品质上一般会比低海拔产的高一些，因为海拔高温度低，咖啡生产缓慢有利于有机物质的积累。并且成熟度高的生豆在烘焙时膨胀性好，有利于烘焙，品质也更稳定些。代表国：危地马拉，其最高等级是 SHB 极硬豆（Strictly Hard Bean），指海拔 1600～1700 m 高度产出的咖啡豆；优硬豆（Fancy Hard Bean）的生产海拔为 1500～1600 m；HB 级硬豆（Hard Bean）的生产海拔为 1200～1400 m；SH 半硬豆（Semi Hard Bean）的生产海拔为 1100～1200 m。

目前采用此分级标准的咖啡生产国有危地马拉、墨西哥、洪都拉斯、萨尔瓦多等中南美洲国家。

（4）按杯测品质划分

巴西虽然是世界最大咖啡产国之一，但在中南美洲各咖啡产国中，巴西的生产海拔算是偏低的，而且地貌平坦，少遮阴树，缺乏微型气候，因此生产出来的咖啡豆偏软，俗称软豆，口感较其他产区来说，较为平顺。

因此巴西改用五个等级来评等：Strictly Soft（极为柔顺）、Soft（柔顺）、Softish（稍微柔顺）、Hardish（不顺口）、Rioy（带有碘呛味）。

（四）咖啡的营养成分

1. 咖啡因

咖啡因是咖啡所有成分中最为人注目的。它属于植物黄质（动物肌肉成分）的一种，性质和可可内含的可可碱、绿茶内含的茶碱相同，烘焙后减少的百分比极微小。咖啡因的作用极为广泛。它可以加速人体的新陈代谢，使人保持头脑清醒和思维灵敏。咖啡这一“提神”功效特别受欢迎。有些人在晚间饮用了咖啡会失眠，也有些人饮用过多的咖啡，就会神经紧张、过度亢奋，但也有很多人不会受到丝毫影响。一旦了解了人体对咖啡因的反应，我们就可以用它来满足自身的需要。在考前温习或者长途驾驶的时候喝上一杯香浓美味的咖啡，能减轻疲劳。

2. 单宁酸

经提炼后单宁酸会变成淡黄色的粉末，很容易融入水，经煮沸它会分解而产生焦梧酸，使咖啡味道变差，而如果冲泡好又放上好几个小时，咖啡颜色会变得比刚泡好时浓，而且也较不够味，所以才会有“冲泡好最好尽快喝完”的说法。

3. 脂肪

咖啡内含的脂肪，在风味上占有极为重要的角色，分析后发现咖啡内含的脂肪分为好多种，而其中最主要的是酸性脂肪和挥发性脂肪，酸性脂肪是指脂肪中含有酸，其强弱会因咖啡种类不同而异，挥发性脂肪是咖啡香气主要来源。烘焙过的咖啡豆内所含的脂肪一旦接触到空气，会发生化学变化，味道香味都会变差。

4. 蛋白质

卡路里的主要来源是蛋白质，而像是滴落式冲泡出来的咖啡，蛋白质多半不会溶出来，所以咖啡喝再多摄取到的营养也是有限，这也就是咖啡会成为减肥者圣品的缘故。

5. 糖分

在不加糖的情况下，除了会感受到咖啡因的苦味、单宁酸的酸味，还会感受到甜味，便是咖啡本身所含的糖分所造成的。烘焙后糖分大部分会转为焦糖，为咖啡带来独特的褐色。

6. 矿物质

矿物质有石灰、铁质、硫磺、碳酸钠、磷、氯、硅等，因所占的比例极少，对咖啡的风味影响并不大，综合起来只带来稍许涩味。

7. 粗纤维

生豆的纤维质烘焙后会炭化，这种碳质和糖分的焦糖化互相结合，形成咖啡的色调，但化为粉末的纤维质会带给咖啡风味上相当程度的影响。故我们并不鼓励购买粉状咖啡豆，因为无法尝到咖啡的真正风味。

（五）咖啡主要产地介绍

1. 巴西：巴西的咖啡产量约占全球四分之一，是世界上最大的咖啡生产国（在过去的150年之内一直保持着这个位置）。巴西咖啡由于地理优势，口感中带有较低的酸味，配合咖啡的甘苦味，入口极为顺滑，而且又带有淡淡的青草芳香，清香氛围中略带苦味，甘滑顺口，余味能令人舒活畅快。

2. 越南：咖啡虽然是19世纪中叶被引入越南，但是现在越南很大一部分人口以咖啡生产为生。越南的咖啡产量日益增长，取代哥伦比亚和印度尼西亚成为世界第二大咖啡生产国，越南的主要咖啡品种是罗布斯塔。越南全国境内大面积种植咖啡豆，最好的咖啡豆来自多乐省的邦美蜀。邦美蜀的咖啡驰名国际，不仅仅是因为它的产量高，更是因为它的质量好。得益于玄武岩土的肥沃、高原的广阔，以及良好的自然条件，邦美蜀能生产出高质量与香味特别的咖啡豆，是越南咖啡的“摇篮”。

3. 印度尼西亚：印度尼西亚不仅有备受争议的麝香猫，还有苏门答腊的曼特宁咖啡浓香醇厚，爪哇咖啡甘醇顺口，都是印度尼西亚咖啡为人熟知的经典。印度尼西亚是一个廉价咖啡与精品并存的产区，量产的咖啡使当地咖啡给人一种整体水准偏低的感觉，而事实上，印度尼西亚的精品咖啡一直在国际市场享有盛誉。

4. 哥伦比亚：哥伦比亚是世界第四大咖啡生产国，其咖啡最大的特点是它风格的多样性，咖啡风格清新，果味馥郁。哥伦比亚的咖啡生产者具备十分专业的烘焙技术，令咖啡豆的品质得到最大程度的发挥。

5. 印度：印度是世界第五大咖啡生产国，它也是唯一普遍使用避荫种植的国家。大多数印度咖啡使用的处理方法是水洗、半水洗或自然处理，使得咖啡浆果的皮发酵膨胀，咖啡豆的酸度降低，pH值接近中性，咖啡的油脂丰富，有霉味和草本植物的清香。

6. 埃塞俄比亚：埃塞俄比亚是著名的阿拉比卡咖啡豆的诞生地，也是非洲大陆最大的咖啡生产国，人们至今一直保持着采收野生咖啡豆的传统。海拔超过 1500m 的咖啡园，经过 1000 多年的演变与适应，形成了独特的咖啡风土，在自然野生环境下生长的埃塞俄比亚咖啡被称作“旷野的咖啡”，保留着咖啡豆最原始、最自然的味道，具有对风土最直接和充分的表达。

7. 秘鲁：秘鲁以其特产有机咖啡闻名于世，是世界第三大咖啡出口国。秘鲁的咖啡风味独特，芳香平和，其主要咖啡品种是阿拉比卡咖啡。秘鲁几乎到处都种植咖啡，咖啡出口为秘鲁创造了许多经济利益。

8. 危地马拉：危地马拉的咖啡以其独特风格在近些年跻身世界咖啡名产区之列。在阴凉的火山地带，咖啡豆发展出复杂的香气层次和饱满的口感，让人不禁联想到这里古老的玛雅文化，深邃悠远而富有神秘感。

9. 墨西哥：墨西哥是世界上最大的有机咖啡生产国，也是世界第九大咖啡生产国，主要咖啡品种是阿拉比卡咖啡。瓦哈卡州、韦拉克鲁斯州和恰帕斯州的咖啡农场收获的咖啡豆酸味明显。墨西哥咖啡豆密度较大，因此非常适合深度烘焙和用于咖啡豆的拼配。

10. 洪都拉斯：洪都拉斯是世界上十大咖啡生产国之一，世界第二阿拉比卡咖啡生产国，现在已经成为美国最大的咖啡进口国。咖啡主要品种为阿拉比卡，其中以卡杜拉、卡杜艾、帕卡斯、铁比卡为主，处理法以水洗为主。洪都拉斯咖啡的特点是拥有相当多样化的气息，其中最佳的会带着复杂的果香，以及极具活力、宛如果汁般的酸度，醇厚度和香甜度都颇高，具有水果调性，有时也带着坚果、太妃糖香味，是多层次的咖啡。

（六）设备用法与饮用说明

1. 设备用法

①滴滤咖啡

滴滤咖啡，是德国人发明的冲煮方法。简单地说，就是把咖啡磨粉后，放在一个漏斗里，然后再加层滤纸，上面浇上热水（理想水温在 90 ℃～95 ℃之间），首先注入一次热水闷蒸 20 秒，然后再以绕圈的方式注入热水，由于地球引力作用，咖啡就从底下流出来。咖啡的量通常是 7～10 克粉可以做大约 120mL 的一杯。

②虹吸壶（Syphon）

虹吸壶是坊间咖啡馆最普及的咖啡煮法之一。原理：在酒精灯的燃烧下，下层容器中的水温达到 92 ℃时，水流被吸到有咖啡粉末的上层容器中，通过浸泡、搅拌后，制成的咖啡再原路返回。

③摩卡壶（Moka Pot）

摩卡壶基本原理是利用加压的热水快速通过咖啡粉萃取咖啡液。最早的摩卡壶是意大利人阿方索·比亚莱蒂（Alfonso Bialetti）在 1933 年制造的，他的公司 Bialetti 一直以生产这种咖啡壶而闻名世界。摩卡壶在欧洲使用比较普遍。

摩卡壶分为上下两部分，水放在下半部分煮开沸腾产生蒸汽压力；滚水上升，经过装有咖啡粉的过滤壶；当咖啡流至上半部时，将火关小，如果温度太高会使咖啡产生焦味。

④比利时皇家咖啡壶（Balancing Syphon）

兼有虹吸式咖啡壶和摩卡壶特色的比利时皇家咖啡壶，制作咖啡的过程充满跷跷板式趣味。它结合了数种自然的力量：火、蒸汽、压力、重力，这些使得比利时皇家咖啡壶的操作过程更具可看性。

⑤法式滤压壶

法式滤压壶简称法压壶，是一种同时具备冲茶器功能的咖啡壶。原理：用浸泡的方式，通过水与咖啡粉全面接触浸泡的焖煮法来释放咖啡的精华。适用咖啡：浓淡口味均可的咖啡粉。研磨度：粗颗粒状。

缺点：由于金属滤网对细粉无法彻底的过滤，咖啡豆需要粗研磨，咖啡粉颗粒变粗，导致大量内容物无法萃取。而长时间浸泡又会萃取过度，苦味、涩味、杂味纷纷涌出，因此咖啡口感稍逊一筹。

⑥电动式咖啡机

一般市面上常见的有美式滴漏咖啡机、意大利式蒸汽咖啡机。美式滴漏咖啡机的价格与虹吸壶不相上下，适合中度或偏深度烘焙的咖啡，研磨颗粒略细，口味偏苦涩。它通过电力将水煮沸后浸泡，这样做的黑咖啡最简单，但由于用沸水制作，口感稍逊一筹。用意大利式蒸汽咖啡机冲泡的咖啡比较浓，温度也比较高，口味比美式滴漏咖啡机冲泡的咖啡要重。意大利式蒸汽咖啡机是一种通过高压高温让蒸汽快速通过咖啡粉萃取咖啡的机器，煮咖啡的最佳温度在90～98℃之间，意大利式蒸汽咖啡机温控做得相当好。家用的意大利式蒸汽咖啡机往往还带着一支打奶泡的嘴，用来做卡布奇诺；另外，往往还有将杯子温热的功能。

2. 摩卡壶使用注意事项

（1）水位：使用温水，水位在安全阀下0.5厘米的位置。安全阀在遇到下壶压力过高时会自动泄压，以防止出现安全事故，水位如果高过安全阀，安全阀的作用就不能正常发挥。

（2）咖啡粉：咖啡粉采用中细颗粒度，装满粉槽，装粉的时候适当振动粉槽让咖啡粉均匀分布，装满以后，用手指轻轻按压表面，使粉更密实一些。

3. 饮用礼仪与提示

（1）咖啡杯的用法

在餐后饮用的咖啡，一般都是用袖珍型的杯子盛出。这种杯子的杯耳较小，手指无法穿出去。但即使用较大的杯子，也不要用手指穿过杯耳再端杯子。咖啡杯的正确拿法，应是拇指和食指捏住杯把儿，再将杯子端起。

（2）咖啡加糖方法

给咖啡加糖时，砂糖可用咖啡匙舀取，直接加入杯内；也可先用糖夹子把方糖夹在咖啡碟的近身一侧，再用咖啡匙把方糖加在杯子里。如果直接用糖夹子或手把方糖放入杯内，有时可能会使咖啡溅出，从而弄脏衣服或台布。

（3）咖啡匙的用法

咖啡匙是专门用来搅咖啡的，饮用咖啡时应当把它取出来。不要用咖啡匙舀着咖啡一匙一匙地慢慢喝，也不要用咖啡匙来捣碎杯中的方糖。

（4）咖啡太热冷却

刚刚煮好的咖啡太热，可以用咖啡匙在杯中轻轻搅拌使之冷却，或者等待其自然冷却，然后再饮用。用嘴试图去把咖啡吹凉，是很不文雅的动作。

（5）杯碟的使用法

盛放咖啡的杯碟都是特制的。它们应当放在饮用者的正面或者右侧，杯耳应指向右方。饮咖啡时，可以用右手拿着咖啡的杯耳，左手轻轻托着咖啡碟，慢慢地移向嘴边轻啜。不宜满把握杯、大口吞咽，也不宜俯首去就咖啡杯。喝咖啡时，不要发出声响。添加咖啡时，不要把咖啡杯从咖啡碟中拿起来。

（6）咖啡品尝方法

咖啡的味道有浓淡之分，所以，不能像喝茶或可乐一样连续喝三四杯，而以正式的咖啡杯的分量为最刚好。普通喝咖啡以 80～100mL 为适量，有时候若想连续喝三四杯，这时就要将咖啡的浓度冲淡，或加入大量的牛奶，不过仍然要考虑到生理上需求的程度，来加减咖啡的浓度，也就是不要造成腻或恶心的感觉，而在糖分的调配上也不妨多些变化，使咖啡更具美味。趁热喝是品美味咖啡的必要条件，即使是在夏季的大热天中饮热咖啡，也是一样的。

4. 咖啡的功效与禁忌

（1）咖啡的功效

咖啡豆含有大约 100 种不同的物质，包括咖啡因、单宁酸、油和氮化合物等，每 100 克速溶咖啡中，含咖啡因 44～100 毫克；每 100 克调制咖啡中，含咖啡因 64～124 毫克。咖啡是一种兴奋剂，对人体会产生很多影响，它可利尿、刺激中枢神经和呼吸系统、扩大血管、使心跳加速、增强横纹肌的力量以及缓解大脑和肌肉疲劳。

（2）不宜人群

①患高血压、冠心病、动脉硬化等疾病者——长期或大量饮用咖啡，可引起心血管疾病。

②老年人群——咖啡会减少钙质，引起骨质疏松。一些学者认为，喝咖啡可能会增加尿中钙的排泄，这可能导致骨质疏松症，尤其是钙摄入量不足的人群，如老年人、绝经后的妇女。

③胃病患者——喝咖啡过量可引起胃病恶化。

④孕妇——饮过量咖啡，可导致胎儿畸形或流产。

⑤维生素 B1 缺乏者——维生素 B1 可保持神经系统平衡和稳定，而咖啡对其有破坏作用。

（3）饮用禁忌

①切记咖啡不宜与茶同时饮用。茶和咖啡中的鞣酸可使铁的吸收减少 75％。

②茶叶和咖啡中的单宁酸会让钙吸收降低。所以，喝茶和喝咖啡的时间最好是选在两餐当中。

③含咖啡因的饮料和食品被孕妇大量饮用后，会出现恶心、呕吐、头痛、心跳加快等症状。咖啡因还会通过胎盘进入胎儿体内，影响胎儿发育。

④不少医生认为，孕妇每天喝1～2杯（每杯6～8盎司）咖啡、茶或碳酸饮料，不会对胎儿造成影响。但为慎重起见，孕妇最好禁用。咖啡因可导致流产率上升，所以孕妇应喝不含咖啡因的饮料。

⑤儿童不宜喝咖啡。咖啡因可以兴奋儿童中枢神经系统，干扰儿童的记忆，造成儿童多动症。

⑥浓茶、咖啡、含碳酸盐的饮料也是造成消化道溃疡病的危险因子，所以患有胃部疾病的患者，不宜多饮咖啡。

⑦咖啡的饮品中含有咖啡因，因此极易引起耳鸣。

咖啡不可以与布洛芬同吃。解热、镇痛和消炎的常用药布洛芬对胃黏膜有刺激作用，而咖啡、可乐中的咖啡因也会刺激胃黏膜，促进胃酸分泌。如果服用布洛芬后立即喝咖啡、可乐，会加剧对胃黏膜的刺激。

⑧喝完咖啡不宜立即抽烟，咖啡里边的某些成分和香烟相结合产生致癌物质。

第六章　中国酒文化

第一节　中国酒文化的内涵与演变过程

一、中国酒文化的起源与发展

中国酒文化起源于酒的酿造，民间对酒的起源有很多说法，例如仪狄酿酒说，相传夏禹时期的仪狄发明了酿酒，《战国策》中有这样的记载："昔者，帝女令仪狄作酒而美，进之禹，禹饮而甘之，遂疏仪狄，绝旨酒，曰：'后世必有以酒亡其国者。'"杜康酿酒说，《说文解字》中有记载："古者少康初作箕帚、秫酒。少康，杜康也。"这个说法在民间广为流行。还有传说酿酒始于黄帝时期，《黄帝内经》中记载黄帝与岐伯讨论酿酒，《神农本草经》载有酒的性味。酿酒与天地同时，带有神话色彩的说法："天有酒星，酒之作也，其与天地并矣。"然而无论哪种说法，都能说明我国的酿酒历史距今起码在 4000 年以上，当今的许多考古发现也都证明了这一点。

现代观点认为酒是谷物自然发酵的产物，晋代江统《酒诰》："酒之所兴，肇自上皇，或云仪狄，一曰杜康。有饭不尽，委余空桑，郁积成味，久蓄气芳，本出于此，不由奇方。"果酒和乳酒是第一代饮料酒，旧石器时代人们以采集狩猎为生，水果中含有较多糖分，易自然发酵生成果酒；动物乳汁中含有蛋白质和乳糖，也易发酵成酒。商代出现了利用谷物糖化再酒化的酿酒技术；先秦时期，出现了活性微生物或其酶类的直接酿酒法；汉代发展了制曲技术并从西域引进了葡萄酒的生产；唐宋开始酿造果酒和药酒；元代出现了蒸馏法酿制的烧酒技术；明清时期，伴随着造酒业的进一步发展，酒精浓度较高的蒸馏白酒迅速普及。经过几千年的积累，形成了具有中华特色的酒文化。中国酒文化博大精深，酒文化是中国传统文化的结晶。

二、中国酒文化的意义

（一）中国酒文化与礼仪

酒礼，是酒行为的礼节，用以体现酒行为中的贵贱、尊卑、长幼，乃至各种不同场合的礼仪规范。有时这种礼节还非常烦琐，但如果在一些重要的场合下不遵守，就有犯上作乱的嫌疑。又因为饮酒过量，便不能自制，容易生乱，制定饮酒礼节就很重要。明代袁宏道看到酒徒在饮酒时不遵守酒礼，深感长辈有责任，于是，从古代的书籍中采集了大量的资料，专门写了一篇《觞政》。这虽然是为饮酒行令者写的，但对于一般的饮酒者也有一定的意义。古代饮酒的礼仪约有四步：拜、祭、啐、卒爵。拜是指先作出拜的动作，表示敬意；祭是把酒倒出一点在地上，祭谢大地生养之德；啐是指尝尝酒味，并加以赞扬令主人高兴；最后仰杯而尽为卒爵。在酒宴上，主人要向客人敬酒，客人要回敬主人，敬酒时还要说上几句敬酒词。客人之间相互也可敬酒。有时还要依次向人敬酒。敬酒时，敬酒的人和被敬酒的人都要“避席”起立。普通敬酒以三杯为度。中华民族的大家庭中的五十六个民族中，除了信奉伊斯兰教的回族一般不饮酒外，其他民族都是饮酒的。在饮酒的习俗方面，各民族都有独特的风格，如壮族敬客人酒的风俗是饮交杯酒；云南佤族有以泡酒待客的习俗；藏族待客的青稞酒、布依族人饶有风趣的“迎客酒”等，无不体现出我国少数民族多姿多彩的酒文化特点。

（二）中国酒文化与诗文

中国是酒的故乡，也是诗的国度。诗从开始产生，就与酒结下了不解之缘。中国古典文学作品中，酒成为文人经常吟咏的题材，借酒劝世、傲世、消愁、韬晦、表现名士风流成为永恒的主题。数千年来，诗与酒结下了不解之缘。古代帝王祭祀山川、祖宗和举行朝廷大典，都要献酒诵诗，唐朝在乡试饮酒礼中要诵《鹿鸣》之诗，称之为“鹿鸣宴”。从宫廷到民间，酒与诗不仅是人们物质生活的需要，也成为人们一种精神生活的需要。酒是我国源远流长的文学艺术发展的酵酶。我国最早的一部诗集《诗经》305 篇中有 40 多篇与酒相关，诗仙李白流传下来约 1000 首诗，其中说到饮酒的就有 170 首，诗圣杜甫现存诗约 1500 首，与酒有关的占 300 首之多。翻开我国的文学史，从《离骚》到《女神》的历代诗词中，有关酒的描写比比皆是。古往今来，在中国诗酒文化形成的过程中，涌现出许多传诵至今的佳话。多少文人骚客都与酒脱不了干系，因酒而兴致勃发，才思横溢，酒酣墨畅。魏晋时代，曹操的“对酒当歌，人生几何”“何以解忧？唯有杜康”，成为广为传诵的名句。东晋诗人陶渊明的诗有一半谈到酒，如“试酌百情远，重觞忽忘天”。唐代诗歌大盛，诗人们嗜酒成风，代表人物首推诗仙李白，“李白斗酒诗百篇，长安市上酒家眠，天子呼来不上船，自称臣是酒中仙”，杜甫的名句相信大家也都熟知。白居易的名作《琵琶行》，是在他饮酒微醉中写成的。无独有偶，北宋时的诗人苏东坡，在山东密州，中秋节饮酒，喝到微醉时，诗兴大发，写下豪迈悲凉的千古绝唱《水调歌头》：“明月几时有？把酒问青天，……人有悲欢离合，月有阴晴圆缺，此事古难全。但愿人长久，千里共婵娟。”酒能使人脱离世俗的困扰，写出真情的诗篇。中国诗酒文化，逐渐发展成为一个独立文化体系。纵观诗酒文化发展史，酒醉诗情，诗美酒醉；诗借酒神采飞扬，酒借诗醇香飘溢。诗与酒，相映生辉，形成绚烂的文明景观。

（三）中国酒文化的现实意义

古往今来，酒文化不论在政治上、经济上，还是社会生活中都起到一定的积极作用。但酒在发挥其强大效应的同时，也带来了许多危害，包括酒后滋事、酒后驾车造成的交通事故等社会问题，以及酒依赖、酒精肝、胰腺炎、胎儿酒精综合征等医学问题，而所有这些危害当中以酒依赖最为严重。因此，我们对待酒文化的态度应该是客观的，酒文化之所以能在中国乃至世界传承这么久，足以证明它已成为人们生活中必不可少之物；当我们面对它时，也应保持清醒的头脑，它可以成为我们生活中的好助手，如果你不能适度地控制，它的作用也可能会适得其反。凡事要有度，这是我们接受酒文化并将其传承所应有的态度。酒，在人类文化的历史长河中，已不仅仅是一种客观的物质存在，而是一种文化象征，即酒神精神的象征。在中国，酒神精神以道家哲学为源头。庄周主张，物我合一，天人合一，齐一生死。庄周高唱绝对自由之歌，倡导“乘物而游”“游乎四海之外”“无何有之乡”。庄子宁愿做自由地在烂泥塘里摇头摆尾的乌龟，而不做受人束缚的昂首阔步的千里马。追求绝对自由、忘却生死利禄及荣辱，是中国酒神精神的精髓所在。“酒文化”一词，是由我国著名的经济学家于光远教授提出来的。酒文化是以酒为特质载体，以酒行为为中心的独特文化形态。中国酒文化在不断发展。物质文明的进步、心态观念的变迁、社会制度的更迭，成为它变化运行的内在动因；而现代文化的冲击和外来文化的切入，成为它变化运行的外部环境。在这种内应力和外应力的共同作用下，中国酒文化的物质内涵、精神观念、载体结构、功能价值不断调整变化。

三、中国酒文化的内涵

在人类文明史上，酒文化是各民族传统文化中的组成部分。中国具有悠久的酿酒和饮酒的历史传统，在长期的历史进程中，由于劳动人民不断创造和发明，中国的酒类品种繁多。同时中国地域辽阔，水土气候和自然资源等条件差异较大，不同品质的名酒也不断涌现，显示出独具文化特质的多样性。虽然从酒的起源意义上说，最早可以追溯到旧石器时期的天然酒，但是从酒文化的角度来说，它仍然是文明社会的产物。从自然科学角度来看，酒是一种含有机化合物乙醇（酒精）并对人的肌体产生各种化学作用的饮料，不同品质和口感的酒对酿造器具、原料、发酵工艺等都有不同的要求，这涉及化学、微生物学、发酵学和医学等科学知识；从社会科学角度来说，酒是一种能作用于人们精神世界和影响人们行为的物质文化现象，这又涉及考古学、历史学、人类学、民族学、民俗学和文化学等社会科学知识。

可见，酒是人类物质文明的一种标志，既具有自然属性，又具有文化属性。作为物质文化的酒，与一般物质文化现象又有差异，因为它具有一种能动作用力。一方面，酒可以刺激人的精神，影响人的行为；另一方面，酒又渗透并影响人类文化的各个方面。其他一般物质文化现象虽然也都有标志一些特定的社会意义的功能和作用，但是不具备酒的能动作用力。所以酒本身的特殊性和复杂性，决定了酒文化的综合性，造成对酒文化的不同理解。

从“狭义”层面来理解，酒乃人类文化成果之一，按此意义，“酒文化”则等同于“酒”。具体而言，它是人类饮食文化体系中的一项特殊成果。其特殊性在于：一方面，它根植于人类饮食行为、饮食文化，作为含酒精饮料属于其中之一；另一方面，它对人类饮食系统中的其余部分又有很强的超越性，似乎要努力超越人类饮食行为的基本生理需求功能而将自己发展为一种“不必要的”饮料，努力超越人的生理满足行为，进入更广阔的精神生活世界，成为人类精神生活的重要媒介。

从“广义”层面来理解，酒是人类文化系统中的重要组成部分。“酒文化”这一概念重点强调：酒不只是一种饮料，它更是一种文化液体，自有其丰富、深刻的内涵，因为它对人类文化系统诸层次——器质文化、制度文化与观念文化，特别是观念文化诸领域——哲学、宗教、艺术等有广泛影响。据此，作为文化意义上的酒已经超出了饮食文化中其他解决饥渴生理需求的内涵，酒文化研究的主旨便是集中呈现酒对人类文化系统各层次、领域的普遍性影响力，当然也可反过来呈现人类文化系统诸层次、领域对酒的酿造和人类饮用行为的全方位影响。此乃“酒文化”概念的广义阐释。

中国的饮酒已经摆脱了单纯的食用价值，凝结了人类的物质生产与精神创作，上升为一种饮食文化。“酒文化”一词，是由著名经济学家于光远于20世纪80年代率先提出来。在此基础上，有学者提出，应该进一步丰富酒文化概念的内涵和外延。内涵就是文化的核心内容，主要体现在构成文化的基本形态上，即中国人不仅创造了酒文化的物质成果，而且创造了其精神成果、行为规范，以及保证其发展的制度成果，由此形成了酒文化的四个基本形态，即物质型、精神型、行为型和制度型。

也有学者认为，中国酒文化以酒礼、酒德为核心而进行引领和规范，可分为物质文化、精神文化、制度文化和行为文化，可概括为三个层面：酿酒层面的精神、技能、工具、原料、空间等；饮酒层面的礼仪、器具等；横跨这两个层面的酒俗酒风、诗词歌赋、神话传说、典章制度等。

另外，著名人类学、民族学家萧家成对酒文化概念作出了更精准的概括，他认为“酒文化就是围绕酒这个中心所产生的一系列物质的、技艺的、精神的、习俗的、心理的、行为的现象的总和。中心课题自然是酒，但也不局限于酒本身。酒的起源、生产、流通和消费，特别是它的社会文化功能所带来的社会问题等方面的一切现象，都属于酒文化及其相关的研究范畴。”酒的发明、生产、流通和消费，以及由此形成的酒文化，与人类生产、生活的各个方面是紧密联系在一起的，从而构成了一个与酒有关的多角、多线的联系网络。所以酒文化具有多重性质，是一个可以从多学科角度进行研究的综合性实体。

我们按照萧家成的观点，从酒文化的结构特征上理解它的综合性。酒主要表现为一种液态的物质文化，但若从酿造、饮用和社会功能的整体结构考察，它也包含了固态的物质文化、技艺文化、习俗文化、精神文化、心理文化和行为文化等。以下根据这种结构分类，分别概述中国酒文化的具体内容。

（一）中国酒文化中的物质文化

物质文化包含两个部分，一个是作为物质的液态酒（其具体分类和特质等论述在第二、三章有详细介绍，此处不再赘述），另一个是作为固态的酿造原料、酿酒器、饮酒器等。此处以酒器为例，详细阐释它的文化内涵。

中国的酒有几千年的历史，宋人窦苹《酒谱》云：“上古污樽而抔饮，未有杯壶制也。”这是说远古的时候，人们掘地成坎，用双手掬饮，还没有专门的饮用器具。饮酒有了专门的器具，是酒文化发展到一定阶段的产物。考古资料表明，我们目前见到的最早的酒具是陶质酒器，大约在距今6000年前的大汶口文化时期，就已有了用途明显为酒具的陶器，经过数千年的发展，酒器不仅种类繁多，功用各异，质料也多种多样。按用途来分，有饮酒器、储酒器、挹取器、斟灌器、温煮器、冰酒器等；按质料来分，则有陶器、蚌贝器、匏瓠器、兽角器、青铜器、漆器、玉器、竹木器、金银器、瓷器、象牙器及玻璃器等。这些酒器有的是一器多用的，特别是早期的器皿，很多不仅仅用于饮酒，而且在生活中有多种实际用途。

日常与人关联紧密的是饮酒器，主要有觚、觯、角、爵、舟、觞、卮、杯、碗、盏等。盛储器是盛酒备饮的容器，一般用于酒坊、酒肆，其类型很多，主要有缸、尊、罍、缶、壶、卮、皿、斛、觥、瓮、瓿等。温酒器在古人饮酒中使用很普遍，它的起源也很早。古语云："凉酒入肠，令人必伤。"温酒器用于饮酒前将酒加热，配以杓，便于取酒。

酒器不仅是一种承载的器物，更具有独特的文化象征意义。古代中国人历来讲究美食美器，饮酒之时更是讲究酒器的精美与品味。酒器的好坏，往往成为饮酒者身份高低的象征之一。酒器本是酒文化的承载物，在某一类酒器上面，可以看到它的历史文化特征。上古的酒器一般也作为礼器，殷周时的青铜器首先就是作为礼器使用的。由于酒在宗教礼仪中扮演神圣的角色，因此，这时的青铜酒器制作精细，表明它具有重要的地位。西周初期，建立了一整套君臣、父子、贵贱、尊卑的等级制度，因而器物的使用也因等级不同而各有区别。《礼记·礼器》说："宗庙之祭，尊者举觯，卑者举角。""贵者献以爵，贱者献以散。"爵是一种典礼时用的酒器，君王赐酒给臣下用。所以它和"爵禄""爵位"有联系，由此，在饮酒时，尊者用爵。"散"即为身份卑下者所用之器具。周代贵族的器用因等级而有别，诸如宫室、酒器、服饰等都是这样，因其器用，一望便知其身份和地位。

历史上酒器的形制也与不同时期的社会意识相关，其中贯穿着古代民俗文化的内容。唐代的酒器中有一件双鱼酒壶，称为"双鱼榼"。榼是盛酒之器。将酒壶做成鱼的形状，这在古人那里是有含义的。鱼可与"余"同音谐义，因而"鱼"可暗喻生活富足有余，在酒壶上以双鱼相连，寓意"连年有余"。另外，鱼是水中的生物，它在水中每时吐纳不止，酒从壶口进出，就如鱼之吐纳，这就有美酒如江水，永远取用不尽的寓意在里面。我们的远古祖先有鱼的崇拜，这是因为鱼具有很强的繁殖能力。古时，人类的自身生产困难重重，面临着种种自然存在的生存威胁，远古人企盼人丁兴旺，于是，借助鱼所具有超凡的生殖能力来象征自己的生命延续。因此，鱼的意象是生殖崇拜的象征，代表着后代子孙繁衍昌盛。远古人使用的器具有的做成鱼的形状，其意义正在于此。

（二）中国酒文化中的技艺文化

中国酒文化中的技艺文化主要是指酿造术，不同类型的中国酒在不同历史时期有不同的酿造方法。此处以中国古代蒸馏酒的酿造为例，介绍一种蒸馏工艺技术——看酒花与分段取酒。

我国人民在16世纪时就懂得在蒸馏时，蒸馏出来的酒的质量是随蒸馏时间发生变化的。在《本草纲目》中有记载："（烧酒）面有细花者为真，小便清者，以头烧酒饮之，即止。"此处所说的"花"并不是酿造啤酒时所用的香料植物酒花．而是在蒸馏的过程中或烧酒经摇晃后，在酒的表面所形成的泡沫。由于酒精浓度不同或因为酒液中其他一些成分的种类含量差异，酒的表面张力也有所不同。这会通过起泡性能的差异而体现出来。古人通过看酒花就可以基本确定烧酒的质量，从而决定馏出物的舍取。在商业上则用酒花的性状来决定酒的价钱。所以酒花成了衡量酒精浓度、酒质的客观标准。《调鼎集》中归纳道："烧酒，碧清堆细花者顶高，花粗而疏者次之（名曰'朝奉花'），无花而浑者下。"传统的茅台酒的酒花主要有鱼眼花、堆花、满花、碎米花和圈花。而汾酒的酒花则包括大花、小花、云花、水花和油花。虽然名称各异，但有一些内容实际上是相同的。在古代，还没有酒精度的概念，直到民国时，因为当时科技并不发达，酒度计的使用不普遍，为了方便民间烧酒作坊统一看酒花的标准，当时的黄海化学工业研究社的方心芳先生发明创造了一种方法，力图能将酒花与酒精浓度联系在一起。这套方法规定了酒花的定义、测验方法及单位，并明确了测量时的标准条件，由此得出了计算公式。

古代因为掌握了看酒花的方法，分段取酒便有了较为可靠的依据。《本草纲目》中所提到的"头烧酒"就是蒸馏时首先流出来的酒。"头烧酒"的概念和如今所说的"酒头"稍有不同。古代取酒，主要是二段取酒。头烧酒质量较好，第二段取的酒质量明显较差。头烧酒和第二段取酒的数量比是 3∶1。如《沈氏农书》中的大麦烧酒，头烧酒是 15 斤，次酒是 5 斤。现代一般分为三段，中间所取的部分作为成品酒，酒头、酒尾一般不作为成品酒。这就是所谓的"掐头去尾，中间取酒"。酒头可作为调味酒或重新发酵，酒尾也重新发酵或他用。

（三）中国酒文化中的习俗文化

中国酒文化中的习俗文化包含内容较为丰富，具体可以分为宴饮礼俗、饮酒礼俗、婚姻酒俗、年节酒俗、祭祀酒俗和生葬酒俗等，不同场合，酒代表了不同的功能，并衍生了不同的文化。例如，古代在宴饮中有君臣酒礼、尊卑长幼酒礼和宾主酒礼。

宾主酒礼中，第一，强调宾主定位。清代的顾炎武认为："古人之坐，以东为尊。"这一结论仅限于室内，如祭祀时，庙室中神主均取东向。而在堂上，一般以南向为尊，主要宾客均安排朝南向坐，北京故宫太和殿的御座，就是坐北朝南。《礼记·曲礼》规定："主人入门而右，客人入门而左，主人就东阶，客就西阶。"中国住房建筑一般是面南背北，南北纵向。如果门朝南开的话，主客入门后过庭，客人由左边（即西边）、主人由右边（即东边）登阶入室，各就各位，即宾就西位朝东，主人就东位朝西，这是宾主平交之礼。如果主人身份高于客人，那么客人要有自知之明，跟在主人后面，由右边（即东边）登阶入室；主人应谦让待客，将客人请到左边（即西边），让客人从左边登阶入室。入席，其他客人由于身份低，必须站起来致辞，表示不敢就座，让宾主之礼；主人也起身致辞，表示尊敬之意，这时客人才敢就座。这些规定，充分体现了中国主敬宾让的传统礼节思想。

第二是饮前先祭。按照饮礼规定，饮前必先祭，且先由主人祭后才到客人祭。如君与臣同席共饮，君赐臣食则可不按此规定，臣可不用祭；如君以客礼待臣，臣则先奉君命之后再祭。这一酒俗后来已慢慢消失了，只是在一些少数民族地区偶尔还会遇上这种情况。

第三是酌献酬酢。坐定后，主人先得给客人斟酒，先长后幼，以八分为敬。宴饮正式开始，主人先向客人敬酒。敬酒有“酌”“斟”两种。满满一杯叫“酌”，不满一杯叫“斟”，应根据各地习俗而定。先秦时开宴，一般由主人先酌酒敬客人，称为“献礼”，表达主人对客人的欢迎情谊；客人“呷酒”，表示已承主人之礼；饮后客人回敬主人酒，称为“酢酒”；主人受酒饮后再答谢客人，称为“酬酒”。为此应酬往来三次，在这期间尝少量菜肴，即“酒过三巡，菜过五味”之礼。当然，在具体操作过程中，由于时代、地域的不同，也会出现一些差异。有些约定俗成的礼节，至今还很流行。如开宴时，尤其是一些大型的宴席，或一宴多席，往往是先由主人或尊者或长者站立举杯，致辞敬酒，先干为敬，客人必须集体起身，一同干杯。如果是小型宴席，盛行单独敬酒，敬者起立，受敬者必须随之起身承酒。这已成为中国的传统礼节。

第四是敬酒承酒表达方式。由于时代不同，民族、地区不同，敬酒与承酒的表达方式也不同。一般是以起身、举杯和语言来表达敬谢之意的。当然也有以动作和手势来表达的，如蘸甲之饮，即酌满酒后，举起酒杯，用指甲蘸一下酒，以表敬意，以示畅饮；客人跟着也以同样方式来表达谢意、畅饮。如叩杯之饮，就是敬者起身不说话也不举杯，只是用筷子轻轻叩对方的酒杯，表示举杯干杯之意；如果敬者饮干，受敬者拒饮，敬者将空杯倒叩在受敬者面前，表示跪敬，行此大礼，受敬者只好饮了。表达谢意有的地方盛行手势，如广东盛行“屈指代跪”之礼，即当主人给客人送茶、斟酒、上菜时，客人往往屈曲食指、中指，轻磕桌面，象征行跪礼以示谢意。我国一些少数民族敬酒方式丰富多彩，如壮族、羌族、苗族、水族等，盛行交杯酒、交臂酒、转转酒等礼仪。宾主相互敬酒，宾客饮主人杯中的酒，主人饮宾客杯中的酒，称为“交杯酒”；主客手臂曲折相交，各饮各杯中的酒，称为“交臂酒”；主宾围坐，由长及幼，依次端起酒瓶、酒碗喝一口酒，或用木管、竹管、麦秆等空心之物作吸管插入酒坛中依次吸一口酒，轮回传饮，周而复始，至醉方休，称为“转转酒”“杆杆酒”……所有这些反映出中华民族具有好客敬酒的传统以及宾主之礼的丰富多彩。

第五是醉酒饱德。晏子说：“既醉以酒，既饱以德，既醉而出，并受其福，宾主之礼也。醉而不出，是谓伐德，宾之罪也。”这是酒量在宾主酒礼中的规定，客人酒足饭饱，主人已经尽到地主之谊。

（四）中国酒文化中的精神文化

中国酒文化中的精神文化是指人们对酒的观念、信仰、神话和传说等，其中对酒的艺术化表达也是关键部分。

第一是酒与文学艺术有紧密的关联。中国的酒文化历史要比诗歌更为悠久，从其出现开始，就不再以简单的具体之物而存在，各种酒风酒俗随着历史的发展而不断完善、丰富。贺岁酒、祭祖酒、婚嫁喜酒、开业酒、送别酒、庆功酒等等，酒似乎已经深入我们生活的每一个角落，其文化象征意义无时无刻不在发挥着重要的作用。如此浓厚的酒文化自然亦会备受文人墨客的青睐，与其结下不解之缘，谱写出一篇又一篇的诗酒佳作。

文人好饮酒，与酒为伴，酒兴诗亦兴，如李白与酒结缘至深，诗酒相融，其创作的一首著名的醉歌——《襄阳歌》，诗中描写到“落日欲没岘山西，倒著接蓠花下迷。襄阳小儿齐拍手，拦街争唱《白铜鞮》。旁人借问笑何事，笑杀山公醉似泥”，借酒抒情，把他那佯狂放荡的醉态和醉中想象描绘得异常精彩，将自己的放浪形骸与人生无常表达得淋漓尽致。当时文人好酒喜酒，酒是他们进行创作必不可少的元素。从上例可以看出，许多脍炙人口、流传至今的绝佳之作大都是文人酒后兴起而作。在酒的作用下，文人的豪迈旷达之情表现得更为强烈。酒是他们借以抒发自己内心复杂而丰富的情感世界的重要途径和渠道，而清醒后的他们创作的作品每每不及酒后的佳作。

第二是酒与影视作品也有独特的关联，酒影响着人们的行为道德、文化心理。用艺术反映生活时一定会牵扯到酒，而酒文化反过来也丰富和滋养着艺术。影视作为一种最大众性的传媒，当之无愧地成为酒文化最显眼的载体之一，酒文化在影视中与普通人的日常生活相伴，与全球经济的变化相伴，它既是社会风情的折射、人物性格和命运的渲染，又是传统文化和当代生活的纽带。它在影视中和在生活中一样多层次地出现，强劲地显示着它的巨大作用力和影响力。例如，《济公》作为凝聚了中国古典佛文化、民族色彩的上乘之作，以酒为重要载体塑造了济公角色。济公嗜酒，时常醉醒难分，并通过饮酒和酒葫芦来戏弄反派角色，以体现其慈悲胸怀。

有一次秦桧的夫人染病，久治不愈，有人向秦桧献媚，说济公和尚能医百病。于是请济公来，一顿酒肉之后，济公用一双醉眼看一看肚大腰肥的秦夫人，说道：“没事，没事的。”说完开了些药便离去了。但秦夫人的病却未见好转，愈见加深。秦桧告到县衙，趁济公醉意未消，道：“我有一上联，如果济公对了下联，便自作罢，否则请予重罚。”说完出了上联：“酉卒是个醉，目垂是个睡，济公僧怀抱酒坛古庙躺，不知是醉是睡？”秦桧一说完，济公便脱口而出下联：“月长是个胀，月半是个胖，秦夫人怀抱大肚满院逛，不知是胀是胖？”秦桧当下羞得无地自容，济公却摇着芭蕉扇走了。这一故事充分显示了济公不畏权贵，而那些为富不仁、坏事做尽的恶人对他也是又恨又怕。济公还用他的酒葫芦吸酒来戏弄财主和差役，我们知道酒葫芦在中国从古到今都是世人普遍认可的吉祥之物，世俗观念中的葫芦能“增祥纳福，去除灾厄”。而酒葫芦和酒在济公这里也成了济公耍弄坏人的道具。每每这个时候都能让观众大呼过瘾。

第三是酒与书画的关联。书法艺术的精妙往往也不乏以酒助兴的例子，魏晋时期是人的觉醒和文学的自觉时期，也是书法艺术硕果累累、大放异彩的时期。西晋的卫夫人、东晋的王羲之都是书法史上的巨人，尤以王羲之最为杰出。王羲之素有“书圣”之誉，其最为后人称道的作品是他书写的《兰亭集序》。据文献记载，公元353年农历三月三日，王羲之与当时名士孙统、孙绰、王彬之、王蕴、谢安等41人到山阴（今浙江绍兴）之兰亭修禊（一种祓除疾病和不祥的活动）。大家修禊完毕，曲水流觞，饮酒赋诗。此作系当时众人唱和诗集的序言。王羲之酒酣之后“挥毫制序，兴乐而书。……遒媚劲健，绝代所无”。酒醒之后，“更书数十百本，终不及之”。可见是酒神之助使他写出了为后世书法家所难以企及的艺术珍品。据说，一代名君唐太宗李世民非常珍爱此帖，推为王书第一，生前把玩终日，死后又殉葬昭陵。这一方面说明了统治者强烈贪婪的占有欲，视天下宝物为一己之财产，同时也说明此帖具有震撼人心的艺术感染力。

如同唐诗是中国诗歌史上的巍巍丰碑一样，唐代也是中国书法史上的黄金时代，流派众多，名家辈出，群星灿烂，蔚为大观。其中，以草书见长的两位大师张旭和怀素与酒的关系最为密切。张旭号称“草圣”，唐文宗李昂把李白诗歌、裴旻剑舞和张旭的草书并称“三绝”。张旭生性嗜酒，得意之作多写于酒酣之后：“每大醉，呼叫狂走，乃下笔，或以头濡墨而书，既醒自视，以为神，不可复得也，世呼张颠。”今天能见到的遗墨《古诗四帖》，结体茂密，笔劲墨重，粗细变化多而形象丰富，颇得横壮之力和豪逸之气，无纤巧浮滑和涩滞拖沓之弊。张书在当时即产生了广泛的影响，享有极高的声誉。

在绘画艺术作品中，艺术家借酒作画。相传在秦汉年间出现的“千岁翁”安期生，曾“以醉酒石上，皆成桃花”。这虽系传闻，难以证实（但也无法证伪），却至少说明很早以前人们就相信酒神之助能提高绘画的水平，说明很早以前酒与绘画就有了斩不断的缘分。有“画圣”之称的盛唐杰出画家吴道子（道玄）不到二十岁已穷尽丹青之妙，所画道释人物（这是他最熟悉也最擅长的）气势雄峻生动，线条遒劲圆润如莼菜条，衣服飘举，世称“吴带当风”。着色轻拂微染，自然超出缣素，后人谓之“吴装”。兼善山水，写蜀道怪石崩滩，若可扪酌，自为一家。而他无论画人物、画山水均需仰仗酒力，“每一挥毫，必须酣饮”。吴道子长期浪迹于长安、洛阳两地的道观寺院，绘制三百余间宗教壁画，奇纵异状无有雷同者。相传他曾在长安崇仁场资圣寺净土院门外墙壁上“秉烛醉画”，神妙非常。一位寺僧想得他一幅真迹，特意准备了百石美酒在寺院两廊下，请他看了以后说：“你若愿为我画幅画，这百石美酒全归你。”吴道子本不轻易将画送人，但见酒大喜，非常爽快地答应了寺僧的请求。

把饮酒的场景绘入画中的作品，最早可追溯到秦汉时代的《宴饮图》。1957 年，在洛阳老城附近发掘了一座重要的西汉壁画墓，《宴饮图》画在主室后壁上方。画面是这样的：正中有二人踞坐，手持角杯，正面有一獠牙外露、眼如铜铃的长毛怪兽，也手持角杯。左右各有三人侍立，左侧一人挥剑成舞，右侧两人在火炉前烤肉，背后挂钩上悬挂着牛肉、牛头。郭沫若先生经过考释，认为此画应取材于历史故事鸿门宴。

第四是酒与音乐的关联。酒与音乐相互交织，不论是历朝历代统治者的歌舞升平、文人贵族宴请宾朋时的即兴词作，还是酒肆乐妓的以酒佐兴纵情歌舞，酒已经成为唐代歌舞音乐中重要的艺术符号和文化精神。唐代的宫廷宴乐、乡饮酒礼和酒肆妓乐都与酒文化相互交融，酒肆的发展为文人持酒论诗提供了广阔的空间，歌妓助兴、以酒唱和的方式把饮酒这一行为提升到了精神文化的层面。酒文化在宋代的发展也同样象征着宋代社会经济文化生活的面貌，它与市井音乐紧密关联。宋代商品经济的发达、大众对于娱乐需求的变化，使音乐活动的方式和类型也变得更加丰富多样。《武林旧事》中记载：“（歌妓）莫不靓妆迎门，争妍卖笑，朝歌暮弦，摇荡心目。”在商品经济的影响下，人民日常娱乐等一系列消费行为都拉动着内需，市民必须付钱才能享受到艺术和娱乐带来的精神享受，而这些娱乐场所的乐人必须依靠他们突出的技能和精彩的节目才能获得相应的酬劳。所以，酒肆为了拉来更多的酒客和三五结对的酒友，歌妓们和市井音乐活动的组织人就要尽可能地满足各阶层观众的娱乐需求。宋代人民不仅以沉醉于美酒中为乐，而且以放松的心情欣赏着音乐表演。歌妓们不断探索受欢迎的音乐表演方式，在表演时，给人们一种视觉和听觉上的享受。宋代的音乐活动就是在这一环境之下得以生存和发展的。宋代乐人的精心演绎，展示出宋代酒文化之下人们对于艺术活动的需求和依赖，市井音乐以其独特的魅力吸引着宋代各个阶层人们的关注。

除此之外，少数民族的酒文化也含有丰富的传统音乐元素。例如，青稞酒是藏族传统文化的象征，能体现出藏族人的礼仪、待人之道和对自己传统文化的延续。藏族人歌唱抒发了他们的情感特征，唱歌时的曲调和歌词一般情况下都是即兴的，特殊活动和仪式会有一些固定歌唱曲目，婚丧嫁娶和大型节日里唱歌的风格、曲调、曲式、内容是不一样的，藏族有很多比较重要的仪式，天葬是传统藏族中最具代表性的葬礼仪式之一，能被天葬的人的地位德行都是比较高和被当地人认可的，在天葬的时候也要给天葬师喝青稞酒，吟唱经文。由此可以看出青稞酒与音乐对于藏族人来说的重要性。

彝族的酒文化同样与音乐密不可分。酒在彝族节庆和日常生活中都占据着极为重要的地位。彝族饮酒非常特别，分别有："吃白酒""杆杆酒""咂酒"和"转转酒"等饮法，其间还要伴以猜酒令、唱酒曲、跳酒舞和相关的说唱等艺术，在彝族地区，有酒歌必有酒舞，酒与歌舞种类繁多，大致可分为生日歌舞、敬酒歌舞、嫁娶歌舞和法事歌舞等几类，以艺术形式表现饮酒之人的精神状态，抒发饮酒之人的思想感情，表达精神层面的主旨。你若在彝家举办婚事时做客，就能听到许多彝家人传唱的酒歌，男声曲调雄浑高亢，女声唱腔柔和细腻，在座的听众也被音乐所感染，融入热情的气氛中。在彝家山寨，有歌声的地方就有酒，有酒的地方就有歌，无论是青年男女唱的情歌，还是毕摩唱的"祭祀歌"，不管是彝族开天辟地的"创世歌"，还是描述彝族先民生生不息的"劳动歌"，都会使你沉醉在酒歌交融的情调中。彝族酒歌是彝族酒文化的重要部分，在酒歌中彰显了彝族热情好客、豪爽、霸气、积极乐观、开朗的民族性格，酒歌中透出了丰富的文化内涵。

第五是酒与中华武术的关联。酒文化与武术文化的关系，就像中国传统文化对中国人的浸润一样，是刻在骨子里的：其物质型为武术群体所用；行为型与武者之德、武术之技所融；精神型与武者意志志向表达所合，两者相逢于祭，交融于史，结合于拳，表现出"协和共通，交织互进"的关系。酒、武之间的最早相逢起于远古时期的祭祀活动，它们是先民祭祀活动的重要形式与内容，是以图获得神秘力量而沟通天地的媒介。随着发展，酒、武成为庙堂宴饮等礼仪活动的重要内容，酒、武既是礼的一种表现，但也逐渐延伸成为娱乐助兴的一种形式。"武"因"酒"而成醉武，于是，通过"似醉非醉、醉与不醉"的真假转场，武者表达着技击的虚与实，以及暗含的锋芒与杀意，从而催发了酒与武术结合的典型产物——醉拳。

在酒文化的物质型层面，酒的医疗功能与药用价值是其与武术结合的关键所在。跌打药酒作为物态之酒是与武结合的重要表现形式，使得酒与武术之间的关系更加紧密。自古武医不分家，酒因其"价廉易存、药效迅速"的优点深受武医家的青睐；此外，酒器可被武者用来进行武术功法的训练，这些都论证了酒在物质层面上对武术产生了深远的影响。

在酒文化的行为型层面，主要包括礼仪行为、社群行为和娱乐行为，对武术的传承与发展具有重要意义。在以师徒传承为代表的礼仪行为中，酒礼营造庄严氛围，传达尊师之意于外，酒德考察徒弟品行，约束弟子之仪以内；在以宴饮活动为主体的社群行为中，酒礼行为贯穿射箭、角抵等武术活动的始终，使其发展成为具有多重属性的体育项目；在以“饮酒以乐”为思想基础的娱乐行为中，投壶、刀舞、击剑等武术活动成了侑酒的重要娱乐形式，同时，精彩的武术又反作用于饮酒活动，以助酒性。

在酒文化的精神型层面，以中国酒神精神为代表的酒的精神文化对武者的精神层面产生了重要的影响。其自由与解放的核心思想，使武者在“醉者神全”的精神状态中表现出“狂”的特点，塑造了武者勇猛无畏的性格特征；在卮言精神的催发下，武者内心达到“真”的解放状态，自然地表达出藏于心中的社会理想；酒神精神中的逍遥境界，暗合武者追求天人合一的审美理想，进而激发出一种“超”的审美创造。

第六是酒与杂技的关联。中国杂技艺术至今仍然保留着历史最悠久的传统节目，其中有些就与酒和酒器有着密切的关系，完全可以说散发着酒文化的醇香美韵。中国杂技艺术以它无与伦比的精湛技艺、绚丽多彩的传统节目、独特鲜明的民族风格，博得了国内外广大观众的赞赏和喜爱。人们从这项已经传承数千载、历万劫而不衰的形体表演艺术中，清晰地看到了中华民族勤劳、勇敢、智慧、乐观和不断追求超越自身与客观束缚的积极向上的民族性格。中国的酒文化真的是源远流长，中国的杂技艺术从形成起，即浸润其中。从杂技最辉煌的汉代，至 20 世纪东方人体文化最古老的、堪称“活化石”的杂技艺术的悄然复兴、灿烂乃至走向世界，部分优秀杂技节目，都闪射着酒文化的流光溢彩，可谓艺术史上的逸闻趣事。

中国传统杂技中，有不少节目就是直接来源于劳动或生产、生活用具的耍弄，例如有很多不同形状的酒器、酒具，被历代民间艺人，以其高超的技艺和智慧成功地运用到人们喜闻乐见的经典表演节目中。“耍酒坛”这个节目就极其古老，一直流传到现在。中国自古有用陶制“瓦钟”酿酒和保存谷物的传统，美酒酿成或谷物丰收之后，先民们情不自禁地将这些当时生活中陶制的坛子、盆等抛在空中，再以手承接，进而头顶肩传，形成一种相对的高难技巧，变为“耍坛子”的杂技艺术节目。明、清时期，绍兴黄酒驰名全国，而盛酒的瓷坛也同时彩绘各种龙凤花纹，成为极有欣赏价值的工艺品，逐渐就成为一些杂技节目的艺术道具。

中国古彩戏法也经常与酒和酒具相融合。例如《空壶取酒》这个民间戏法，是艺人们经常表演的一个十分有趣的小幻术。最早，表演者只是手拿一个农村常见的陶制酒壶，后来一般改用敞口的酒壶和一个小酒杯。先把壶口朝下，无滴酒流出，随后就用一根竹筷从壶口插到壶底，取出后竹筷仍是干的，这是为了证明壶是空的。当把壶口反转向上后拿过酒杯，却能从壶中斟出满杯美酒。当表演者故弄玄虚地向着酒壶吹了那么一口气，再把酒壶朝下倒转过来，却滴酒不见。再次把壶正过来吹口气，一斟美酒又继续不断流出。最后，当把杯中的酒倒回酒壶时，却见壶中的酒满满的都能够溢出壶口。表演者又向着酒壶吹了口气，却见满壶美酒骤然消失，使观者无不拍掌叫绝。

通常被戏法艺人称之为《富贵仙酒》的幻术，较之上述的《空壶取酒》更为奥妙。用一个直式高颈锡制酒壶，其表演过程与《空壶取酒》基本相同，唯一不同的是酒不是从壶嘴向外倒，酒的注入和倒出，皆从壶口出入。忽来忽去，变化莫测，手法玄妙更让人捉摸不透。

《米酒三变》是更为有趣的一套常用戏法。小桌上放置两个瓷碗，两手各取一个，碗口向着观者展示确实是两个空碗。左手把一个空碗仰放桌上，然后把放在桌上玻璃杯中的米倾倒半杯入碗中，再将另一覆盖的空碗口对口地合上后，以手向空中做一抓米手势，顿时揭开扣在上面的碗看时，原来的半碗米却变成冒尖向外不停洒落着的满满一碗米了。当再用手中空碗向装满米的碗横着一刮，将冒出碗口的米刮平后，两个碗合在一起旋即揭开，奇迹就这样出现了，碗中已是空空如也，却变出来满满当当一碗美酒。

（五）中国酒文化中的心理文化

中国酒文化中的心理文化主要是指饮酒心理、消遣或消愁作用，其中很多内容都体现在饮酒情趣和诗词歌赋中。饮酒诗词中有体现宇宙情结的，从屈原《天问》的“遂古之初，谁传道之？上下未形，何由考之?”到张若虚《春江花月夜》的“江天一色无纤尘，皎皎空中孤月轮。江畔何人初见月？江月何年初照人”；从陈子昂《登幽州台歌》的“前不见古人，后不见来者，念天地之悠悠，独怆然而涕下”，到当代诗人郭小川的《望星空》。如果说诗歌史上的宇宙意识首先由两千年前的伟大的浪漫主义诗人屈原表现出来，他那“怀疑自邃古之初，直至百物之琐末，放言无惮，为前人所不敢言”的经天纬地之作《天问》，竖起了宇宙意识的第一座丰碑。

饮酒诗词中也有表达离别伤感的。王维在《送元二使安西》中写道：“渭城朝雨浥轻尘，客舍青青柳色新。劝君更尽一杯酒，西出阳关无故人。”该诗讲的是一位姓元的朋友奉朝廷之命出使安西，诗人特意赶到渭城为他送行。前两句写送别的时间、地点，并在客观的叙述中渲染了强烈的抒情氛围。“劝君更尽一杯酒，西出阳关无故人”，表达了深厚强烈的依依惜别之情。告别的话已说了很多，饯行的酒已饮过多盏，可分别在即的时候诗人仍觉得还有很多话未说、很多情未诉，但千言万语一时间无从说起，便把它统统融入这杯酒中。朋友，你此番远行，要到的是穷荒绝域的安西（安西都护府的简称，治所在今新疆库车），免不了万里长途的艰苦跋涉、独行穷荒的孤单寂寞，出了玉门关，就再也没有朋友了。这杯酒中，有细心周到的体贴、依依不舍的别情、真诚感人的劝慰，也有淡而悠长的离忧、伤而不悲的别苦。

饮酒诗词中更有表达忧国患民情结的。在贯穿华夏文明史的英雄乐章中，我们时可一见酒的音符。荆轲别燕太子丹于易水之上，对酒悲歌，发出了“风萧萧兮易水寒，壮士一去兮不复还”的铮铮誓言！曹操“对酒当歌”，抒发了“周公吐哺，天下归心”的恢宏抱负！关公温酒斩华雄，何等英勇！单刀赴敌宴，多么豪壮！武松醉杀白额虎，气吞斗牛；宋江醉酒题反诗，壮志凌云。陆游“一饮五百年，一醉三千秋”，驰骋于戎马生涯的往昔；辛弃疾“醉里挑灯看剑”，神往于铁鼓金甲的战场。就连“共产党员钢铁意志视死如归”的李玉和，也感到了酒的神奇力量，与亲人诀别时唱出了“临行喝妈一碗酒，浑身是胆雄赳赳”的壮歌；只身入虎穴、豪气满乾坤的孤胆英雄杨子荣，也领略了酒的独特作用，与战友会师时唱出了“今日痛饮庆功酒，壮志未酬誓不休；来日方长显身手，甘洒热血写春秋”的雄曲。

在中国的酒文化中还有敬酒、评酒和酒趣等内容。明代唐寅《进酒歌》说道：“劝君一饮尽百斗，富贵文章我何有？空使今人羡古人，总得浮名不如酒。”酒宴之上，宾客之间需要互相以酒表达敬意，这不仅是宾主之间的礼节，也是席间人士彼此交流、敦睦情谊的需要。古诗有云："提壶接宾侣，引满更献酬。""献酬"即敬酒的代称。唐代传奇小说《柳毅传》中有"钱塘君歌阕，洞庭君俱起，奉觞于毅。""奉觞"，即举杯敬酒，这里是写洞庭龙君给柳毅敬酒。

《诗经·小雅·宾之初筵》："酒既和旨，饮酒孔偕。钟鼓既没，举酬逸逸。"这里写在迎宾的宴席上，既有醇和的美酒，又有钟鼓乐器鸣奏，主客相互频频举杯敬酒，宴会上的气氛欢乐和谐。从上古三代礼仪中传承而来，宴席上主人敬酒先取杯斟酒，斟满杯后，双手捧送至客人手中，客人双手接杯一饮而尽，然后置空杯于几上，客人回敬也是如此。古人祭祖祭山川时，必须仪态恭肃，手擎酒杯，默念祷词。在某些场合，饮酒先要酹酒，即洒酒表示祭奠。具体方式是把盏由左至右倾洒三次，最后以手点酒画心字，表示诚敬。苏轼词有"一樽还酹江月"的语句，所表达的就是这样的礼俗。

总体上酒文化与文化性格相适应，在民族文化心理上产生了两种演变轨迹：一是因为政治失意、生活坎坷等诸种人生因素而壮志难酬、襟怀难舒，以及对时光短暂、世态炎凉的敏感反应和深刻反思，导致人们对现世利禄、来世功名的厌倦，强烈要求秉烛夜游、及时行乐、现世解脱，以酒韬晦解愁，形成了文人士大夫的酒文化心理趋向；二是伴随着对改造自然的无可奈何和改变现实的无能为力，代之而起的是在酒祭、酒卜、星占、神供、禁忌等酒事信仰活动中形成的趋吉避凶的心理倾向和"有求必应"的巫术化倾向，构成了中国大众酒文化心理。

（六）中国酒文化中的行为文化

中国酒文化中的行为文化所指的就是饮酒类型，这就包括中国多样化的饮酒方式和酒令等内容。中国古代饮酒者创造了众多独特的饮酒技能，形成了多样化的饮酒方式，这些怪饮方式非常别致，在当时都是适情而发的，有的充满乐趣，有的则隐含着别样的意味。如"牛饮"，即商代末帝辛造酒池肉林，三千人游弋其间，鲸吞豪饮。这种奢侈无度的生活，已为后人所指。"号饮"，指的是"竹林七贤"之一的阮籍。《晋书·阮籍传》说，阮籍"性至孝，母终，正与人围棋，对者求止，籍留与决赌。既而饮酒二斗，举声一号，吐血数升。及将葬，食一蒸肫，饮二斗酒，然后临诀，直言穷矣，举声一号，因又吐血数升。毁瘠骨立，殆致灭性。"唐代以科举考试选拔人才，新进之士春风得意，常常于曲江之畔举酒高会。据载长安进士郑愚、刘参、郭保衡、王冲、张道隐等十数辈，不拘礼节，旁若无人。每春时选妖妓三五人，乘小犊车，诣名园曲沼，藉草裸形，去其巾帽，叫笑喧呼，自谓之"颠饮"。

北宋的石延年嗜酒，他个人饮酒独自创造了多种怪诞的方式，例如他与人痛饮时，蓬乱着头发，赤着脚，还戴着枷锁，说这种饮酒方式叫"囚饮"。有时，他与人在树上饮酒，说这是"巢饮"。有时夜晚不点蜡烛，与客摸黑而饮，这叫"鬼饮"。有时与客饮酒时，忽然跳到树上，一会儿又跳回地上，说这是"鹤饮"。清人梁绍壬《两般秋雨庵随笔》中还有记载说，唐代虢国夫人把鹿肠悬挂屋梁之间，将两端结住，其中实酒，要喝的人就打开其结，用口去吸吮。金章宗用一种薄如冬瓜片的软金叶，做成酒杯，使人喝时越吸越不尽，以此增加饮酒的乐趣。明代的浙派画家汪肇善饮，而且他有一个特殊的本领，即"遇酒能象饮数升"。"象饮"就是用鼻子饮酒。据传有一次他被贼船裹挟，他炫耀自己“作画不用朽，饮酒不用口”，与众贼一起饮酒画画，有意用鼻吸饮，众贼称奇，高兴之余，每个人都喝得大醉，因此他才得以借机会逃身。鼻饮，本是一种特殊的饮用水浆的方式，古人对此有记述。《汉书·贾捐之传》：“骆越之人，父子同川而浴，相习以鼻饮。”这里说的是岭南之民的生活习俗。南宋周去非著《岭外代答》一书，记录了广西一带社会状况和风土人情，其中对“鼻饮”是这样描述的：“邕州溪峒及钦州村落，俗多鼻饮。鼻饮之法，以瓢盛少水，置盐及山姜汁数滴于水中，瓢则有窍，施小管如瓶嘴，插诸鼻中，导水升脑，循脑而下入喉。”这里说的是饮水，至于用鼻子饮酒，则属于个人的特殊技能。

个人独自创造的饮酒方式，往往是因自己的爱好或技能养成的，而在民族生活传统上，很多民族聚集区沿袭不同的传统，历史上形成了多种多样的饮酒方式，它们与各自的宗教和民俗特点相结合，别有一番风情。饮“咂酒”是自古遗留下来的独特的饮酒方式，在西南、西北等地区流传。每当喜庆日子或有宾客来临时，总要抬出一坛老酒，人们围坐在酒坛周围，每人手握一根竹管或芦管，斜插入酒坛，从其中吸吮酒汁。这种独特的饮酒方式气氛热烈，可以加强人与人之间的感情交流。我国近代史上太平天国翼王石达开率部经过贵州少数民族地区时，曾和当地民族一起饮砸酒，并赋《咂酒诗》以赞其事：“万颗明珠一瓮收，王侯到此也低头。双手抱住乌龙柱，吸得长江水倒流。”

喝“咂酒”本是很多民族共同的饮酒方式，其具体规矩大体相似。“咂酒”的做法常以糯米、玉米、高粱、小麦等米料装入酒坛，储藏一年或更长的时间，然后在饮用时，用水冲泡，以吸管吸饮。喝酒时，先将烧好的水放在一边，再将一坛酿好的酒放在客人座位边，插入两根细竹管。客人到齐后，先请最年长的坐于酒坛前，领头诵经，用手指蘸酒洒向四方，然后，请另一位年长者与他同坐在一起，各含一根竹管吸饮。这时主人在旁边慢慢地将一瓢开水从上渗入酒坛，开水渗到坛底，便成了酒。展开的顺序依年龄进行，在饮用的过程中，主人不断地向坛内冲开水。这种轮流喝咂酒的场面一般规模都较大，多则甚至可以围坐百十来人，这样依次轮流下去，乃至于连小孩也要去喝上几口，给大家增添乐趣。羌族喝这种“咂酒”，一人拿一根长而细的吸管，围坛咂酒，在喝酒的过程中，还穿插有歌舞。据说壮族喝咂酒已有一千多年的历史，古代的壮族人有一种特殊的饮酒方式叫打甏。据《岭外代答》载，钦州之地的壮族村寨，用小瓮干酿成浓糟，储存起来。客人来了，在地上铺好席子，把小瓮放在宾主之间，旁边放一盂净水，开瓮后，酌水入瓮，插一根竹管，宾主轮流用竹管吸饮，依先宾后主的次序吸饮。其实这种饮酒方式极为普遍，在黎族、布依族、羌族等都有很久的传统。

饮“转转酒”是彝族人特有的饮酒习俗，所谓“转转酒”，就是饮酒时不分场合地点，也无宾客之分，大家皆席地而坐，围成圆圈，一杯酒从一个人手中依次传到另一人手中，各饮一口。这个习俗，据说来自一个传说：在一座大山中，住着汉人、藏人和彝人三个结拜兄弟。有一年，三弟彝人请两位兄长吃饭，吃剩的米饭在第二天变成了香味浓郁的米酒，三个兄弟你推我让，都想将酒留给其他弟兄喝，于是，从早转到晚，酒也没有喝完，后来神灵告知，只要辛勤劳动，酒喝完后，还会有新的酒涌出来，于是三人就转着喝开了，最后三个人醉在一起。

水族民众素以“肝胆酒”招待客人，象征着双方肝胆相照。他们在杀猪时，一般都把猪胆留下来，当有宴客时，酒过三巡，主人便取出猪胆，把胆汁注入酒壶，给在座的人各斟一杯，由在座的老人或客人先喝，然后按照顺序排开，一一斟饮。这种酒不仅有表示诚挚友谊的意义，而且还具有清火明目、降低血压等功效。贵州东南一带的苗族居民接待来客要敬献牛角酒。苗家人身上都带着雕刻花纹的水牛角，客人到寨门时，穿着华丽的苗家姑娘举起牛角酒敬客，同时还有几位姑娘在客人胸前挂两三只彩蛋，表示吉祥如意。如果客人懂得苗家规矩，要双手捧住牛角，一饮而尽，就会顺利进入苗寨。古典小说《水浒传》第五十一回写到过"赶碗头脑酒"，其饮法别致，是将肉及杂味放入大碗，再注热酒而饮。这一情节也别有情趣，真正能够表现草莽英雄"大碗喝酒大口吃肉"的本色。

四、中国酒文化的内涵演变过程

中国酒文化在不断发展。物质文明的进步、心态观念的变迁、社会制度的更迭，成为它变化运行的内在动因；而现代文化的冲击和外来文化的切入，成为它变化运行的外部环境。在这种内应力和外应力的共同作用下，中国酒文化的物质内涵、精神观念、载体结构、功能价值不断调整变化。

商、周两代酒文化已发展到较高水平，中国人独创的酒曲复式发酵酿酒法已完成，并提出了发酵的阶段性理论，创立了被后世酿酒业奉为圣典的"古遗六法"，即：黍米必齐，曲蘖必时，湛炽必洁，水泉必香，陶器必良，火齐必得。在酿酒原料上，除水果外，开辟了稻谷、粟、秫等新原料；在操作上，注意原料的精细、水质的优美、酿器的清洁、火候的适当及发酵过程的控制等；已建立起微生物发酵的概念，知道用各种方法避免杂菌的干扰，创造良好的微生物生存、繁殖环境；名酒的品种更多，加香酒此时亦被创造出来。此时在社会上饮酒之风日盛，酗酒豪饮成为时尚，商纣王"帝辛"开设"肉林酒池"，吴王夫差构筑"姑苏台"……殷商王朝覆灭以后，周王朝大力推行礼仪，把酒具作为礼器在宗庙举行祭祀时使用，按照严格的等级制度规定，不同地位的人使用不同的酒器。

两汉时期，由于农业生产技术的进步、水利设施的改善、粮食生产的发达，必然导致酿酒业的发展。当时的江苏几成酿酒都市，建康、徐州、扬州、苏州均出名酒。东汉后期，江南经济飞速发展，吴郡太湖流域的开发速度大大加快。三国时期，东汉末年吴为孙权领地，有人说读《汉书》可以下酒。"三国"是《汉书》的延续和《志》的演义，更几乎是回回有酒，酒酒不同，无酒不成书。酒与兵成为周公瑾手中的两个重要武器，一个疆场拼杀，决胜于千里之外；一个酒中藏兵，决胜于筵席方寸之间。如"群英会蒋干中计"写周瑜佯醉骗蒋干，使曹操杀了帐下大将张元、蔡瑁，奠定了赤壁之战胜利的基础就是一例，其他还有计谋酒、激将酒、庆功酒、谈判酒、"何以解忧，唯有杜康"的乐极生悲酒等等。"一壶浊酒喜相逢"，这说明当时江东酒业的发达和酒类生产的兴旺。

东晋南北朝时期，北方农民因避难大量南迁，带来了先进的生产技术，增加了南方的劳动力，南方农业普遍发展，都城建康、曲阿（今江苏丹阳）及三吴地区（吴郡、吴兴、会稽）成为著名粮仓。粮食的富余、经济的发达，给酿酒业提供了长足发展的劲头。北方人民的南迁，使南北酒文化再一次得到融合，出现了许多名酒，像“味似花上露，色似洞中春”的曲阿酒等。

隋唐时期，由于封建经济的发展，酿酒业又有更大的进步，唐朝金陵的金陵春、苏州的五酘酒采用加饭多投法，酒味醇浓，品质优异。白居易有诗赞曰：“倾如竹叶盈樽绿，饮作桃花上面红。”陈存《丹阳作》：“暂入新丰市，犹闻旧酒香。”可见当时酒质的醇厚。

北宋时期，名酒品种更多，以江苏境内为盛。它们或以酿法精细，或以水质优美而名盛一时，为世人所赞。

元明时期，酒品种更多，如无锡古老的“老廒黄酒”，因用惠泉水酿制，味美异常，被誉为“惠山泉酒”，明人冯梦龙在《醒世恒言》中有关于此酒的记载。同时还有扬州雪酒、苏州坛酒和三白酒、江阴细酒等。

明末清初，酿酒业更为发达。当时的江苏境内兴起了以宿迁、泗洪、泗阳为中心的酿酒都会。酒的需求量、品种都超过前代，人们对酒和饮酒的看法也较为丰富、成熟。酒道德观强调饮酒顺性和饮酒适量，认为醉乡可以给人带来快乐，但也会留下无穷的忧伤，认为饮酒应以“唇齿间觉酒然以甘，肠胃间觉欣然以悦”为限，提倡饮酒时“欢而不狂，尽兴而不混乱，陶性而不伤身”。明代人认为饮酒本身无可指责，关键是“有所禁而不淫”，有醉乡“十一宜”的说法，即所谓“醉花宜昼，醉雪宜祖，醉月宜楼，醉暑宜舟，醉山宜幽，醉水宜秋，醉佳人宜微酡，醉文士宜妙令酌无苟，醉豪客宜挥觥发浩歌，醉将离宜鸣罨，醉知音宜乐侑话无它”。

清军入关后，其文化却是承袭汉人的，因此，清代的饮酒习俗也是沿袭明代的，名酒更多。清初乾隆帝二下江南，在行宫饮洋河大曲美酒，大加赞赏，并御笔题：“酒味香醇，真佳酒也。”洋河大曲从此名声更盛。江苏亦形成了“三沟一河”的酿酒环境（高沟、双沟、汤沟、洋河），历史上亦出现了许多赞酒之佳话。

第二节　中国酒文化在现代社交礼仪中的运用

一、酒宴礼仪的社会作用

（一）凝聚亲友、稳定社会的作用

“无酒不成席，无酒不成欢，无酒不成宴，无酒不成礼。”酒成为社会生活中不可或缺的存在物，它见证着人生悲欢喜乐，印刻着时光的记忆。多少岁月，凝聚成举杯欢庆的一刻！多少汗水，才换来共饮欢庆的一时！酒宴使在场的每个人都感受到自身真实的存在，每个人都可以在酒宴上“打庄”祝酒。“打庄过”才有身份，喝了才有面子，友情在“我打庄你喝干”时得到升华，“感情深，一口闷”！不喝就不给面子，不干就感情不深！主人在酒宴中凝聚人脉，拓展人缘，加深感情，“呼朋唤友，一醉方休”。在喜庆的气氛中亲朋好友得以一聚，畅谈工作进展，闲聊家庭生活，一桌人围坐在一起，相互介绍，结识新朋友。参加了酒宴，又认识不少新友，人脉得以扩展，电话簿又新增了不

少新人。酒宴将繁忙工作中的亲友凝聚在一起，使人与人之间的感情得以延续和扩展。俗话说，家庭是社会的细胞，家庭稳定了，社会才能稳定，通过参加酒宴，家庭关系、亲友关系得以稳固，社会更加有序发展，不能不说酒宴具备凝聚亲友、稳定社会的作用。

（二）尊老爱幼、礼仪教育的作用

不同酒宴有不同的礼仪，不同地区的礼仪也不尽相同。然而，自古以来，我国各地的酒宴都强调尊老爱幼的习俗。《礼记·曲礼》有记载："侍饮于长者……长者举未釂，少者不敢饮。"意思是，年轻人应为老人侍饮，老人举杯还没喝完，年轻人不敢抢先喝酒。古时，民间的宴饮体现着尊敬老人的习惯，在官场的宴饮中，礼仪则转化为爵秩有序、尊贵卑轻等一系列严格的礼仪戒规及宴饮禁律。笔者在此不加赘述。在当代，有些地方还保留着年满60岁的长者方可坐着饮酒的习俗，其余的人只能侍立在长者之侧站着饮酒。有些乡饮酒宴结束，必须等杖者（即老年人）先离席出去，然后自己才出去，表现了对长者的尊敬。现代生活中的酒宴上，酒宴的座次和朝向也有讲究，一般长幼有序，老人坐上席，年轻者坐旁席，年幼者则多随父母，较为自由随性。席间，年轻人要先向长者敬酒以表示尊敬，然后才是同龄者之间共饮。如若席间需要先离去的，也需向年长者致歉说明："有事不能陪酒，望谅！"对于年幼的小孩，酒宴中一般享有特殊的待遇，通常可以先饮先吃，擅自离席也是无可厚非的。酒宴活动中多处体现着尊老爱幼的社会礼仪，对于其参加者不无良好的社会教育作用。

（三）抒情感怀、文化交流的作用

"人生得意须尽欢，莫使金樽空对月。"多少文人墨客为酒而诗，对酒当歌，把酒感怀。"何以解忧，唯有杜康"，他们或借酒浇愁，或借酒赋诗，或借酒泄愤，或借酒抒怀……酒宴是文化交流的场所，是繁衍诗书、乐曲和文豪之地。在隐蔽而雅致的舍所，墙上挂着或遒劲或绵柔的书法作品，耳边流淌着琵琶、笛子等的丝竹之声，手边把握着泛着香气的杯盏，嘴里吐着高雅精美的文字。酒席间，聚集了文化水平相似的文人，为一句诗可以罚酒三杯，为一段情可以长醉不醒。很多感人的诗篇都是在酒宴中诞生的。酒催生了诗仙的灵感，酒激发了文豪的笔触。酒宴是文化交流必不可少的形式，是施展文学艺术才情必去的场所，也是国与国之间外交的必要利器。国家外交款待外宾会设不同等级的酒宴，等级象征着宾客的身份。酒宴成了跨国文化、经济交流的桥梁。多少国家间的协议在酒宴中被谈妥而签署，多少争端在酒宴中被和谐地解决。首脑们友好地握手之时，正是饮酒酣畅那一刻。酒宴在促进地区和国际间的文化交流中的作用功不可没。

（四）商业洽谈、商务谈判的作用

商场如战场。商业洽谈更是离不开酒宴。可谓没有酒宴，何来合同的签署？没有酒宴，何来战略合作？要融资，要贷款，没有酒宴的助力，商业洽谈往往是一场空。只有在酒宴中，才能充分施展公关人员的商业才华，动之以情，晓之以理，醉之以酒。与各方重要人士"亲密"接触，规划方案才能被充分理解，才能获得更多方面的资助。在畅享酒的醇香之后，合作得以开始。商业洽谈少不了酒的功劳，酒宴是商战必备的利器。通常，根据商务活动的需要，酒宴的规格有相应的级别，也相应有不同的场所。如果是超大项目的洽谈，酒宴的奢华程度往往让普通人可望而不可即。其中所设的上等好酒是五粮液或者茅台，或者国外的上等洋酒。可以说，酒宴发挥的作用，不仅仅是签署了一份合同，还有可能是拓展了财源。是精心准备的酒宴，打动了客户的心；是规格不凡的酒宴，拉近了合作双方的距离；是醇美的酒宴，增进了合作的好感和信任。酒宴在商业洽谈中的作用，不是用数字可简单度量的。

（五）信息资源、拓宽视野的作用

现代社会经济高速发展，生活节奏也非常快。没有信息就等于没有机会，没有机会就会丧失竞争力，自身的经济实力也会随之下降。各公司、个人在生活中都会充分收集信息，把握对自身有利的信息资源，充分加以利用而促进自身发展。酒宴既是信息的聚集地，也是信息扩散的场所。可以说，不参加酒宴，不知晓天下事。平日里，芸芸众生皆忙于生计，忙于家事，庸庸碌碌者众多。在围城中，多人逐渐丧失了起初的事业心，丧失了原有的竞争力而浑然不觉。参加完酒宴，恍然惊觉别人早“跑步进入小康社会”了，自己还懵懵懂懂，落后三尺。觥筹交错间，信息缺乏的人谈资缺乏，时尚流行语尽数不知，只能在参加完酒宴后私下打听，还怕落得人家笑话。而经常在酒宴中高谈阔论、游刃有余的人，往往是在酒宴上收集了众多信息、耳聪目明之人。有的人在酒宴中找到工作机会，有的人在酒宴中认识朋友，有的人在酒宴中发现公司发展的新契机……在这个快速发展的信息时代，酒宴是信息来源的所在，酒宴带给人们多样化的发展机会。酒宴拓展了人们的视野，是融合了生存、竞争、机会、发展的大舞台。

（六）促进地区旅游业发展的作用

目前，地区旅游业的大势兴起促进了地区经济的大发展。一些依托酒文化而开发的旅游项目起到重要的作用。例如，以汾酒集团为代表的山西酒乡全力打造酒文化旅游基地；宜宾五粮液集团也欲开创中国酒文化旅游第一圣地，利用其花园式生态酒厂做产业园区游，建造酒文化雕塑、复古酒作坊遗址，塑造酒产业精品旅游线路；四川泸州老窖国窖广场的名优特产购物区；贵州茅台酒厂的“国酒文化城”；等等。纵观国内酒文化旅游产业的开发，酒宴习俗在其中发挥了极大的作用。地方的、民族的酒宴习俗表演，包括婚宴、满月酒、寿酒、壮行酒等习俗，被加以编排后融入旅游项目的表演中，酒宴的场景、酒宴礼仪被塑造为铜像雕塑来展出，形象栩栩如生，不仅给来自五湖四海的游人们耳目一新之感，也使游人们增添了不少历史文化知识，加深了对中华传统文化的理解。酒宴所用酒器被陈列在博物馆中，包括尊、爵、角、瓤、翠、献、解、危、盂、卣、壶、杯等等，名称不一而足。造型多样的“尊”，大小不一的“酒杯”，使人畅想起古人饮酒时的豪迈，不禁也想豪情壮志勃发，“怒发冲冠”一回。四川宜宾学院近年来兴建的酒包装博物馆，收集了全国各地多个厂家生产的各式各样的酒瓶，吸引着各地的酒文化爱好者前来观赏、品评。当下，各地区旅游业的发展在酒文化的推动下正欣欣向荣，如火如荼。

二、酒宴上的礼仪技巧

人是社会活动的主体，作为社会成员处于各种复杂的社会关系中，因而处理好各种社会关系相当重要。而各种宴会作为社会交往的重要手段，是搞好社会关系的一种“无敌”武器。但宴会上的酒往往是最令人头痛的。如何应付喝酒的场面，已成为滴酒不沾的朋友亟待解决的问题，因为通常是“为自难顾全”，达不到通过宴会搞好各种关系的目的。“顾全则坑己”，忍受痛苦则要出卖自己。难道就无法达到两全其美吗？其实未必。

如何处理呢？为了在酒场上达到两全其美，请注意以下三方面：

1. 有备而行。要自如地应付酒场，应当做好充分的准备。首先要准备好自己的装束，以示对人的尊重。其次，针对自己将赴的酒场做好各种应急的准备。带解酒药片，如维生素 A、维生素 B、维生素 C、索密痛等 1～2 片，以备在非喝不可时应急。带上手机等工具以备在危机时刻设法脱身。做好以上准备，你大可卸下“包袱”轻松上场。切勿因上酒场而愁眉不展，如同大祸临头似的。心理学上讲，当人心情舒畅时其随机应变能力一般较强。

2. 搞清情况。应弄明白酒宴性质、自己在场上的身份、参加者及其情况。因为对待不同的酒宴，自然要采取不同的策略。在一个非正式的酒宴上（一般比较随意，易出现灌酒的场面），如婚宴、欢庆宴等，若自己是宴会的主角，并有十分重要的人物参加，则必须严肃对待，谨慎行事。相反，如果是较正式严肃的酒宴，如送别宴，你本身又不是主角，尽量让一帮“铁哥们”参加，你大可不必紧张，你大可随便一些。总之，欲做到“有的放矢”，须先搞清情况。

3. 临场实战。作为滴酒不沾的人在酒场之上应尽量避免敬酒。你可试着采取下面的策略。

策略 1：适时声明自己不胜酒力，请求随意或能以他物代酒。一个不喝酒的即将出国的学生，在他亲朋好友为其准备的送别酒宴上，致谢时说道：“感谢各位为我准备的酒宴，本应于此与各位一醉方休，以领各位美意，无奈我不胜酒力，故望能得以随意！”

策略 2：隐藏自己，不使自己在饮酒时受到太大的注意。

策略 3：借故推让。当然所编的理由应合情合理，如这几天因遭风寒而不能喝酒等。

策略 4：稍饮一些以戒人之口。在很多时候，只一味地推让，往往解决不了问题而使人认为自己太小气，故在必要时，要稍微饮一些以不失风度。

策略 5：必要时主动举杯，以不失基本的礼仪（当然未必喝下去，只一形式而已）。因自己平时滴酒不沾，所以饮量虽少也有可能受不了。可采取下面措施：服解酒药；借故离席，假装回电话，然后借有急事，主动道歉后离去，当然半途退场十分不礼貌，非到万不得已不可用。

第三节　传承中国酒文化的现代价值

一、发扬和传承我国传统文化的精神价值

儒家思想对我国的文化、礼节有着深远的影响。即便是在全球化经济高速发展的今天，我们受到各国文化，特别是西方酒文化的影响，而今，喝洋酒、吃西餐、熟知西方社交礼仪的大有人在，但这丝毫不能撼动东方酒文化在人们心中的神圣地位。在我国的传统文化中，儒家思想最容易被学者提起，儒家思想提倡“仁义礼智信”，“礼”与现在所说的“礼仪”相同，礼仪可以是道德行为的一种形式，一个人的言行举止、对人对事的态度可以体现出这个人的礼仪风范，这些都是一个人道德品质的表现，所以传承好中国传统酒文化，可以很好地发扬和传承我国传统文化的精神价值。

二、提升文化竞争力，增强民族自信与认同

在文化交流越来越密切的时代，文化“软实力”成为各个国家发展强调的关键词，好莱坞的电影、日本的动漫、韩国的综艺在各国传播的时候，也是在传达本国的文化，他们在不断加强自身的文化竞争力，做了很多的努力。我国在这方面仍需要不断努力，要的就是做好礼仪宣传。而酒文化对思想道德的影响非常大，所以传承好中国传统酒文化，可以提升文化竞争力，增强民族自信与认同。

同时，中国传统酒文化有助于筑牢中华民族多元一体格局。汉民族的酒文化历史最悠久，文献最丰富，发展水平最高，代表了我国酒文化的主体。但我国少数民族的酒文化也是丰富多彩的，不能仅以汉族的酒和酒文化来概括和代表一切。中国酒是一个涵盖面非常广的概念。从纵的方面说，它包括中国古代的酒，也包括当代的酒；从横的方面看，它既包括汉族的酒，也包括各少数民族的酒。有资料说明，在我国古代，有像鬯这样的名酒，在当代，也有像茅台这样的名酒，它们之所以成为名酒，其中也都有民族或地区之间酒文化交流的因素。民族调查中发现的、传说为文成公主带到西藏的银酒器，可说是这方面的一个明证。今天，除了众多的汉族酒以外，像藏、蒙古、维吾尔、哈萨克、朝鲜、彝、侗、壮等民族的酒，也都有各自独特的风格，值得我们重视和研究。费孝通先生倡导“中华民族多元一体格局”的理论。中华民族传统文化也就是这样一种多元一体的结构，酒文化便是这一结构中的一个重要的组成部分。

三、推动文化融合，助力经济发展

酒文化与旅游文化、创意文化、互联网文化的融合已成常态，并有利于形成新的业态、动力源和增长极。首先是酒文化与旅游文化融合。该类融合使得酒文化具有了旅游价值和旅游功能，由此也产生了新的旅游类型——酒文化旅游。根据酒文化的类型，酒文化旅游可分为白酒文化旅游、葡萄酒文化旅游、啤酒文化旅游、黄酒文化旅游等；根据发展的侧重，酒文化旅游可分为生态旅游、工业旅游、节庆旅游、遗产旅游和养生旅游。名酒生产企业是酒文化旅游的主要发起者。例如，宜宾五粮液、泸州老窖、绵竹剑

南春、古蔺郎酒等名企推出了宜宾五粮液酒史博物馆、中国宜宾酒圣节、泸州老窖陈列馆、泸州 1573 老窖窖池、剑南春酒史博物馆酒坊遗址、郎酒厂天宝洞和地宝洞等酒文化旅游产品。此外，一些地方政府、行业协会也发起或支持酒文化旅游，如泸州市建设“泸州老窖旅游区”，并将酒文化旅游确定为该市旅游的主打类型、宜宾市打造“中国白酒之都”、青岛市政府将“青岛国际啤酒节”打造为国际著名的酒文化旅游品牌和亚洲最大的啤酒旅游盛会。

其次是酒文化与创意文化融合。该类融合使得创意设计、创意开发成为酒文化创新的核心动力，使得创意产品成为酒文化创新的重要成果。例如，对酒类产品的造型、包装、展销、广告、衍生品以及酒厂的建筑、内外部环境、品牌形象、网站等进行创意设计，对与酒相关的诗词歌赋、文物古迹、名人名事、民俗文化、工艺美术、工业景观、农业产品等进行创意开发，推出既保留酒文化韵味和内涵，又满足消费者审美、实用、便利、安全、舒适、时尚等需求的高附加值创意产品。

最后是酒文化与互联网文化融合。该类融合使得与酒相关的企业网站、电子商务平台、公共服务平台、微信公众号等不断涌现，酒类产品的生产、仓储、运输、销售、消费环节逐渐网络化、信息化和智能化，越来越多的相关企业向自学习、自适应、自协调、自进化并且不断创新的“智慧型组织”方面转变，越来越多的从业人员开始以互联网思维发展酒产业。例如，从业人员以大数据分析市场，面向不同的消费者及其“痛点”进行产品的精准开发和精准营销，企业以 O2O 模式实现线上线下一体化，以 C2B 模式保障消费者的参与权、定价权、选择权、评价权进而实现企业与消费者双赢，以交互式网络平台将消费者转化为编外员工和企业“粉丝”，以网络营销打破“酒香不怕巷子深”的传统营销法则，以全球化网络体系将产品生产和企业经营模块化，以小众市场和分散市场开发实现“长尾”经济效应。

第七章　国外酒文化

第一节　酒文化的起源与发展

由于生活环境、历史背景、传统习俗、价值观念、思维模式和社会规范不同，东西方甚至国与国之间的酒文化呈现出风格迥异、各具特色的民族性。中国酒文化（以汉民族为主）和西方酒文化（以英语民族为主）的传统思想、表现形态及价值含义等均存在差异。

一、酒文化的起源

中国是酒的故乡，是酒文化的发源地，也是世界上酿酒最早的国家之一。在中国数千年的文明发展史中，酒与文化的发展基本上同步而行。国外则主要将美索不达米亚平原视为世界酿酒技术与酒文化的发源地。据记载，地球上最早的酒，应是落地野果自然发酵而成的。因此，可以说酒的出现，不是人类的发明，而是天工的造化。

1. 谷酒之父——啤酒

啤酒又称麦酒、液体面包，是历史最悠久、人类最古老的酒精饮料之一，是继水和茶之后世界上消耗量排名第三的饮料。早在公元前 7000 多年，苏美尔人的酿酒技术就已经比较成熟，原始的啤酒是他们用大麦、小麦、黑麦等酿制而成的。公元前 3000 年以后，古埃及人便从苏美尔人那里学会了酿造啤酒的技术，并开始盛行饮用啤酒，当时古埃及人称啤酒为“海克”“热喜姆”。公元前 48 年，古罗马恺撒大帝率兵进入埃及亚历山大城后，啤酒酿制技术由军中的日耳曼人和罗马人带入欧洲。在以后漫长的岁月中，日耳曼人在欧洲大陆纵横驰骋并和欧洲各地土著居民融合，酿酒技术和酒文化日益发展。

2. 果酒之父——葡萄酒

葡萄是人类最早种植的植物之一。大约公元前 8000 年新石器时代的野生葡萄种子在土耳其、叙利亚、黎巴嫩的考古挖掘中被人们发现，而同时代的葡萄压榨器在叙利亚的大马士革被发现。这些情况表明，公元前 8000 年该地区已经开始酿制葡萄酒。葡萄酒文明对西方历史、宗教、文化、艺术的发展产生了深远的影响。从其起源到发展，它始终活跃于欧亚大陆的交界地区，并奠定了葡萄酒文明在西方酒文化中的核心地位。

3. 酒神的传说

酒神狄俄尼索斯

(1) 众神之王宙斯与底比斯公主塞墨勒的儿子是西方公认的酒神，他是西方神话中一位命运坎坷的神祇。在酒神尚未出生时，因遭天后挑拨，塞墨勒公主被宙斯用雷电触击致死，幸好宙斯将仍活着的胎儿从塞墨勒腹中取出，缝进了自己的肉中抚养，并生下了他。在古希腊神话中，酒神名为狄俄尼索斯（Dionysus），其形象为一位容貌英俊美丽又娇弱的男青年。大概在公元前 200 年，对酒神狄俄尼索斯的崇拜流传到了罗马，在古罗马神话中酒神则被称为巴克斯（Bacchus）。而在某些戏剧绘画等艺术作品中，人们把酒神刻画成放纵恣意的形象，他戴着常青藤的花冠，手持松果形的图尔索斯杖，坎撒洛斯双柄酒杯和葡萄是酒神最典型的形象特征。西方人笃信是狄俄尼索斯发明并向人们传授了栽种葡萄的技术，又酿成了葡萄美酒，因而对酒神十分崇拜。酒神祭典在西方的许多地区和国家盛行，酒神象征着西方文化中自然柔美、狂放的特质，堪称西方文艺精神之典范。在雅典酒神祭典期间，人们会在卫城南边的酒神剧院举行盛大的祭祀典礼和戏剧比赛。酒神祭典开创了西方诗歌、戏剧、绘画等艺术形式的先河。

酒神俄赛里斯

(2) 古埃及神话中的酒神俄赛里斯（Osiris），亦有译为奥西里斯，其是古埃及的冥王，也是九柱神之一。相传，俄赛里斯是大地之神盖布与天空之神努特的儿子。他在埃及人还过着人吃人的野兽生活时，教会了大家耕作、采摘果子以及酿酒。因此，人们敬他为文明、农业和植物之神。在俄赛里斯的故事里，善妒的不是自己的后妈，而是弟弟赛特。这个弟弟因嫉妒哥哥受到敬重和爱戴，想方设法要置他于死地。一次，赛特为俄赛里斯量身定做了一口棺材，并把众神聚在一起说，谁要能躺进这口棺材，就将它送给谁。赛特怂恿哥哥俄赛里斯试试看。等到俄赛里斯一躺下，赛特就猝不及防地将棺材盖上，扔进了尼罗河。就是这造成了尼罗河每年一次的泛滥。俄赛里斯的妻子伊西斯沿着尼罗河找呀找，终于找回了俄赛里斯的尸体，并借助魔法将他复活。可是，善妒的赛特不肯善罢甘休，再一次将俄赛里斯残忍杀害。这次，他多长了个心眼，将俄赛里斯的尸骨分割成 14 块（也有说 15 块的），还分散藏在了大陆的各个角落中。可怜的伊西斯花了很长时间寻找俄赛里斯的碎尸，虽没能找回全部，但也勉强将他拼凑起来，再次复活了他。可惜，伊西斯的魔法没能长久维持俄赛里斯的生命。不久，俄赛里斯又一次死去了。这次，其他神祇决定让他来做冥王。听完俄赛里斯的故事，你是不是觉得他与酒的关系并没有很大，那他为啥能当酒神呢？原来，俄赛里斯的信徒认为，经过尼罗河凶猛的泛滥之后，尼罗河三角洲才成为肥沃的土地，因而保证了农作物的丰收。河水泛滥与农业丰收这两种明显相反的特性，正与带来快乐和痛苦的酒的两面性一致。

(3) 苏美尔是四大文明之一——美索不达米亚文明中最早的文明体系了。他们的酒神宁卡西（Ninkasi）据说教会了人类酿造啤酒的方法。至今，在苏美尔地区依旧流行着“宁卡西颂歌”，这首颂歌不仅表达了人们对宁卡西的赞美之情，其歌词也是酿造啤酒的秘方。

苏摩

(4) 苏摩（Soma）原是一种蔓草，将其茎取出，浸泡在水中，用石头压榨出汁液来，再经羊毛筛过滤，加水、牛乳、麦粉搅匀发酵后就酿成了苏摩酒。在印度神话中，这种酒常被用来祭祀神明。在《梨俱吠陀》中，苏摩酒还被称为天神之甘露，可赋予饮用者超能力或永生之力。渐渐地这种酒被人格化，成为酒神的名字。在印度史诗中，苏摩是掌管祭祀、苦行、星座、药草的保护神。除了苏摩，印度还有一位女酒神——伐楼尼（Varuni），她是水神伐楼拿（Varuna）的妻子，是代表司酒与陶醉的女神。

(5) 苏塞鲁斯（Sucellus）是高卢人（代指生活在当今西班牙、葡萄牙、法国、比利时、意大利北部、荷兰南部、瑞士西部、德国莱茵河西岸）敬奉的酒神，掌管着森林、农业和酒的酿造。他总是手执长柄槌和酒杯以保平安，还负责为阴间筵席置备酒肴。

（6）特资卡宗特卡托（Tezcatzontecatl）是墨西哥阿兹特克人心中的龙舌兰酒神。龙舌兰酒是中美洲神圣的饮品，也是墨西哥的国酒。从前，墨西哥人会在玛雅胡尔节上饮用龙舌兰酒。而特资卡宗特卡托又是龙舌兰女神玛雅胡尔（Mayahuel）和医药神帕特卡头（Patecatl）的儿子，因此被奉为酒神。

（7）日本是一个比较敬神的国家，有很多寄托着人们精神的神社。其中，日本奈良县的三轮神社、京都府的松尾神社、梅之宫神社在日本以供奉酒神闻名。这三家神社所供奉的酒神，分别代表了日本酿酒技术在不同时期的情况。三轮神社供奉的诸神中有一位名为“大地主命”的神，他是日本土著民族的代表，也代表了日本清酒的起源。松尾神社是京都最古老神社之一，也是日本最古老的酒神神社之一。其供奉的酒神据说是秦氏，他是距今1500年前从朝鲜半岛旅居日本的众多有技术的工匠中掌握酿酒技术的代表人物。而梅之宫神社供奉的“木花咲（xiaò）耶姬”神，则是传说第一个用大米酿造出甜酒的人，代表了1200年前开始的制麴酿酒。

二、酒的发展

古代西方的酒文化也有着源远流长的历史文化，与东方同为酒却有着不同的酒文化发展。在西方，最早的酒莫过于葡萄酒了，下面就以葡萄酒为例来看看西方酒的发展历史。

（一）尼罗河的赠礼——葡萄酒

1. 葡萄酒的起源

围绕着尼罗河生存的埃及人民用自己的智慧，创造出了西方酒文化中最早的葡萄酒。在一万多年以前，新石器时代的外高加索地区等地都有着大量的葡萄种子，说明了葡萄在当地是非常富裕的。所以人们对葡萄的食用方法自然也就多了许多。其实，真正的葡萄酒的起源在现实中却有待考究。

最多的说法就是希腊和埃及，而埃及的历史是目前能通过历史记载考究的，通过许多历史查看，可以断定希腊只是最早的葡萄园的种植地区。并且，在公元前 6 世纪时，葡萄酒才在欧洲、非洲、美洲地区广泛流传。

2. 罗马帝国之葡萄酒篇

随着葡萄酒的不断宣传以及发展，葡萄酒已经成了罗马帝国不可分割的一部分。它在罗马帝国最强盛的时期成为其经济产业的一个强大的支柱。但随着罗马帝国逐渐落寞，罗马的葡萄酒行业也变得不如往日强盛。

直到 4 世纪时，罗马皇帝正式宣布葡萄酒会被应用到基督教的典礼中，所以葡萄酒又在其中寻求了自己的社会地位，开始了长达几千年的发展历程。

3. 中世纪时期

葡萄酒在中世纪的发展，正如上文所说受到了基督教的极大影响。因为基督教在西方的社会地位极为重要，葡萄酒产业也就因此开始庞大起来。甚至《圣经》中的耶稣曾说过“葡萄酒是我的血”。由此也能看出葡萄酒在西方的重要性。

所以，从这个时期开始，人们对葡萄酒的发展也开始重视起来，甚至最后基督教的传教士去世界各地传播基督教时，葡萄酒也作为其中的一部分被世界各地信仰基督教的人传播。

4. 葡萄酒的危机

直到欧洲的 15、16 世纪时期，随着移民不断地进入欧洲，人力大量地输入也影响到了葡萄酒业的发展。所以，葡萄酒的酿造方式也就从原先的人工酿造变成了工业酿造。

新的工业酿酒方式虽然使葡萄酒得到了一定的发展，但是酿酒的品质也遭受到了一定的影响。直到迎来了“禁酒期”，这个时间段里，葡萄酒基本上属于停滞阶段，坦白说，若不是葡萄酒有着优厚的历史以及和欧洲人民的信仰有关，葡萄酒在这个时期就会彻底消亡。

5. 葡萄酒的二次发展

17、18 世纪时期，法国基本上垄断了欧洲的整个葡萄酒产业，并以波尔多和勃艮第两大产地的葡萄酒闻名。直到现代，这两款葡萄酒也在世界上非常著名。著名是绝对的，但产量也是绝对的，因为两个产地的葡萄酒产量有限，所以酿酒师开始在全世界各地寻求更好的葡萄酒酿造土壤，这也造就了葡萄酒的二次发展。

（二）东西方古代酒业的差别

1. 酒种的不同

中国的酒文化源远流长，其中流传最久的应属中国的白酒和黄酒，但是不管在什么时期，中国都是以白酒来享誉世界的。虽然中国酒的种类繁多，但目前基本上都是以蒸馏的方式制作酒的。而又因为气候不同，西方干燥的土壤并没有这么深厚的条件供其发展酒业，所以葡萄酒正是他们最佳的选择。

2. 酒杯不同

中国历史上的各个朝代，对于玻璃的制作工艺并没有展现出很大的兴趣，而是对瓷器青睐有加，人们最早的酒杯除了青铜器就是瓷器。而在西方，喝酒的器皿都是玻璃制品，基本上要在一定的程度上能看清自己饮酒的颜色，他们会通过色泽去评判酒的好坏程度，这也算是他们的饮酒文化之一。不过，西方人对于什么形状的杯具用来盛什么样的酒也有规定。

3. 饮酒礼仪不同

基本上，中西方的饮酒礼仪都不大相同。中国人饮酒重视的是事情、人，人们会将酒学应用在不同的场合，吟诗作画都会饮酒。而西方人喝酒重视的却是酒，他们会品酒，通过气味、色泽、口感等多个方面去评判酒的等级。

另外，中国人对酒的礼仪也有许多的规定，主客之别、尊卑有别都有不同的饮酒顺序，并且在不同的场合也会根据地位的不同或者年龄的关系有所调整，如在抵达典礼之前，就会被人告知饮酒的席位顺序，人们会根据这个顺序依次饮酒，表达对于这种文化的尊敬。同时，倒酒时的量度和顺序，以及杯具应该摆放的方式都会有规定，不同人士喝酒的姿势也是有所规定的，这就是中国古代关于酒的礼仪文化。而西方关于酒的礼仪主要体现在对酒的尊重上。人们最多会因为地位的尊卑而规定该坐的位置，但他们的重点确实在酒上。观察酒的颜色、微品酒的滋味，以及斜放来醒酒都是他们关于酒的礼仪。他们会规定饮酒的顺序，从淡到浓依次品酒，并且不同的葡萄酒都有着不同的杯具，这就是西方酒的礼仪——出于对酒的尊重。

4. 饮酒的目的不同

在中国古代，人们并不是特地去饮酒，虽然最后有了酒馆，也只是为了给忙碌的客人有所歇脚的地方。人们会通过酒的参与，去满足在任何事情上的快感。譬如作诗作曲作画中，只要是文人墨客在某些事情的遐想上，就绝对离不开酒的帮助。直到后来，人们也会通过酒去交识朋友，以酒论英雄也就是我们最熟知的武侠故事原型了。

而西方品酒基本上就不会有这么烦琐，人们喝酒只是为了单纯地品它，甚至在许多的重要场合中，酒是不会存在的。人们给足了酒的地位，也让西方的葡萄酒产业在这些西方人的不断评鉴中不断地进步。

5. 酒后行为不同

其实正如上文所说，在中国古代，酒就是文人墨客不断开发自己新的作品的必备手段。久而久之，只要是古代人喝醉就会有吟诗作曲的事情。因此，在古代也有许多的诗人被称之为“酒仙”“酒鬼”。

而西方人民却认为中国的这种酒后行为是不符合绅士的行为。所以西方会有一定的约束，尽量避免醉酒而发生酒后行为。

（三）科技进步的衍生品

其实，酒文化正是中西方几千年来历史流淌的最好见证者，只是西方对于酒的认知，仅限于酒，并且极其的单调，而我们古代对于酒的管理以及习俗的演变都将成为我们历史文化中的见证者。

我们大可以放眼去看世界上所有酒文化的发展。西方那单调地发展葡萄酒和尊重酒的习俗并非不是一件好事。只是他们在某些层次上真正地限制了酒文化的发展。

而我们泱泱大国，单拎出酒文化来看，不管是从种类、礼仪、习俗、酒具都有着我们中国自己独特的酒文化魅力。“酒仙”在作诗，“酒鬼”在作画，这就是我们东方酒文化中最好的标签，人们为了文化的发展，将酒也融入其中，这就是我们中国酒文化的起源与西方不同的原因。

不过，酒也向我们很好地展示了同一个世界不同人民思想进步下的知识结晶。

三、酒器与酒标

西方酒器多是透明的玻璃制品，能观察出酒的档次高低。西方酒器轻巧方便，现为大多数国家所接受。对于不同的酒，西方人所用的器具也不一样。由于酒的种类很多，风格各异，而且人们习惯上对不同酒精度和甜度的酒品的饮用有不同的酒具需求，因此，为了表现酒品的不同特色，酒杯必须适应酒品的风格。下面介绍一些典型的酒杯。

（一）酒器

1. 香槟杯

香槟属于一种特殊的起泡酒，它的名字是受到法国法律保护的，仅产自法国香槟产区。目前，香槟原产地保护制度已经得到了大多数国家的认同。它是一项知识产权保护制度，同时也是国家优特产品质量信誉保证制度。

香槟杯有三种器型：笛形、郁金香花形和浅碟香槟杯。

（1）笛形杯，称为香槟笛（英文：Champagne flute），杯身细长。笛形杯身可令酒的气泡不易散掉，令香槟更可口。

（2）郁金香花形杯，因香槟酒本身是白葡萄酒，所不同的是发泡，所以，饮用香槟也使用葡萄酒杯器型的玻璃酒杯，只是比葡萄酒杯的整体更趋于流线型，杯身细长，状似郁金香花，杯口收口小而杯肚大。它能拢住酒的香气，一般用于饮用法国香槟地区出产的香槟酒以及其他国家和地区出产的葡萄酒。

（3）浅碟香槟杯（鸡尾酒杯），一种特别形状的高脚杯，浅碟香槟杯又分两种形状，欧洲式和北美式，两种都可用于鸡尾酒饮酒用，也可作小吃的容器。两者不同之处在于，欧洲式杯身圆润、柔和；北美式杯身是三角形，线条直接而硬朗。这种浅碟香槟杯还有另外一个名字叫鸡尾酒杯。

2. 起泡酒酒杯

起泡酒的可贵之处在于其细密持久的气泡，一款起泡漂亮的起泡酒才是好酒。最适合起泡酒的是纤细的郁金香形酒杯，杯身细长，便于观察其美丽的气泡珠环；逐渐收拢的杯口则有利于保存起泡酒的香气，闻香时香气更集中。

另外一种是笛形杯，杯身狭长，是专为香槟而设，当然也适用于其他起泡酒，但其杯口较宽，不利于深入嗅闻起泡酒的芳香，也就不那么完美了。

香槟与起泡酒的区别：香槟是起泡酒，但起泡酒不一定就是香槟。香槟是来自法国香槟地区的起泡酒，只有这个地区的起泡酒才能被称之为香槟。

3. 甜酒酒杯

甜型葡萄酒的甜度极高，一般搭配餐后甜点，所以所用的杯子会比较小，甜酒酒杯独特的杯型设计能够使酒液直接流到舌中部和舌后部，甜味就不会盖过其他味道了。

4. 白兰地杯

白兰地杯是杯口小、腹部宽大的矮脚酒杯。这是独一无二的郁金香形酒杯，也叫小口矮脚杯或拿破仑酒杯，使用时可以用手握着杯皿，让手温通过杯壁传给杯内的酒，使酒温上升，以增加酒意。杯子实际容量虽然很大（240～300 毫升），但倒入酒量（30 毫升左右）不宜过多，以杯子横放、酒在杯腹中不溢出为量。

5. 红葡萄酒杯

窄口宽肚是红葡萄酒杯中的经典设计，窄口是为了使酒的香气聚集在杯口，不易散逸，以便充分品闻酒香和果香；宽肚是为了让红酒充分和空气接触，以前流行的酒杯都是小巧精致的样式，现在时兴的大肚杯拿在手上更加堂皇绚丽。红葡萄酒杯基本可以分为两类，即波尔多杯和勃艮第杯，分别针对两地所产的不同的葡萄品种而设计。

（1）波尔多杯

波尔多红酒的酸味和涩味较重，且多陈酿，正适合杯身较长且杯壁不垂直的郁金香杯形，杯壁的弧度正可以适度调控酒液在口里的扩散程度，而且较宽的杯口可以令饮者更好地感受到多种葡萄酒酿造而成的波尔多红酒那种渐变的香气。

同时，波尔多杯也适用于除了勃艮第之外的其他红葡萄酒。因为大部分的葡萄酒杯都是根据波尔多杯的风格去做的。但相比而言，专门的波尔多杯要比一般的红酒杯大而深。

（2）勃艮第杯

勃艮第红酒的果味重，大肚子的球形杯可以令酒液先流向舌头中间再向四方流散，使果味、酸味相互融合；向内收窄的杯口可以更好地凝聚勃艮第深奥的酒香，而较大的杯口则更适合于把鼻子伸进去闻香。酿造勃艮第红酒的主要品种是黑比诺，所以勃艮第杯又叫黑比诺杯。

6. 白葡萄酒杯

在外观设计上，白葡萄酒杯的杯身较红葡萄酒杯要稍显修长，弧度较大，但整体高度要低于红葡萄酒杯。因为白葡萄酒在口感和味道上要略微清淡，不需要较大的杯肚来释放酒体的香气。根据葡萄品种的不同，白葡萄酒杯比较常见的大致有三种，即霞多丽杯、长相思杯、雷司令杯。

（1）霞多丽杯

霞多丽白葡萄酒酸度较低，霞多丽杯仿佛一朵含苞待放的郁金香，杯口内收，这样的设计可使酒液直接流向舌头中部两侧的咸味区和酸味区（位于咸味区稍后），然后由舌头两侧慢慢地流向舌尖，使果香与甜味在酸度的衬托下渐次加强。

（2）长相思杯

由于长相思白葡萄酒属于清爽、甘洌型的葡萄酒，因此其酒杯的开口和杯肚都比较小，这样酒体会瞬间流入舌尖，使口腔被酒的花香和果香所包裹，从而淡化酒体的酸度。

（3）雷司令杯

雷司令白葡萄酒酸度较高，所以雷司令杯仿佛一朵盛开的郁金香，杯沿稍微向外展开。这样的设计有利于把酒液导向味蕾的甜味区——舌尖外部，可突出甜味和果香，降低酸的感觉。

7. ISO 杯

ISO 杯即国际标准品酒杯，杯脚高 5～6 厘米，酒杯容量在 215 毫升左右。酒杯口小腹大，杯形如郁金香。此杯是 1974 年由法国 INAO（国家原产地命名及质量管理局）设计，现在广泛用于国际品酒活动，不论是品酒比赛，还是葡萄酒学校或者研究机构都用这种酒杯作为品评用杯。ISO 杯是个全能型酒杯，不论是红、白葡萄酒或起泡酒，还是加强型葡萄酒（波特酒或雪莉酒），甚至白兰地，都可以用这个酒杯来进行品尝。它不突出酒的任何特点，只是反映酒原本的面貌。

8. 无情杯（Les Impitoyables）

Les Impitoyables 的法文字义为冷酷无情，任何葡萄酒倒入此杯，皆能将酒质各方面大公无私地表现出来。此品酒杯没有脚，只能用手指托住两个凹下去的部分持住。杯口与 ISO 杯的杯口同口径，杯底与杯内的凹陷位可通过摇杯，突出葡萄酒的各种香气元素，让人能够品尝到酒的各个层次。另外，它亦方便品尝者用两指握杯，避免手温影响了葡萄酒的香气。

9. 鸡尾酒杯

鸡尾酒（cocktail）是一种混合饮品，是由两种或两种以上的酒或饮料、果汁、汽水混合而成，有一定营养价值和欣赏价值。鸡尾酒不属于葡萄酒，它是几种不同的酒和饮料汇兑的酒。鸡尾酒通常以朗姆酒、金酒、龙舌兰酒、伏特加、威士忌、白兰地等烈酒或葡萄酒作为基酒，再配以果汁、蛋清、苦精、牛奶、咖啡、糖等其他辅助材料，加以搅拌或摇晃而成的一种混合饮品，最后还可用柠檬片、水果或薄荷叶作为装饰物。较流行的鸡尾酒杯是英国式的杯皿，杯身呈三角形的高脚杯，它的主要作用不在于突出外形上的美观，而是考虑到手温传到酒的问题。鸡尾酒一般需要冰处理，所以把盏饮用时，就不能用手直接接触杯身，以免手的温度影响到酒的风味，常见的鸡尾酒杯有如下几种。

(1) 马提尼杯

马提尼杯（Martini Glass）是一种倒锥形（V 型）的带柄玻璃杯，是用来盛装“鸡尾酒之王”马提尼的一种典型杯子，也是最常见的鸡尾酒杯，因此它有时候也直接被称作“鸡尾酒杯”，它更是世界各地鸡尾酒杯的标准模板。马提尼杯的容量一般不大，因此，其并不适用于基酒、调料众多的鸡尾酒。此外，由于形状独特，马提尼杯不宜倒太满，否则杯中的鸡尾酒很容易溢出来。

(2) 古典鸡尾酒杯

古典鸡尾酒杯(Old Fashioned Glass)又称平底杯、宽口矮脚杯，也是常见的杯型。它的杯沿较宽，杯底较厚，因此一些非液体成分可以直接在杯中搅碎。古典鸡尾酒杯适用于各种饮料，很多加冰鸡尾酒都会采用这种杯型(例如经典的加冰威士忌)，还有一些适用于高球杯的鸡尾酒也可以采用这种杯型。

(3) 高球杯

高球杯比古典鸡尾酒杯的杯身要高，比后文提到的柯林杯要矮，但更宽、更结实。它是高球鸡尾酒的经典杯型，几乎在每个酒吧都可以看到。高球杯的适用性很广，盛装的鸡尾酒一般也含有大量的冰块，混合了各种各样的饮料和其他调料。

(4) 柯林杯

柯林杯和上文提到的高球杯非常相似，杯身也是呈圆柱形，一般瘦且长，不过柯林杯比高球杯的杯身更窄也更长，有点像烟囱或玻璃灯罩。这种杯型常用来盛装一些以气泡元素的原料(如苏打水或起泡酒)为基酒的鸡尾酒，这样可以更好地保持其气泡。柯林杯并不如高球杯那么常见，因为大多数时候，这两种酒杯都可以替换使用。

（5）碟形香槟杯

碟形香槟杯是一种杯口宽而浅的碟形杯，1663 年，这种酒杯在英格兰诞生，从此成为搭建香槟塔必不可少的一种酒杯。当然不少调酒师也会用这种杯子来盛装鸡尾酒，例如边车和曼哈顿鸡尾酒。

（6）玛格丽特杯

玛格丽特有“鸡尾酒之后”的美誉，用来盛装这种鸡尾酒的酒杯类型非常多。玛格丽特杯，这种杯型是碟形香槟杯的变体，杯柄较高，杯身下半部分小，上半部分大，杯口处还常抹有盐或酸橙等作装饰。它是专门为以龙舌兰酒为基酒的鸡尾酒所设计，所盛装的鸡尾酒经常混合各类水果。在正式场合，玛格丽特杯也常被用作标准鸡尾酒杯；而在非正式场合，玛格丽特可能会用古典杯盛装。

（7）飓风杯

飓风杯也被称作旋风杯，它的杯柄很短，杯身很长（可以和高球杯交换使用），且呈曲线形，整体形状类似一个花瓶，杯口顶部则类似喇叭口，使其能够进行复杂的装饰。一般来说，这种杯型非常适合混合冰镇类饮料，在热带地区非常常见。

（8）冰镇薄荷酒杯

冰镇薄荷酒杯是一种桶状鸡尾酒杯，最好的材质是银，当然镀银的、锡镴制的或者不锈钢的也有。这种酒杯一般在美国肯塔基州比较常见，多用来盛放含碎冰的鸡尾酒，而且它可以让鸡尾酒在很长一段时间保持冷冻状态，特别适合天热的时候使用。

（9）爱尔兰咖啡杯

爱尔兰咖啡杯一般用于热饮鸡尾酒，因此采用抗热材质做成，其带有杯脚和矮矮的杯柄，还带有一个手柄以方便持杯。爱尔兰咖啡杯大多用于盛放以咖啡、威士忌为原料制成的鸡尾酒，热热地喝下去，可以帮助在冬天驱走寒意。

（10）波士顿杯

波士顿杯是鸡尾酒界不可或缺的一种杯具，不过它一般不会用来盛装成品鸡尾酒，而是调制鸡尾酒过程中经常用到的一种杯子。经典的波士顿杯为平底玻璃杯，杯身和高球杯非常相似，不过波士顿杯不是圆柱形，而是从杯底到杯口直径逐渐变大。

10．醒酒器

醒酒器，亦称作醒酒瓶、醒酒壶，是一种饮用新发酵葡萄酒时所用的器皿，作用是让酒与空气接触，让酒的香气充分挥发，并让酒里的沉淀物隔开。醒酒器的形状标志一般是长颈大肚子，随着时尚潮流的变化，各种新款式容器层出不穷，并结合美观装饰，让呈现着美味佳酿的桌面更添雅致。第一代醒酒器是经典水滴形结构；第二代醒酒器的瓶口开在侧上方，瓶子的形状由两个三角形组合而成；第三代醒酒器与第一代醒酒器样式接近，上窄下宽，线条典雅。

（二）酒标

酒标，即贴在酒瓶上的标签，也有称之为瓶签、酒签，就像是酒的身份证，它包含了许多相关讯息，如产地、成分、生产日期、陈酿年份等。解读一瓶葡萄酒的酒标，就等于在未尝其风味前，便已对其背景有了基本认识。下面以香槟和葡萄酒的酒标为例进行说明。

1. 香槟酒标

以 Bollinger 特酿为例，这个标签足够让我们学习到香槟酒标上的信息组成部分。

(1)“香槟”(CHAMPAGNE) 字眼会标在品牌名的上面。

(2) 品牌名字“BOLLINGER”标在正中间。其他有名的牌子：Laurent-Perrier，Moet & Chandon，G. H. Mumm，Dom Pérignon，Dom Ruinart 等。

(3) 配量额标在角落，指明香槟里面的糖分含量。糖分由低到高的排行：Natural-

Brut（自然干，少于 3 克/升）、Extra-Brut（绝干）、Brut（天然干）、Extra-Sec（极干）、Sec（干）、Demi-Sec（半干）、Doux（甜，高于 50 克/升）。这个糖分指数并不代表什么，最重要的是香槟整体的和谐度。

（4）“Spécial Cuvée”指的是香槟的掺兑情况。香槟酒庄有自己的掺兑标识。

掺兑信息指明了葡萄品种的运用。如果是单一的霞多丽葡萄，那么标签上就会显示“白中之白”（Blanc de Blanc），如果是黑比诺或者莫尼耶比诺，那么标签是“黑中之白”（Blanc de Noirs）。如果使用的葡萄来自同一个年份，那么标签上要显示“好年份”（Millésimés）。

（5）这里是香槟品牌商，指香槟生产的国家和城市。

（6）瓶中香槟的容量。

（7）酒精含量。

（8）香槟业内委员会编号。如果看到 NM 字眼，要持谨慎态度，因为 NM 指香槟品牌商买葡萄，然后自己酿制香槟。其他编号是 CM、RC、RM、MA、ND。ND（批发经销商）是其中档次较低的编号，意味着酒商买香槟酒（瓶），然后贴上自己的标签。

（9）品牌商标以及其他表明地理位置的信息。在这里它算是一个荣誉性的标注：Bollinger 香槟是英国皇家的供酒商。从市场营销的角度而言，香槟瓶上的标签是朴实无华的，因为它不会像葡萄酒瓶一样展示酒庄的地理风景。

2. 葡萄酒酒标

葡萄酒的酒标就像葡萄酒的身份证一样，每瓶葡萄酒都会有一到两个标签。贴在葡萄酒酒瓶正面的称为正标。对于出口到其他国家的葡萄酒，特别是我国进口的葡萄酒还会在酒瓶后有一个标签，称为背标。背标主要是介绍该葡萄酒及酒庄的背景，以及按照我国进口规定需要标注的中文信息，包括葡萄酒名称、进口的代理商、保质期、酒精含量、糖分含量等。

中国葡萄酒酒标

对于葡萄酒酒标，背标通常是补充信息，更多关键和主要的信息来自正标。平时说的葡萄酒标签也指的是正标。各个葡萄酒生产国对酒标的标注和设计都会有具体而严格的要求。虽然设计出来的样式会千姿百态，但酒标表达信息的风格可归纳为两个体系。一个是以法国、意大利为代表的旧世界，一个是以美国、澳洲为代表的新世界。

新旧世界葡萄酒酒标风格的最大区别集中体现在：原产地的内涵范畴，以及一些词汇的概念意义。相比而言，新世界酒标的信息表达更直接简洁，旧世界更含蓄复杂。比如，新世界葡萄酒的产地和葡萄品种没有必然的关系；而旧世界葡萄法规中，原产地的约定就是对葡萄品种的界定，如标注了 Bourgogne（勃艮第），也就隐含了这瓶红葡萄酒是用 Pinot Noir（黑比诺）酿制的。因此，新世界葡萄酒的酒标在标出葡萄酒原产地，甚至葡萄园后，多会标注出葡萄品种。而在旧世界酒标中，一般能找到的仅是原产地，包括法国的 AOC、意大利的 DOC、西班牙的 DO，除了法国的阿尔萨斯和德国部分葡萄酒，基本不再标示葡萄品种。

一些词汇的使用，旧世界多有严格法律约定，新世界会更宽松、随意些。如 Reserve（珍藏）一词的使用，在西班牙有明确的陈年时间要求，而如果出现在美国或是澳洲葡萄酒的酒标上，多是酒厂个体行为，不一定就是高品质的保证。

此外，所有的酒标都会根据当地或本国的法律要求标注一些基本信息，包括酒庄、年份、生产国、容量、装瓶等。比起带着厚重历史传承和文化积淀的旧世界酒标，越来越多的现代消费者，特别是刚接触葡萄酒的人倾向于直观简便获取信息的新世界风格酒标。下面逐个解读酒标上主要信息的含义：

（1）酒庄或酒厂：在法国，常见以 Chateau 或 Domaine 开头。在新世界，多指葡萄酒厂或公司，或是注册商标。

（2）原产地：即葡萄酒的产区。多数旧世界有严格法律规定和制度，如法国以 AOC、意大利以 DOC 形式标明。香槟的原产地（AOC）就是以 Champagne 字样出现。新世界酒标一般直接标明产地、子产地，有些还标出产的葡萄园，如加州产地（California）、芳德酒园（Founders' Estate）等字样。

（3）年份：葡萄收获的年份。对于香槟，代表某一香槟品牌风格的常是无年份（NV）香槟。

（4）葡萄品种：指葡萄酒酿制所用的葡萄品种。新世界葡萄酒酒标上多标有品种；旧世界原产地制度把葡萄品种隐含定义在产地信息里，除了法国阿尔萨斯和德国部分葡萄酒，酒标上基本不标品种。

（5）装瓶信息：注明葡萄酒在哪里或由谁装瓶。一般由酒厂、酒庄、批发商装瓶等。对于香槟有酒商联合体（NM，绝大多数）、种植者（RM）、合作社（CM）等。

（6）糖分信息：香槟和起泡酒一般会标注出这个信息，表示酒的含糖量，包括 Extra-Brut（绝干）、Brut（天然干）、Extra-Sec（极干）、Sec（干）、Demi-Sec（半干）、Doux（甜）。

（7）其他信息：根据各国法律要求标注的其他基本信息，包括酒精度、容量、生产国家等。

（8）成熟度：在德国 QmP 级别葡萄酒的酒标上，会有这个信息。成熟度共有 6 个级别：Kabinett、Spätlese、Auslese、Beerenauslese（BA）、Trocken Beerenauslese（TBA）和 Eiswein（冰酒），除冰酒，前 5 个级别成熟度依次升高。

四、各国饮酒礼仪

人类的饮酒历史源远流长，随着时间的推移，不同地区、不同民族的人们形成了能够展示他们独有的传统和风俗的饮酒方式与礼仪服务。下面来介绍一些国家的饮酒礼仪。

（一）英国

在英国，酒吧几乎随处可见。自从罗马人当年入侵英国，历史学家就不断评论说，英国人比欧洲大陆的人更容易酗酒和酒后滋事。有史学家认为，英格兰之所以在1066年的黑斯廷斯之战中一败涂地，是因为战前之夜，征服者威廉和他的诺曼底将士祈祷斋戒，枕戈待旦，而英军士兵喝得烂醉如泥。英国人被描绘成醉鬼已经有2000多年历史。大多数的英国人都喜欢喝酒，“酒精”一词在日常生活中出现的频率很高，在英国人看来直接空腹喝酒也是司空见惯的事。但喝酒很随意的英国却对酒吧实行很严格的分区管理，以泰晤士河畔为界线进行划分。

英国的饮酒礼仪可以用“混合艺术”这四个字概括。英国是一个重视礼仪的国家，贵族阶层受到全社会的尊重，代表着英国上层社会文化风气的贵族阶层也是英国饮酒的一大群体。英国贵族的饮酒礼仪讲究绅士风度和奢华的仪表，但未免有些过于烦琐。在一次宴饮中需要喝餐前酒、餐中酒和餐后酒这三次酒。餐前酒大多在客厅饮用，主要是为了开胃，也为了等待宾客，以防宾客有事迟到而尴尬，餐前酒在餐前30分钟左右饮用。餐中酒饮用于用餐过程中，专门为主菜而准备，这正是显示英国人绅士礼仪的时候。餐中酒多选用的是葡萄酒，红葡萄酒专门用来配红肉，不可以加冰；白葡萄酒用来配白肉，加冰口感会更好。喝酒之前，仆人或侍从把酒瓶放在托盘上，一边说出酒的品牌和生产年份，一边向客人展示，然后打开瓶盖，放在主人的桌前，给主人倒1/4杯，主人朝向宾客举杯，让宾客欣赏酒的颜色，再把酒杯放在鼻下，深嗅一下酒的香气，最后在嘴里抿一小口，仔细品味酒的味道并徐徐咽下。英国人饮用餐后酒也非常讲究礼仪，一般多选用白兰地。饮酒时，酒杯必须使用透明的杯子，有色玻璃杯会影响对酒本身颜色的判定。

普通的英国人在饮酒礼仪上也坚守绅士的传统，但略微不及贵族阶层。英国在饮酒的习俗上相较于其他欧洲国家更为保守谨慎。此外，英国人特别在意酒与酒杯的搭配，根据酒的种类、产区、年份选择酒杯类型，其在这方面拥有独特的风格和讲究。

（二）美国

大多数美国人都爱喝自己国家生产的美酒，他们饮酒时有自己的癖好，无论是啤酒、葡萄酒，还是烈性酒。20世纪，啤酒是美国人的最爱，在美国消费者心中占有至高无上的地位。而进入21世纪，年龄在21岁到30岁之间的年轻人开始宠爱葡萄酒，以及一些颜色绚丽、充满浪漫情调的鸡尾酒。美国在饮酒习俗和礼仪服务方面显得比较自由随意，是一个极为现代的国家，也是一个文化包容性较强的国家。

酒在快节奏的美国，是人们面对生活和工作压力时最好的调节剂，但美国饮酒文化的重点在于健康。如今美国人的饮酒喜好从烈性深色酒转向非烈性浅色的啤酒、葡萄酒和果酒等。美国人通常在较为正规的宴会中饮用葡萄酒，但不会像英国人那样遵守古板的礼仪，也不会像法国人那样注重葡萄酒的欣赏和品鉴。美国人认为在宴会中饮用葡萄酒有很多好处：第一，葡萄酒有益于健康，而且酒精浓度低，不容易醉，不会因醉酒而失礼；第二，葡萄酒尤其是香槟可以起到调节气氛的作用，特别是在庆祝性的宴会中可以让大家其乐融融；第三，葡萄酒是配菜的绝佳选择，红葡萄酒、白葡萄酒、冰葡萄酒都可以增强肉类和鱼类的鲜嫩口感，使菜肴变得更加美味；第四，宴会中饮用葡萄酒能营造出浪漫而优雅的情调，所以它既适合商务宴会，也适合朋友之间的聚会。美国人通常在休闲烧烤的时候喝啤酒，饮用其他酒类也非常注重与食物的搭配，除了吃饭、宴会之外，美国人很少以单纯饮酒作为休闲方式。美国人倡导一种简约自由的饮酒文化，因此，在酒桌上不会特别讲究饮酒的顺序和酒杯的使用，正常的饮酒方式都可以接受。

另外，美国政府的一些酒令政策也对饮酒习俗产生影响，如在美国的俄克拉荷马州与密西西比州，只允许人们喝无甜味的酒，不能喝烈酒和其他口味的酒。美国各州法律规定，21 岁是合法饮酒年龄。

（三）意大利

意大利是一个嗜酒的国度，因此形成了独特的饮酒习俗和礼仪服务。虽然意大利人很爱喝酒而且对酒极为珍惜，但他们不酗酒，喝多少完全凭借自己的意愿，喝酒时没人会劝酒，更没有人会灌酒。意大利人注重饮酒时的礼仪，喝酒之前经赏会说“干杯”“致敬”等话，在他们看来这是尊重对方的表现，也是很严肃正式的事，并不是酒桌上的敷衍。意大利人喝酒很有讲究，一般在吃饭前喝开胃酒，吃饭时会视菜定酒，根据菜的口味和色彩搭配不同类型的酒。意大利的饮酒习俗具有很深的历史渊源，它延续了古希腊、古罗马的酒精神，在饮酒时热情洋溢却不失优雅，具有高贵的品位又不失亲切，讲究礼仪但又不拘泥于其中。

（四）法国

法国人视酒为一般的饮料，只要他们想喝，随时都可以喝，从不分时间。如果到法国做客，只要主人拿出酒来就必须喝。因为酒是法国人招待宾客不可缺少的饮品，他们用喝酒来表示对客人的欢迎和尊重。浪漫的法国人在饮酒中时刻透露着高贵绅士的风度，他们特别注重饮酒礼仪，强调品酒，而不是喝酒。法国的饮酒礼仪主要体现在“细品慢饮”四个字上。法国人喜欢细细品尝美酒的风味，酒入口后，他们会尽可能放慢酒落入食道的速度，把酒从舌尖慢慢滑到喉头。在法国人看来，品酒最重要的法则是，越是好酒越要慢饮。法国人的饮酒礼仪主要体现在倒酒和饮酒方面。

倒酒体现着民族的礼仪，是法国饮酒文化的缩影，也有着独特的禁忌和注意事项。倒红酒时，最多将酒倒至杯中的 1/3 处，在杯身直径最大的地方，切忌把酒杯倒满。这是为了摇晃品酒时不致使酒液溢出，酒杯要留有足够的空间，也可使酒逸出的香气在杯中逗留，增加酒的香味。喝红酒时，用手指捏着杯身下的杯杆，或是用拇指和食指捏着杯底是正确的握杯姿势。虽然这种握法既不自然又不平衡，但它一方面可以很好地避免人体温度通过酒杯传导给红酒，引起酒的温度变化；另一方面也可避免手指印留在杯身，影响对酒的色泽的观赏。

（五）俄罗斯

俄罗斯人爱喝酒，而且特别爱喝烈性酒，尤其钟爱伏特加，俄罗斯人将伏特加视为

“国酒”。俄罗斯人性格外向、豪爽大方、热情好客，他们非常喜欢豪爽的喝酒方式。俄罗斯人的待客宴席上必定有酒，而且往往是烈性酒。另外，俄罗斯人在和客人开怀畅饮时有劝酒传统，但同时又认为醉酒是不文明的行为。在俄罗斯，啤酒不能被当作酒类摆到桌上，更不能用啤酒招待客人，否则会被看作很失礼。俄罗斯人普遍认为，能饮烈性酒是男子汉的象征，不会饮酒的男子会被责为“不是男子汉”。俄罗斯人很重视节日，每逢佳节都要郑重其事地喝酒。俄罗斯人饮酒时习惯大杯干杯，大口喝酒，在喝伏特加时，有拍喉咙的习惯，酒入口后还要先从喉咙里发出“咕噜”声。俄罗斯人饮酒不讲究菜肴，没有特别精细烦琐的礼仪，只要有酒即可。因此，在俄罗斯人的饭局上，只要有酒喝就行，菜的质量和数量并不重要。

（六）澳大利亚

澳大利亚人喜欢喝啤酒。20 世纪 90 年代早期，澳大利亚人均酒消费量在世界上名列第三。但在澳大利亚本土，喝酒有着严格的时间限制：一般只有在下午 6 时后才可以喝酒，而在冬天，喝酒时间还要延迟一小时。在新年或者节日期间，要到晚上 11 时左右才能开始饮酒。澳大利亚人喜欢的都是低度淡酒，他们在饮酒时更注重优雅和休闲，他们喜欢的是饮酒时放松的感觉，酒类本身并不能给饮酒人带来乐趣。他们注重健康和幸福，因此不会酗酒。在宴会中多饮用葡萄酒以显示绅士风度，他们的礼节类似于英国。澳大利亚人喜欢在出游度假的时候饮用啤酒。澳大利亚的啤酒有酒精含量都保持在合法的范围内的高浓度啤酒和淡啤酒两类。通常而言，澳大利亚的啤酒酒精度比美国和英国的略高一些，但他们会理性控制每次的饮酒量，尽量不醉酒。在澳大利亚没人愿意喝常温的啤酒，在饮用啤酒时一定要冰镇。因此，澳大利亚人去海边游玩或是去丛林探险度假时，会随身携带一个冷饮保藏盒，外加几瓶特色啤酒。

（七）新西兰

酒在新西兰人眼里是生活中不可缺少的一部分，也是日常交际礼节中的必要环节。受邀到新西兰的朋友家做客，带上一瓶威士忌作为礼物是最合适的，这份礼物既不会显得太贵重，也会被主人喜爱。新西兰人通常不喜欢甜酒，他们轻易不会饮用甜酒，除非与甜品一起搭配食用。新西兰人喜欢喝啤酒和烈酒。不管是在宴会上，还是平日里家庭的聚餐上，在进餐之前，他们都会习惯性地先喝饭前的开胃酒。新西兰人很注重饮酒的时间和顺序。一般情况下，开胃酒以啤酒为主，在进餐时，他们也会开几瓶上好的葡萄酒，但是葡萄酒的颜色必须与菜的风味搭配，否则他们宁愿进餐时不喝酒。新西兰人喜欢在饭后喝一碗浓汤，因此他们通常不喝餐后酒。另外，新西兰对酒类限制的严格程度甚至超过了澳大利亚，特许卖酒的餐厅也只能售卖葡萄酒，即使一些允许供应烈性酒的餐厅，顾客必须在正餐后才能被允许喝一杯酒。为限制大众饮酒，新西兰政府限酒条令层出不穷，例如，禁止在便利店贩卖酒类，酒品贩卖商店的地点和营业时间由当地的社区决定等。这一系列的法律性措施都影响了新西兰的饮酒文化。

（八）巴西

到巴西人的家里做客，杯里永远都不会少酒，他们慷慨好客、热情豪爽，毫不在意在大庭广众之下表露他们的热情。巴西人喜欢用酒招待亲朋好友，在饮酒过程中他们礼貌待人，让客人既能感受到主人的热情，又能感受到他们的礼貌与风度。巴西人通常不会在家里招待普通朋友喝酒，而为了表示对他们的尊重会到餐厅或酒吧。特别亲密的朋友则会参加主人的家庭酒宴，而客人应邀参加家庭酒宴时通常要带礼物来回谢主人的邀请，对他们而言，美酒是首选的礼物。除了在餐厅和酒吧，巴西人的日常交际场所就是街道上的餐馆和露天饮食的地方，关系亲密的好朋友会经常聚在这里，聊天吃饭，还会通宵达旦地饮酒。但是他们饮酒时很重视礼仪和文明，一般不会劝酒，更不会灌酒，他们通常采用彼此敬酒的方式来表示对别人的尊重和欢迎。席间主人敬酒时，不喜欢喝酒的客人也可以用其他饮料代替，而喜欢喝酒的客人可以根据自己喜欢的口味，选择饮用哪种酒。

（九）日本

日本也有自己的酒品牌和酒礼仪。日本是非常注重群体行为的民族，而喝酒有助于情感的交流，维持群体的和谐，因此在日本，很多场合下必不可少的仪式和交往手段就是喝酒。日本人喝酒往往有自己的定点酒馆，他们有时会买下一大瓶酒，写上自己的名字，然后搭配专用的酒杯，一起寄存在酒馆里，喝光后再续上一瓶。日本人喝酒也喜欢一连喝几个酒馆的“接力式”，至深夜一醉方休。日本是讲究礼仪的国家，在喝酒时也特别注重礼仪。哪怕对方只喝了一口，他们也要把对方的酒杯斟满，因为在日本人看来，如果对方的酒杯空了是很大的失礼。他们饮酒颇有情致，对酒具都很讲究，很注重文明，喝酒时尽量使用自己的专用酒杯，一般不劝酒，也不猜拳行令。日本人饮酒讲究淡雅和含蓄，相较于浓烈和张扬，他们更愿意细品慢饮，喜欢喝低度的清酒，而且使用的酒盅很小。但日本人常常以酒助兴或以酒消愁，喝酒绝不节制，自然也容易醉倒，他们喝酒常以大醉为乐。但即便是醉酒，日本人也不愿意说出自己的心事。

（十）韩国

韩国人素来热情好客，酒场对成年男人来说很重要，不管是亲朋好友的交往，还是职场中的升职加薪，都离不开酒的熏陶。在韩国，不喝酒就交不到朋友，每逢贵客造访和亲朋好友相聚，少不了以酒助兴。韩国人一般不喜欢在固定的地方喝酒，他们喝酒的礼仪和花样很多，会不停地换场所。在酒桌上，他们想和对方建立友谊或者信任的关系，或表示对他人的关心和赞赏时，无论男女都喜欢把自己的酒杯递给对方，让别人倒酒给自己喝。正因为这样的习俗，韩国人喜欢喝交杯酒，男女之间喝交杯酒在韩国很普遍。韩国的饮酒礼仪代表着韩国传统的特殊礼节。酒桌上第一杯酒通常都是长辈倒给晚辈的，而晚辈接酒时，必须站起或跪着用右手接，左手扶在右手的下边，年轻女人一般用两只手去接酒，年轻男人为表示谦逊礼貌要把左手放到胸前或右小臂的下方，接过长辈倒的酒后要站着背过脸去，把酒喝光，再重新入座。长辈在倒酒时可以随便一些，用一只手，坐着也可以，而晚辈给长辈斟酒时，必须双腿跪着，先给长辈行礼，长辈会主动把酒杯拿出来让他倒满，也不会一下子喝光。如果晚辈的座位离长辈的比较远，就要自己带酒杯和酒瓶到长辈那里斟酒。

韩国人和同龄朋友一起喝酒就比较随意，他们认为自己倒酒的话，对面的人要倒霉三年，所以不能给自己倒酒。对方倒酒时满杯最好，并且还要一饮而尽。韩国人习惯看到对方的酒杯空时就倒酒，有人来敬酒时，如果酒杯里有酒，就必须在接受别人倒酒之前把酒杯里的酒喝光。喝酒的时候，还要知道朋友们的年龄，按照年龄的大小顺序倒酒。韩国人饮酒时不能发出声音，多人一起饮酒时，要尽量使席间气氛活跃热烈，但不能过分，主人要及时过来劝阻已经喝醉但还是不停喝酒的客人。在酒桌上，主人自己的饮酒量要看长辈，根据长辈喝的多少来决定自己喝多少，主人也绝对不能执意劝客人喝不喜欢的酒。如果喝醉了，要注意言行，不能失态，要在酒席的第二天表示谢意，不能在散席的时候向主人致谢。

第二节　酒吧文化

酒吧对于西方人来说，不亚于中国人对饭店茶馆的感情，它是现代人在繁忙的工作后休闲放松的主要场所。随着各类酒吧遍及世界各地，酒吧如今已不再是一个简简单单喝酒的地方，与此同时，各类饮酒文化也在酒吧兴起，形成独特的酒吧文化。

一、酒吧的来历

酒吧是酒馆的代名词，英文名叫“Bar”，原本是指专门卖酒的柜台，它的本义是指一个由木材、金属或其他材料制成的长度超过宽度的台子。但是，“Bar”这个词本身的含义随着时代的发展、历史的演变逐渐超出了“卖酒的柜台”这个狭义的范围，扩展为一个场所、一个空间或者是一幢房子。从此，都市的大街小巷中的迪吧、网吧、聊吧、茶吧、水吧等场所应运而生。而酒吧也渐渐与普通酒馆相区别并形成了风格不同的酒吧文化。

美国西部大开发时期出现了酒吧这种文化形式。最初，在美国西部地区，骑马前去淘金的牛仔和强盗在闲暇的时候喜欢三三两两地聚集在小酒馆里喝酒聊天。酒吧老板别出心裁地在酒馆门前设了一根横木用来拴马，以此招揽更多生意。随着汽车业的不断发展，骑马的人逐渐减少，因此，这些失去了本身实用价值的拴马的横木，大多数都被拆除了。但是有一位老板不舍得扔掉，他认为这根横木已成为酒馆的象征，于是便把它拆下来放在酒馆柜台的下面。令人意想不到的是，这根看似不起眼的木头成了顾客买酒时垫脚的好东西，深受顾客喜爱。其他酒馆的老板听说此事后，也纷纷效仿起来，由于横木在英语里面念“Bar”，为了迎合这种潮流，酒馆干脆就被人们翻译成了酒吧，就像糕饼“Pie”被译成“派”一样。“酒吧”这个词的流行，把酒吧变成了一种时尚的商业消费空间，也使其成为现代都市生活中一道亮丽和独特的文化风景线。

事实上，长期以来作为一种大众的、平民式的公共消费娱乐场所，之前的酒馆只是用来满足人们对酒水的渴望，内部仅有桌椅等必备设施，设计比较简陋．无法提供其他的娱乐性服务。但是随着产业商业化的快速发展，人们对消费服务的意识逐渐提高，单纯的酒水服务已经无法满足人们的需求。现在的酒吧为了更好地满足顾客的需要，都围绕着吧台设计出独有的吧台凳，这样不仅可以方便顾客点酒，也使吧台成了饮酒玩乐的公共空间。人们逐渐认可了这种新事物和潮流，酒馆随即也就被酒吧取代，酒吧成为现代化酒馆的新名字。在现代人们的眼中，酒吧是休闲娱乐、释放心情的最佳场所。现在的酒吧主要分为专门类的酒吧和娱乐类的酒吧：专门类的酒吧是向顾客提供各种酒类的场所，而娱乐类的酒吧不仅提供酒类服务，还为那些不善饮酒的客人提供饮料服务以及休闲娱乐活动。

二、酒吧与咖啡馆

酒吧是指由卡座、高台、散台和壁墙等几部分组成的，提供啤酒、葡萄酒、鸡尾酒等酒精类饮料的消费场所。卡座一般分布在大厅的两侧，成半包围结构，里面设有沙发和台几，主要是给人数较多的客人群准备的，有最低消费。吧台是调酒师调酒的地方，高台主要是给单个的客人提供酒水服务的地方，分布在吧台的前面或者是四周，散台一般比较适合 2～5 人的客人群，分布在大厅比较偏僻的角落或者舞池的周围。这里的壁墙大多由 BSV 液晶拼接屏、液晶电视、壁画组成，可以给客人提供视觉享受。

酒吧的类型和风格多样，Pub 和 Tavern 多指英式的以酒为主的酒吧，而 Bar 多指娱乐休闲类的饮酒场所，这种酒吧可以提供现场的乐队或歌手、舞女表演。高级的 Bar 还有专业调酒师表演精彩的花式调酒节目。另外，饭店大堂和歌舞厅等场所还有以经营饮料为主的酒廊，也提供一些美食小吃，但设施和装饰比较普通，没有突出的特点。

专门设置在餐厅中的酒吧叫作服务酒吧，这里的服务对象以用餐的客人为主。外卖酒吧则属于小型宴会酒吧的范畴，是根据客人的要求在某一客流量比较大的地点临时设置的酒吧。

如今，咖啡馆在我们的生活中扮演着越来越重要的角色，去咖啡馆已成为很多人的一种生活方式。法国著名文学家巴尔扎克曾说：“我不在家，就在咖啡馆；不在咖啡馆，就在去咖啡馆的路上。”世界上最早的咖啡馆建立于麦加，名为“Kaveh Kanes”。最初只是出于一种宗教目的建造，由于前来娱乐消费的人越来越多，这里很快就变成了下棋、闲聊、唱歌、跳舞和欣赏音乐的中心。第一家咖啡馆在麦加建立后，欧洲各国的咖啡馆也随之成立起来。英国的第一家咖啡馆在 1650 年建立于牛津，咖啡馆很快便成了“公开的思想交流地”，随之在伦敦风起云涌。此时它的性质有点类似于今天的论坛 BBS，可以说，在现代印刷业迅速发展之前，咖啡馆类似于媒体沙龙，在一定程度上还担负着媒介的作用。1691 年在波士顿开业的伦敦咖啡馆是美国的第一家咖啡馆，著名的星巴克咖啡就是美国咖啡馆中的一个奇迹。然而咖啡馆的发展并不是一帆风顺的，它的辉煌背后也经历了一些磨难。例如，1675 年英王查理二世颁布了咖啡馆禁止令，这项禁令的起源有二：一是当时不准进入咖啡馆的女人向社会发表了抱怨经常出入咖啡馆的英国男人现已威仪尽丧的陈情书；二是咖啡馆成了民众批评时政的地方，对政府有一定的威慑作用。

总的来说，虽然酒吧和咖啡馆自诞生以来就担负着社交的功能，但是相比之下，酒吧比咖啡馆更具有随意性，更能打开人的心扉。

三、酒吧与沙龙

酒吧与沙龙有以下几点不同。

1. 酒吧与沙龙指代的场所不同。“酒吧”一词源自小酒馆和卖酒的柜台，而“沙龙”一词则起源于文艺复兴时期的意大利，兴盛于17—18世纪的法国巴黎，它原本是意大利和法国上流社会有名画和艺术品装点的豪华会客厅。“沙龙”一词到了17世纪又扩展成为各种上流社会画廊的名称。

2. 酒吧和沙龙出现的阶级层次不同。酒吧出现在平民阶层，酒吧的顾客通常以平民百姓居多，而沙龙通常出现在上流社会。17世纪以后，一些著名戏剧家、小说家、诗人、音乐家、画家、评论家、哲学家和政治家等常常在画廊等场所一边品尝着各式各样的饮料，一边欣赏名画，大家谈论各种话题，使得各类社会信息和舆论相互传播，大家无拘无束地交流心得，从中吸取智慧，这类交流平台就被称为“沙龙”。而当时巴黎的名人（多半是名媛贵妇）家里豪华的大客厅常被作为沙龙。后来，这类形式的聚会被人们统称为“沙龙”，这种形式很快就风靡于欧美各国的上层社会。德·朗布依埃侯爵夫人是世界上第一个举办文学沙龙的人，该文学沙龙聚集了当时法国几乎所有的上层名人和学者。

3. 酒吧和沙龙的休闲内容不同。人们在酒吧主要以喝酒放松为主，与朋友一起随意畅谈玩乐，以缓解紧张生活带来的压力。而早期的沙龙以畅谈和交流文艺话题为主，18世纪后的沙龙往往是孕育革命的温床。在沙龙聚会中，人们讨论的话题更为广泛，开始涉及政治和科学，偶尔也会出现一些先进的思想言论。到了19世纪，沙龙全面步入鼎盛时期，但此时沙龙也开始遭到政府禁止，因为它在言论、思想等方面对政府统治构成了一定的威胁。因此，沙龙是社会上文化程度较高的群体交流思想和理念的地方，而非酒吧那种纯粹消费、玩乐、饮酒的场所。

四、酒吧文化的内涵

酒吧文化最早起源于美国西部大开发时期，美国牛仔和强盗们很喜欢聚在小酒馆里喝酒，逐渐形成了酒吧文化。酒吧文化的确是以一种很“文化”、很反叛的姿态出现的，是城市对深夜不归的一种默许，它悄悄地且越来越多地出现在中国大都市的一个个角落，成为青年人的天下、亚文化的发生地。酒吧文化到底是怎样的一种文化？

（一）酒吧文化与时尚文化

年轻人崇尚个性和自由，他们通过在酒吧里穿着时尚的服装和饰品展示自己的个性和品位。时尚的环境和潮流的氛围能够激发年轻人的创造力，让他们敢于突破传统束缚，勇于表达自我。在酒吧中，年轻人可以尽情释放自己，彰显个性，体验到属于自己的独特魅力。

（二）酒吧文化与饮品文化

对于一部分年轻人来说，酒吧代表了一种饮品文化，是品味享受的象征。他们会品尝各类精酿啤酒、葡萄酒、烈酒和创新鸡尾酒等特色酒水，感受不同口感和香气的融合，以此扩展他们对酒品的认识和热爱。同时，酒吧也提供茶、咖啡等非酒精类饮品，满足非酒精饮品爱好者的需求。

（三）酒吧文化与娱乐文化

酒吧通常会有现场音乐演出，提供流行音乐、摇滚乐、电子音乐等各种音乐风格的节目，满足了年轻人对音乐的追求。年轻一代对音乐的喜好广泛且多样化，他们渴望通过现场演出来感受音乐的力量和现场氛围的独特魅力。此外，酒吧也经常举办主题派对、夜场活动等，为年轻人提供独特的娱乐体验，满足他们对刺激和新鲜感的追求。

（四）酒吧文化与社交文化

年轻人是社交娱乐的主力军，喜欢在酒吧中结识新朋友和扩展社交圈。酒吧作为一个集结社交氛围、音乐、美食和饮品于一体的场所，提供了与他人进行交流和互动的机会。在这个快节奏的社会中，酒吧给年轻人提供了一个放松心情、愉快交流的场所，有助于缓解压力和疏解工作或学习带来的压抑感。

五、各国特色酒吧文化介绍

（一）英国酒吧文化

英国的酒吧文化有着一千多年的悠久历史，最早起源于中世纪的教堂，最初的形式与中国的客栈相似，是给沿途赶路的人提供歇脚、吃饭的地方。酒吧是英国人休闲的地方，人们除了喝酒、聊天之外，还可以参与各种活动。早在16世纪，英国的流浪艺人就经常在酒吧的院子中央搭台演出，许多流行的乐队最初都是在当地的一些小酒吧拉开了他们演奏的序幕。英国酒吧有Pub、Bar和Club之分，虽然从字面上来讲，它们都是酒吧的意思，然而在英国它们却是截然不同的。

1. 大众化——Pub

在三类酒吧中，Pub是最为大众化的，同时也是英国历史最悠久的酒吧类型。这些Pub在英国大大小小地分布着八万多个，遍布英国的城市和乡村，成为一道美丽独特的风景线。

Pub给人留下古老优雅的印象，透着一丝古朴的英伦风。推开门映入眼帘的便是复古精巧的装饰，音乐也让人慢慢放松下来。Pub采用传统的英式装修风格，拥有颇有年代感的古董、木头桌椅与壁炉，氛围十足。

2. 现代化——Bar

Bar更为年轻人所喜爱，气氛也更活泼热闹，装修风格也偏现代化。这些Bar主要分布在城市闹市区，晚上是Bar的营业高峰期，尤其是有球赛的夜晚，几乎个个爆满。英国人热爱聚集在Bar内看球赛，享受人潮涌动、激动澎湃的氛围，这也是英国颇具特色的足球文化。

3. 气氛更嗨——Club

Club是Night Club的简称，一般指我们所说的舞厅、夜店。Club里有劲爆的音乐和嗨爆的舞蹈，是大多数年轻人的选择。与其他酒吧的不同之处在于Club开放时间更晚，需购买门票才能进入，酒水价格相对来说也会更贵。

英国酒吧里有很多规矩，首先必须要满 18 岁才能合法饮用酒精饮品，去酒吧时很可能被要求出示证明。满 16 岁的少年，在有成人陪同就餐时可以喝酒。并且英国酒吧禁止室内吸烟，大多在酒吧门口或后院设有室外吸烟区。和一群英国人喝酒，通常很少会 AA 制，大家都会轮流负责买单，或者请服务员随意抽取一张信用卡结账。被人请客时，最好喝完这一杯再请回去比较有礼貌。当喝酒聊天到一半时，突然听到工作人员摇铃并喊“Last Call”，表示现在是准备关门前的最后一次点餐时间，这时就要在 20 分钟内把最后想喝的酒赶紧点完才行。当第二次摇铃时，就代表着酒吧要关门了。通常英国的酒吧只能卖酒到晚上 11 点。

（二）美国酒吧文化

美国文化中的酒吧文化是一种独特而又丰富的文化现象。美国酒吧的文化特色、历史背景和现代发展，都值得我们深入了解。美国酒吧起源于 19 世纪的美国，当时的美国社会正处于工业化和城市化的快速发展时期。随着城市化的进程加快，人们的生活方式也发生了巨大变化，酒吧也随之兴起。最初的美国酒吧是一种小型的酒馆，提供简单的饮料和食物，主要服务于当地的工人和商人。随着时间的推移，美国酒吧逐渐演变成了一大社交场所，成为人们聚会、交流和放松的地方。美国酒吧以现代简洁、活力四射、注重音乐氛围为主要特点。内部装修以钢铁、水泥等冷酷材质为主，常使用 LED 灯光和霓虹灯饰物进行点缀，以营造出浓烈的夜生活氛围。美国酒吧氛围浓烈，音乐和喝酒是主要的消遣方式。在美国酒吧里，人们常通过音乐和舞蹈来释放自己的压力和疲惫。而在英国的酒吧，人们以喝酒聊天为主，饮品主要以啤酒、鸡尾酒为主，呈现出热情和活力。酒吧内提供的啤酒和鸡尾酒种类多样，价格也较为实惠。

美国酒吧一般关门时间都比较晚，大约都在凌晨 2 点到凌晨 4 点之间。美国对喝酒管制也是非常严格的，美国的合法饮酒年龄是 21 岁，不管是超市，还是酒吧，都禁止向 21 岁以下的人兜售酒或者含有酒精成分的饮料等。

美国主要的酒吧类型有以下几种：

1. 烧烤吧（Bar & Grill），这一类型的酒吧可以边喝酒边吃烧烤、烤肉等，这类酒吧的酒水一般比较便宜，但是酒水的品种和质量都不佳，主要是吃东西搭配酒水。

2. Pub（美国当地的小酒馆），这是美国最常见的酒吧了，有当地的特色，酒水供应也丰富，可以单独买一杯，也可以买一瓶。

3. Lounge（美国当地酒廊），它属于美国的高级酒吧，有的酒廊需要办理会员才可以进入，在酒廊里可以喝到很多品种包括鸡尾酒在内的酒水，鸡尾酒品种丰富，色味俱佳。

（三）日本酒吧文化

日本的酒吧分为两种类型，一种是传统的居酒屋，一种是现代化、与西方酒吧类型一致的酒吧。

1. 居酒屋，指日本传统的小酒馆，是提供酒类和饭菜的料理店。日本居酒屋文化据说起源于“kakuuchi”，人们在酒类商店喝 masu-zake。“Izake”一词之所以流行，是因为它的意思是“在酒类商店喝酒”，并奠定了日本居酒屋文化的基础。在东京都千代田区，仍有店铺的丰岛屋总店是为数不多的还保留着早期历史的酒类专卖店之一。居酒屋起源于江户时期，据说最初是酒铺经营者为了使客人在买酒之后，能当即在铺内饮用而提供一些简单的菜肴开始的。随着时代的推移，居酒屋也逐渐成了日本文化中不可缺少的组成部分，日本的电影和电视剧中也往往会出现居酒屋的场景。与以只提供酒类为中心点的普通酒馆不同，居酒屋提供比较有质量的饭菜，却不同于小吃店。居酒屋是具有日本特色的饮食店，虽然在其他国家也有类似的酒馆（能方便地吃饭、提供酒的店铺）。有时居酒屋亦被译作“Bar”。

2. 现代酒吧，这种类型的酒吧通常比较时尚，提供各种现代的日本酒和清酒，以及西式或融合式的下酒菜。

（四）韩国酒吧文化

在韩国，酒吧的种类繁多。从喝啤酒到饮用韩国传统酒类，例如：清酒、梨子酒、松茸酒等等，韩国的酒吧可谓应有尽有，无论是在城市，还是乡村都有酒吧供应。由于韩国的饮食文化，韩国的酒吧总体呈现出比较轻松、随意的氛围。常常在酒吧里见到的是年轻人，他们往往享受着浓郁的酒香，在和朋友交流和分享愉快的故事。韩国的酒吧一般都比较小巧，有着相对简单而洁净的装饰，一般都采用红色、绿色、蓝色这样的非主流色彩来装饰，整体感觉十分奇特又别致。韩国的酒吧文化，最有特色的就是它的“附带小食”，一杯酒常常伴随着各种美食，有时甚至促成了一种美食和美酒的巧妙组合。尽管这种延续了一百多年的饮食文化在现代韩国的变革时期已经面临着严重的困境，但韩国人并没有放弃这个习惯，而是将其形成了一种新鲜生动的饭局文化。韩国酒吧的“环节”则是其最为独特的魅力之一。在韩国的酒吧，往往有一个“干杯”(Cheers)的环节，大家会相互干杯，这是一个重要的礼节。大家会一起喊出“干杯”，然后把杯子疯狂置于桌子上，以此展现更欢快的气氛和共同的乐趣。另一个重要的环节是点触水杯。在韩国的酒吧中，往往会有一个水杯，里面放着水或其他软饮，所有人都会点触这个水杯，以展示他们的友谊和互相的尊重。这是一个非常流行的酒吧文化，也是韩国人与世界交往的重要手段之一。

（五）泰国酒吧文化

泰国人民生活节奏缓慢，喜欢在酒吧里聊天、吃点心、喝饮料，享受悠闲的夜晚。泰国酒吧通常分为两种类型：传统的泰式酒吧和现代的酒吧。泰式酒吧通常是一些小型的酒吧，装修简单，环境舒适。这些酒吧通常会播放泰国音乐，提供一些当地的小吃和饮料。泰式酒吧的特点是价格便宜，氛围轻松，适合与朋友聊天和放松。现代的酒吧则更加时尚和豪华，装修风格多样，音乐类型也更加多样化。这些酒吧通常会有 DJ 表演和现场音乐表演，提供各种饮料和小吃。现代的酒吧的特点是价格较高，氛围活跃，适合与朋友一起狂欢。

泰国的酒吧通常会在晚上 7 点左右开门，直到凌晨 2 点或 3 点。在这段时间内，酒吧会非常繁忙，人们会喝酒、跳舞和享受音乐。如果想要在酒吧里度过一个愉快的夜晚，最好在晚上 7 点到 9 点之间到达，这样可以避免人流高峰期。其次，泰国的酒吧通常会有一些规定和礼仪。例如，需要脱鞋进入酒吧，这是泰国文化的一部分。此外，还需要注意自己的穿着，不要穿过于暴露或不得体的服装。在酒吧里，需要保持礼貌和尊重，不要大声喧哗或打扰其他人。

第八章　酒吧管理

第一节　酒吧介绍

酒吧一词来源于英文（Bar）的谐音，它产生于粗犷的美国西部。最早的酒吧里是没有桌子和凳子的，同样是不想让喝醉酒的人待在店里；想喝酒就靠在栏杆上喝，喝完了走人。到了19世纪，美国的大饭店里都开始设酒吧，上档次的饭店一般都有一个法式餐厅和一个美式酒吧。1919年，欧洲开始兴起酒吧文化，而当时正是美国的禁酒年代。苏格兰人哈里·麦克埃尔霍恩在巴黎开设了一家"纽约酒吧"，他的酒吧有特色、有气派、有火车站的候车大厅那么大。这个酒吧后来成了知识分子和文艺界人士聚会的场所，美国作家海明威、法国作家萨特、美国作曲家格什温等都是这里的常客。哈里的"纽约酒吧"供应180多种鸡尾酒。今天，全世界都有按哈里模式建造的酒吧。

第二节　酒吧的分类

一、以服务方式分类

（一）主酒吧（Open Bar或Main Bar），也叫英美正式酒吧，在国外也有叫"English－Pub"或"Cash Bar"。这类酒吧的特点是客人直接面对调酒师坐在酒吧台前，当面欣赏调酒师的操作，调酒师从准备材料到酒水的调制和服务全过程都在客人的目视下完成。主酒吧不但要装饰高雅、美观、格调别致，而且在酒水摆设和酒杯摆设中要创造气氛，吸引客人来喝酒，并使客人觉得置身其中饮酒是一种享受。

（二）酒廊（Lounge），通常带有咖啡厅的形式特征，格调及其装修布局也近似。但酒廊只供应饮料和小食，不供应主食。也有一些座位在酒吧台前面，但客人一般不喜欢坐上去。这类酒吧有两种形式，一是大堂酒吧（Lobby Lounge），在饭店的大堂设置，主要为饭店客人服务，让客人可以暂时休息、等人、等车等。二是音乐厅（Music Room），其中也包括歌舞厅和卡拉OK厅。在饭店多数是综合音乐厅，里面有小乐队演奏，有小舞池供客人跳舞。

（三）服务酒吧（Service Bar），在中、西餐厅中设置。一般在中餐厅中较简单，调酒师不需直接与客人打交道，只要按酒水单供应就行了，酒吧摆设也以中国酒为主。西餐厅中的服务酒吧要求较高，主要是有数量多、品种齐全的餐酒（葡萄酒），而且红、白葡萄酒的存放温度和方法不同，需配备餐酒库和立式冷柜。在国外的饭店中，西餐厅的酒库显得特别重要，因为西餐酒水配餐的格调水准都在这里体现出来。

（四）宴会酒吧（Banquet Bar），是根据宴会形式和人数而摆设的酒吧，通常是按鸡尾酒会、贵宾厅房、婚宴形式的不同而作相应的摆设，但只是临时性的，变化很多。外卖酒吧（Catering Bar）是宴会酒吧中的一种特殊形式，在外卖情况下摆。

二、根据服务内容分类

（一）纯饮品酒吧。此类酒吧主要提供各类饮品，也会有一些佐酒小吃，例如干果、坚果以及小食品等，但不会供应主食。一般娱乐中心的酒吧，机场、码头、车站等的酒吧属此类。

（二）供应食品的酒吧。这类型的酒吧可分为：（1）餐厅酒吧。绝大多数餐厅都设有酒吧或吧台，这种附属于餐厅的酒吧或吧台大部分只是辅助餐厅中食物的经营，仅作为吸引客人消费的一种手段，所以，其酒水销售的利润相对于单纯的酒吧要低，品种也较少。但目前在高档餐厅中，其品种及服务有增强趋势。（2）小吃型酒吧。从一般意义上讲，有食品供应的酒吧的吸引力总是要大一些，客人消费也会多一些，所以，建议酒吧在有可能的情况下兼有小食品供应。食品与酒水的消费往往是相辅相成的，所以有食品自然会使客人增加消费。小食品往往是有独特风味及易于制作的小吃，如三明治、汉堡包、炸猪排、炸鱼排等或地方风味小吃。在这种以酒水为主的酒吧中，小吃的利润高些客人也能接受。（3）夜宵式酒吧。这种酒吧往往是夜间的高档餐厅。餐厅将其环境布置成类似酒吧型，有酒吧特有的灯光及音响设备。产品上，酒水与食品并重，客人可单纯享用夜宵或其特色小吃，也可单纯享用饮品。

（三）娱乐型酒吧。这种酒吧的环境布置及服务主要是为了满足寻求新奇、刺激、兴奋的客人，所以这种酒吧往往设有乐队、舞池等，有的此类型酒吧甚至是以娱乐为主、酒吧为辅，所以其吧台在总体设计中所占空间较小，而舞池较大。此类酒吧气氛热烈、活泼，而强烈的灯光设计使人兴奋。在这样的环境中，客人心情会彻底地放松。大多数青年人较喜欢刺激类酒吧。

（四）休闲型酒吧。这种酒吧也被称为清吧，是客人休闲、放松或者朋友聚会聊天的场所。此类酒吧主要为寻求放松、谈话、约会的客人而设，所以要求座位舒适、灯光柔和、音响的音量小，音乐以典雅、柔美的乐曲为主，环境温馨优雅。除其他饮品外，供应的饮料品种以软饮料为主，咖啡是其所售饮品中的一大项。

（五）俱乐部、沙龙型酒吧。俱乐部、沙龙型酒吧是由具有相同兴趣、爱好、职业背景、社会背景等的人群组成的松散型社会团体，是他们谈论共同感兴趣的话题、交换意见及看法、定期聚会的场所，同时有饮品供应。如在城市中可看到的“企业家俱乐部”“艺术沙龙”“电影俱乐部”等场所。

三、根据经营形式分类

（一）附属经营酒吧

1. 娱乐中心酒吧。娱乐中心酒吧附属于某一大型娱乐中心，客人在娱乐之余，往往会到酒吧饮一杯酒，以放松或者提升兴致。此类酒吧往往只供应含酒精量低及不含酒精的饮品，使客人在运动、兴奋之余，获得另一种状态的休息和放松。

2. 购物中心酒吧。大型购物中心或商场中也常设有酒吧。现代社会中购物也是一种享受，此类酒吧往往为人们购物之后休息及欣赏其所购置物品而设，主要经营不含酒精的饮料。

3. 饭店酒吧。此类酒吧为旅游住店客人特设，也接纳当地客人。酒吧最早是在饭店的初级形式——客栈中出现的。虽然现在已有许多酒吧独立于饭店而存在，但是饭店酒吧仍是随饭店的发展而发展，而且它们往往是某一地区或城市中最好的。饭店酒吧的设施、商品、服务项目较全，客房中可有 Mini 酒吧，大厅中可有鸡尾酒廊，行政客房楼层还设有行政酒廊等。

4. 飞机、火车、轮船酒吧。为旅客旅途中消磨时光、增加兴致，飞机、火车、轮船上也常设有酒吧，但仅提供无酒精饮料及含低度酒精的饮品。

（二）独立经营酒吧

相对前面几类而言，独立经营酒吧与其他大类经营无明显的附属关系，单独设立。但此类酒吧往往经营品种较全，服务及设施较好，或有其他娱乐项目经营，交通方便，也能吸引客人。

1. 市中心酒吧。大部分酒吧都建在市中心，市中心酒吧的设施和服务一般都较全面，常年营业，顾客逗留时间较长，消费也较多。由于设在市中心的酒吧很多，所以这类酒吧总是面临着竞争。

2. 交通终点酒吧。交通终点酒吧设在机场、火车站、港口等旅客中转地，旅客因某种原因需要滞留及等候时，为消磨等候时间、休息放松，会去酒吧消费。在这类酒吧消费的客人，一般逗留时间较短，消费量也较少，但座位周转率会很高。交通终点酒吧一般经营品种较少，服务设施也较简单。

3. 旅游地酒吧。旅游地酒吧设在海滨、森林、温泉、湖畔等风景旅游地，供游人在游览之余放松及娱乐，一般都有舞池、卡拉 OK 等娱乐设施，但所经营的饮料品种较少。

4. 客房小酒吧。此类酒吧设在酒店客房内，客人可以在自己的房间内随意饮用各类酒水或饮料。这种酒吧在国内饭店并不多见，它是高级客房才有的。但随着酒吧业的不断发展，这类酒吧已被许多大饭店采用。

第三节 酒单设计

一、酒单的介绍与作用

酒单就是餐厅和酒吧为客人提供酒水产品和酒水价格的一览表。酒单上印有酒水的名称、酒水价格和酒水解释。实际上酒单是酒吧和餐厅销售酒水的说明书。酒单的产品不仅是酒，还有无酒精饮料，因此酒单实际是酒水单。

酒单是为顾客提供服务的依据，同时还体现酒吧的情调、特色、水准，也是酒吧的广告宣传品、酒吧经营分析的工具，是决定酒吧人员的配置以及传播酒吧产品信息的载体。同时，酒单上也应印有酒吧的简介、地址、电话号码、服务内容、营业时间、业务联系人等，以增加客人对酒吧的了解，发挥广告宣传作用。

二、酒单的分类

一个好的酒单设计，要给人耳目一新的感觉，酒单形式、颜色等都要和酒吧的水准、气氛相适应，所以，酒单的形式应不拘一格。酒单的形式可采用桌单、手单及悬挂式酒单三种。从样式看可采用长方形、圆形，或类似圆形的心形、椭圆形等样式。

（一）按形式划分

1. 桌单

桌单是将具有画面、照片的酒单折成三角形或立体形，立于桌面，每桌固定一份，客人一坐下便可自由阅览。这种酒单多用于以娱乐为主，以及吧台小、酒水品种少的酒吧。这种酒单设计内容简明扼要，方便顾客浏览阅读。

2. 手单

手单最常见，常用于经营品种多、大吧台的酒吧，客人入座后再递上印制精美的酒单。手单中，活页式酒单也是可采用的，活页式酒单便于更换。如果调整品种、价格、撤换活页等，用活页式酒单就方便多了，也可将季节性品种采用活页，定活结合，给人以方便灵活的感觉。

3. 悬挂式酒单

悬挂式酒单也可采用，一般在门庭处吊挂或张贴，配以醒目的彩色线条、花边，具有美化及广告宣传的双重效果。

（二）按功能划分

1. 综合性酒单

根据酒水的功能和特点，将酒水分为开胃酒、葡萄酒、烈性酒和无酒精饮料，并将各种酒水设计在一个酒单内。

2. 专项酒单

酒单只包括一种酒，然后再根据酒的级别和产地进行细分。这种酒单主要用于主题酒吧或高级餐厅。

3. 鸡尾酒酒单

鸡尾酒酒单是只包括鸡尾酒的酒单。这种酒单不仅介绍鸡尾酒的名称和价格，还包括鸡尾酒的主要原料和特点，对一些有特色的或新开发的鸡尾酒重点介绍并带有照片。这种酒单用于鸡尾酒酒吧、专业酒吧、传统酒吧和高级餐厅。

4. 餐厅酒单

许多餐厅酒单位于菜单的最后部分，目的是方便顾客购买酒水。

5. 宴会酒单

宴会酒单、鸡尾酒会酒单和茶话会饮料单都是根据宴会主办方或宴会主题进行设计。

6. 客房小酒吧酒单

将客房内的小冷藏箱和酒柜上的饮料、啤酒和小瓶烈性酒的种类和价格设计在一张酒单上，放在顾客容易看到的酒柜上。酒单上写有说明和解释。顾客饮用酒水时，要在酒单上签字和在酒水项目前标明记号。

三、酒单的设计原则

（一）目标客人的需求及消费能力

酒吧必须选择一群或数群具有相似消费特点的客人作为目标市场，以便更好、更有效地满足这些特定客群的需求，并达到有效吸引客群、提高盈利能力的效果。有的酒吧以吸引高消费的客人为主；有的酒吧以接待工薪阶层、大众消费为主；有的酒吧以娱乐为主，吸引好奇与寻求刺激的客人；有的酒吧以休息为主；有的酒吧则办成俱乐部形式，明确地确定了其目标客人。不同的个人往往有着不同的心理消费需求，如有的人关心饮品的口感，有的人关心的可能是价格，有的人关心酒吧的环境，有的人注重所享受的服务，有的人则是关注消费的便利性等。总之，只有在及时、详细地调查了解和深入分析目标市场各种特点和需求的基础上，酒吧才能有目的地在饮品品种、规格水准、价格、调制方式等方面进行计划和调整，从而设计出为客人乐于接受和享用的酒单内容。

（二）调酒水平以及酒吧设施与风格

调酒师的技术水平以及酒吧设施与风格在相当程度上限制了酒单的种类和规格，必须以能够提供的酒水和餐食为准设计酒单，一旦设计的酒单里的品种无法提供，将给酒吧带来很大的负面影响。此外，酒单上各类品种之间的数量比例应该合理，易于提供的纯饮类与混合配制饮品应搭配合理。

（三）成本与价格

饮品作为一种商品是为销售而配制的，所以其销售应考虑该饮品的成本与价格。成本与价格太高，客人不易接受，该饮品就缺乏市场；如压低价格，影响毛利，又可能亏损。因此，在制定酒单中，必须考虑成本与价格因素。从成本的角度来说，虽然在销售时已确定了标准的成本率，但并不是每一种饮品都符合标准成本率的。在制定酒单时，既要注意一种饮品中高低成本的成分搭配，也要注意一张酒单中高低成本饮品的搭配，以便制定有利于竞争的市场推销价格，并保证在整体上达到目标毛利率。

（四）及时调整品种

酒单的制作不能一成不变，应随客人的消费需求及酒吧销售情况的变化而改变，即动态地制作酒单。对于客人点单率高的品种可以扩大产品的供应，而将那些客人很少点的，或根本不要而又对储存条件要求较高的品种可从酒单上删除。

四、酒单设计注意事项

（一）规格和字体

酒单封面与里层图案均要精美，且必须适合酒吧的经营风格，封面通常印有酒吧的名称和标志。酒单尺寸的大小要与酒吧销售饮料品种的多少相对应。

酒单上各类品种一般用中英文对照，以阿拉伯数字排列编号和标明价格。字体印刷端正，使客人在酒吧的光线下容易看清。酒类品种的标题字体与其他字体有所区别，既美观又突出。

（二）用纸选择

一般来说，酒单的印制从耐久性和观赏性方面考虑，应使用重磅的铜版纸或特种纸。纸张要求厚并具有防水、防污的特点。纸张的颜色有纯白、柔和素淡、浓艳重彩之分，通过不同色纸的使用，使酒单增添不同色彩。此外，纸张可以用不同的方法折叠成不同形状，除了可切割成最常见的正方形或长方形外，还可以特别设计成各种特殊的形状，让酒单设计更富有趣味性和艺术性。

（三）色彩运用

色彩运用，需根据成本和经营者所希望产生的效果来决定用色的多少。颜色种类越多，印刷的成本就越高；单色酒单成本最低，不宜用过多的颜色，通常用四色就能得到色谱中所有的颜色。酒单设计中如使用两色，最简便的办法是将类别标题印成彩色，如红色、蓝色、棕色、绿色或金色，具体商品名称用黑色印刷。

（四）产品的排列展示

一般是将受客人欢迎的酒品或酒吧计划重点推销的酒品放在前几项或后几项，即酒单的首尾位置及某种类的首尾位置。酒单的品名、数量、价格等需要随时更换，不能随意涂去原来的项目或价格，换成新的项目或价格。如随意涂改，一方面会破坏酒单的整体美，另一方面会给客人造成错觉，影响酒吧的信誉。因此，如果更换，必须更换整体酒单，也可以考虑采用活页。

五、酒单定价

酒单上饮品是以其价值为主要依据制定的，但层次高的酒吧，其定价较高些，因为该酒吧的各项费用高。地理位置好的酒吧比地理位置差的酒吧店租较高，其价格也可以略高一些等。

以成本为基础的定价方法是酒吧对酒单定价最常用的方法。

1. 原料成本系数定价法，首先要算出每份饮品的原料成本，然后根据成本率计算售价。

售价＝原料成本/成本率

原料成本系数定价法是：

售价＝原料成本×成本系数

以该法定价需要两个关键数据：一是原料成本，二是饮品成本率，通过成本率马上可算出成本系数。原料成本数据取自饮品实际调制过程中的使用情况，它在标准酒谱上以每份饮料的标准成本列出。

2. 毛利率法

销售价格＝成本/（1—毛利率）

毛利率是根据经验或经营要求决定的，故也称计划毛利率。

第四节　酒吧服务与管理

一、酒吧服务流程

酒吧服务流程分为：迎宾服务、点单服务、送酒服务、验酒、开瓶与斟酒服务、结账服务。

（一）迎宾服务

1. 问候

客人到达酒吧时，服务员应主动热情地问候“您好”“晚上好”等礼貌性问候语。

2. 领坐服务

引领客人到其喜爱的座位入座。单个客人喜欢到吧台前的吧椅就座，对两位以上的客人，服务员可领其到小圆桌就座，协助拉椅并遵照女士优先的原则。

（二）点单服务

调酒师接到点酒单后要及时调酒，并应注意以下事项：

1. 调酒时要注意姿势正确，动作潇洒，自然大方。

2. 调酒师调酒时，应始终面对客人，去陈列柜取酒时应侧身而不要转身，否则被视为不礼貌。

3. 严格按配方要求调制，如客人所点的酒水单上没有，应征询客人的意见而决定是否需要。

4. 调酒师调酒时要操作规范。

5. 调制好的酒应尽快倒入杯中，对吧台前的客人应倒满一杯，其他客人倒八成满即可。

6. 随时保持吧台及操作台的卫生，用过的酒瓶应及时放回原处，调酒工具应及时清洗。

7. 当吧台前的客人杯中的酒水不足 1/3 时，调酒师可建议客人再来一杯，起到推销的作用。

8. 掌握好调制各类饮品的时间，不要让客人久等。

（三）送酒服务

1. 服务员应将调制好的饮品用托盘从客人的右侧送上。

2. 送酒时应先放好杯垫和提供的佐酒小食品，递上餐巾后再上酒，报出饮品的名称并说："这是您（或你们）的，请慢用。"

3. 服务员要巡视自己负责的服务区域，及时撤走桌上的空杯、空瓶，并按规定要求撤换烟灰缸。

4. 适时向客人推销酒水，以提高酒吧的营业收入。

5. 在送酒服务过程中，服务员应注意轻拿轻放，手指不要触及杯口，处处显示礼貌和良好的卫生习惯。

6. 如果客人点了整瓶酒，服务员要按示酒、开酒、试酒、斟酒的服务程序为客人服务。

（四）验酒

酒的服务中首先是要给客人验酒，这是相当重要而不可忽略的过程。验酒的目的，其一是得到客人认可；其二是使客人品酒的味道和温度；其三是显示服务的规范。

给客人验酒是酒的服务中重要的事。假如拿错了酒，验酒时经客人发现，可立即更换，否则未经同意而擅自开酒，也许会遭到退回的损失。不管客人对酒是否有认识，均应确实做到验酒，这种做法也体现了对客人的尊敬。

酒从酒库取出，在拿给客人验酒之前，均需将每个酒瓶上的灰尘擦拭干净，仔细检查缺点并进行弥补后，再拿至餐桌上给客人验酒。

（五）开瓶与斟酒服务

在开瓶与斟酒过程中，服务员要从容地按餐厅礼仪要求，姿态、语言做得恰到好处，应经常随身携带开瓶器以及开罐器，以备开瓶（罐）使用。

1. 开瓶方法

（1）一般酒的开瓶

供酒时应选备一只良好的开瓶塞的拔塞钻，最好是带有横把及刀子的"T"字形的自动开瓶器，其螺旋钻能藏于柄内，使用时可减少麻烦。葡萄酒酒瓶的开瓶步骤为：割破锡箔（在瓶口，用刀往下割），把瓶口擦拭干净；拔软木塞，再度把瓶口擦拭清洁，其进行方法是首先除去瓶盖外套，至瓶口下 1/4 时，用布擦净后将拔瓶钻自瓶塞顶部中心穿入，旋转至全部没入，再徐徐抽出瓶塞。软木塞很脆，可能折损破裂。把软木塞放到碟子上，让客人闻木塞以验酒（有经验的酒客会以此来验证酒的品质）。如是钟形瓶塞，按瓶钻则可在餐桌上开取，最好在开始抽出时，将拔瓶钻稍微旋转，并向右转，瓶塞抽出后，将瓶口拭净，以备斟酒。

（2）起泡酒的开瓶

起泡酒因为瓶内有气压，故软木塞的外面有铁丝帽，以防软木塞被弹出。其开瓶的步骤是：把瓶口的铁丝与锡箔剥掉，以 45 度的角度拿着酒瓶，拇指压紧软木塞并将酒瓶扭转一下，等瓶内的空气弹出软木塞后，继续压紧软木塞并以 45 度的角度拿着酒瓶。其进行方法是：首先将酒瓶外包锡箔自顶至颈下 4 厘米处割除，然后将丝环解开，用拇指紧压瓶塞，以防骤然冲出；另一只手握瓶底部，将瓶徐徐向一方转动，并保持斜度 45 度，转动酒瓶，瓶塞不动。假如瓶内压力不足以将瓶塞顶出，可将瓶塞慢慢自边推动，瓶塞离瓶时，将塞握住。开启含有碳酸的饮料如啤酒等时，应将瓶子远离客人，并且将瓶身倾斜，以免液体溢至客人身上。

2. 斟酒方法

（1）一倒法

斟酒前将酒瓶口擦拭干净，手持酒瓶时要小心，勿振荡起酒中的沉淀。以标签对着客人，先斟少许在主人或点酒的客人杯中请其尝试，经同意后再进行斟酒。收瓶的要领是，当酒瓶将离开酒杯昂起时，慢慢将瓶口向右上转动，如此才不会使留在瓶口边缘的酒液滴下弄污桌布。陈年的红葡萄酒需装在特别的酒篮里，避免搅乱沉淀，要保持平稳，为了尽量少动酒瓶，可把杯子从桌上拿起，瓶口靠近杯沿慢慢地斟倒；斟酒时从杯沿开始倒，再逐渐抬高酒瓶到离杯 10 厘米处结束。

（2）两倒法

对于起泡的葡萄酒或香槟酒以及啤酒类，斟酒时采用两倒法。两倒法包含有两次动作。初倒时，酒液冲到杯底会起很多的泡沫，等泡沫约达酒杯边缘时停止倾倒，稍待片刻，至泡沫下降后再倒第二次，继续斟满至 2/3 或 3/4 杯。倒了半杯程度，再执正酒杯。第二次注入杯子的正中，至在表面冲起一层泡沫，但勿使其溢出酒杯，这一层泡沫有保持酒液中二氧化碳的作用。要领是：起初慢慢地斟，中途略猛地斟，最后是轻轻地斟。此外，补斟的酒不好喝，必须喝光再重新斟满。

3. 斟酒的礼节

以惯例先倒入 1/4 的酒在主人杯中，以表明此酒正常，等主人品尝同意后，再开始给全桌斟酒。斟酒时由右方开始（反时针方向），先斟满女客酒杯，后斟满男客酒杯。无论如何，当客人酒杯全部斟满后，才能斟满主人酒杯。只有在斟冰镇啤酒及起泡葡萄酒或陈年红葡萄酒时，才可以把酒杯拿到手上而不失礼。

如客人同时饮用两种酒时，不能在同一酒杯中斟两种不同种类的酒；不要向邻桌斟酒，已开的酒瓶，应置于主人右侧。空瓶不必尽快收取，酒瓶亦是一种装饰品，能增加其气氛。

（六）结账服务

客人示意结账时，服务员应立即到收银台去取账单。取回账单后，服务员要认真核对台号、酒水的品种、数量及金额是否准确。确认无误后，服务员要将账单放在账单夹中用托盘送至客人的面前，并有礼貌地说：“这是您的账单。”找回零钱时要向客人道谢，并欢迎客人下次光临。

二、酒吧管理

（一）岗位设置

酒吧一般设有主管或经理作为上级主管人员，酒吧员、调酒员为下级职员。

1. 上级主管人员工作职责

（1）在餐饮部副经理的领导下，负责酒吧的短期经营规划以及促销活动计划。

（2）建立、健全酒吧的各项管理制度和工作规范。

（3）参加餐饮部例会，为酒店和酒吧的运作提出合理化的建议。

（4）组织、督导员工完成酒吧的各项经营计划和促销活动。

（5）负责安排领班的班次，督导领班的日常工作。

（6）巡查酒吧的运营情况，督导、落实各项规章制度和工作规范，发现问题时及时予以解决。

（7）督导员工做好酒吧所有设施、设备的日常保养工作。

（8）审核各种物品申领单和酒水申领单，并控制成本。

（9）督导实施培训，提高员工的自身素质和工作技能。

（10）定期对员工进行考核，制定员工的奖惩方案，并提请餐饮部副经理审核后，交行政人事部实施奖惩。

（11）及时向餐饮部副经理汇报酒吧的经营情况和突发性事件。

（12）及时处理客人投诉，了解客人对酒吧的意见和建议，不断改进对客服务工作。

2. 下级职员岗位工作职责

（1）在规定时间内做好区域卫生，检查吧台所有设备运行是否正常。

（2）开班前检查前一天营业所剩酒水的数目，并根据所需及时补充货源。

（3）熟悉酒吧内所有酒水的货源、牌子及产地并知其口味，懂得其储藏方式、饮用方式以及鸡尾酒的调制方法。

（4）随时注意吧台内所有用具的清洁卫生，必须保证干净、无破损、无污点。

（5）出品时要保证快速、准确、高质量。

（6）前吧应与顾客积极交流并保持良好的关系，尽量了解熟悉顾客的姓名、喜好等个人信息，以便更周到地为客人服务。

（7）严格执行见单出货的要求，杜绝酒水出货时的差错。

（8）前吧人员需确保花式调酒的高质量，以达到提升经营氛围的效果。

（9）下班前认真清点当日营业所剩酒水的数目并做好记录（盘点存货），根据经营预测提出第二天的酒水申购数量，并将吧台内清洁干净，一切恢复正常后方可下班。

3. 工作流程

（1）准时打卡上班，不得迟到早退。

（2）更换工装并挂好工作牌，按时到指定地点参加班前会。

（3）清点酒水，检查制冰机制冰情况及其他设备是否运行正常。

（4）补充当日所需酒水及物品。

（5）打扫吧台内所有清洁卫生。

（6）后吧人员提前于 9：00 准备 10 个生果，并在营业中根据营业情况增加备用生果。

（7）照单按时按量准确无误地出货。

（8）接单后需仔细看单检查是否有错（包括日期、写单时间、出品名称、累计金额、现收金额、所找尾款）。

（9）非调制酒水类从写单至出品到台、房的时间不得超过 3～5 分钟。调制酒水类、饮品及生果从写单至出品到台、房的时间不得超过 5～10 分钟。

（10）随时清洁酒瓶、酒杯等各种器具使之摆放有序，空瓶、空罐应及时处理，做到台面、地面清洁，并注意按时打扫制冰机、扎啤机以及各卫生死角。

（11）营业结束后将吧台打扫干净，并对所剩酒水进行清点记录，锁好吧台所有酒柜。

（12）吧台出品工作程序：服务员喊单、递单—吧台审查制作—出品、存单—服务员按实际出货。

三、营业流程

（一）营业前的工作程序

营业前的工作准备俗称为“开吧”，主要有酒吧内清洁工作、领货工作、酒水补充、酒水记录、酒吧摆设和调酒准备工作、更换棉织品、工程维修、单据表格等。

1. 酒吧内清洁工作

（1）酒吧台与工作台的清洁。酒吧台通常是大理石及硬木制成，表面光滑。由于每天客人喝酒水时会弄脏或倒翻少量的酒水在其光滑表面而形成点块状污迹，在隔了一个晚上后会硬结。清洁时先用湿毛巾擦，再用清洁剂喷在表面擦抹，至污迹完全消失为止。清洁后要在酒吧台表面喷上蜡光剂以保护光滑面。工作台是不锈钢材料，表面可直接用清洁剂或肥皂粉擦洗，清洁后用干毛巾擦干即可。

（2）冰箱清洁。冰箱内常由于堆放罐装饮料和食物，底部形成油滑的尘积块，网隔层也会由于果汁和食物的翻倒沾上滴状和点点污痕，3 天左右必须对冰箱彻底清洁一次，从底部、壁到网隔层，先用湿布和清洁剂擦洗干净污迹，再用清水擦洗干净。

（3）地面清洁。酒吧柜台内地面多用大理石或瓷砖铺砌，每日要多次用拖把擦洗地面。

（4）酒瓶与罐装饮料表面清洁。瓶装酒在散卖或调酒时，瓶上残留下的酒液会使酒瓶变得黏滑，特别是餐后甜酒，由于酒中含糖多，残留酒液会在瓶口结成硬颗粒状；瓶装或罐装的饮料则由于长途运输仓储而表面积满灰尘，每日要用湿毛巾将瓶装酒及罐装饮料的表面擦干净以符合食品卫生标准。

（5）酒杯与工具清洁。酒杯与工具的清洁、消毒要按照规程做，即使没有使用过的酒杯每天也要重新消毒。

（6）酒吧柜台外的地方每日按照餐厅的清洁方法去做，有的饭店是由公共地区清洁工或服务员做清洁工作。

2. 领货工作

（1）领酒水。每天将酒吧所需领用的酒水（参照酒吧存货标准）数量填写酒水领货单，送酒吧经理签名（规模较小的酒店由餐饮部经理签名），拿到食品仓库交保管员取酒发货。此项工作要特别注意在领酒水时清点数量以及核对名称，以免造成误差，领货后，要在领货单上收货人一栏签名以便核实查对。食品（水果、果汁、牛奶、香料等）领货程序大致与酒水领货相同，只是还要经行政总厨或厨师长签名认可。

（2）领酒杯和瓷器。酒杯和瓷器容易损坏，领用和补充是日常要做的工作。需要领用酒杯和瓷器时，要按用量规格填写领货单，再拿到管事部仓库交保管员发货，领回酒吧后要先清洗、消毒才能使用。

（3）领百货。百货包括各种表格（酒水供应单、领货单、调拨单等）、笔、记录本、棉织品等用品。一般每星期领用一到两次。领用百货时需填好百货领料单交酒吧经理、饮食部经理和成本会计签名后，才能拿到百货仓库交仓管员发货。

3. 酒水补充

将领回来的酒水分类堆好，需要冷藏的，如啤酒、果汁等放进冷柜内。酒水补充一定要遵循先进先出的原则，即先领用的酒水先销售使用，先存放进冷柜中的酒水先卖给客人，以免因酒水存放过期而造成浪费，特别是果汁及水果食品更是如此。例如纸包装的鲜牛奶的存放期只有几天，稍微疏忽都会引起不必要的浪费。这是调酒员要认真对待的。

4. 酒水记录

每个酒吧为便于进行成本检查以及防止失窃现象，需要设立一本酒水记录簿，称为：Bar Book，上面清楚地记录酒吧每日的存货、领用酒水、售出数量、结存的具体数字。每个调酒员取出“酒水记录簿”就可一目了然地知道酒吧各种酒水的数量。值班的调酒员要准确地清点数目，记录在案，以便上级检查。

5. 酒吧摆设

酒吧摆设主要是瓶装酒的摆设和酒杯的摆设。摆设要有几个原则，就是美观大方、有吸引力、方便工作和专业性强。酒吧的气氛和吸引力往往集中在瓶装酒和酒杯的摆设上。摆设要给客人一看就知道这是酒吧，是喝酒享受的地方。瓶装酒的摆设一是要分类摆，开胃酒、烈酒、餐后甜酒分开；二是价钱最贵的与便宜的分开摆，贵的酒与便宜的酒是不能并排陈列的。瓶与瓶之间要有间隙，可放进合适的酒杯以增加气氛，使客人感觉得到满足和享受。散卖酒要放在工作台前伸手可及的位置以方便工作。不常用的酒放在酒架的高处，以减少从高处拿取酒的麻烦。酒杯可分悬挂与摆放两种，悬挂的酒杯主要是装饰酒吧气氛，一般不使用，因为拿取不方便，必要时，取下后要擦净再使用；摆放在工作台位置的酒杯要方便操作，加冰块的杯（柯林杯、平底杯）放在靠近冰桶的地方，不加冰块的酒杯放在其他空位，啤酒杯、鸡尾酒杯可放在冰柜冷冻。

6. 调酒准备工作

（1）取放冰块。用桶从制冰机中取出冰块放进工作台上的冰块池中，把冰块放满；没有冰块池的可用保温冰桶装满冰块并盖上盖子放在工作台上。

（2）配料。如李派林喼汁、辣椒油、胡椒粉、盐、糖、豆蔻粉等放在工作台前面，以备调制时取用。鲜牛奶、淡奶、菠萝汁、番茄汁等，打开罐装入玻璃容器中（不能开罐后就在罐中存放，因为铁罐打开后，内壁有水分，很容易生锈引起果料变质），存放在冰箱中。橙汁、柠檬汁要先稀释后倒入瓶中备用（存放在冰箱中）。其他调酒用的汽水也要放在伸手拿得到的位置。

（3）水果装饰物。橙角预先切好，与樱桃串在一起，摆放在碟子里备用，面上封上保鲜纸。从瓶中取出少量咸橄榄放在杯中备用，取出红樱桃并用清水冲洗后放入杯中（因樱桃是用糖水浸泡，表面太黏）备用。柠檬片、柠檬角也要切好，摆放在碟子里，用保鲜纸封好备用，以上几种装饰物都放在工作台上。

（4）酒杯。把酒杯拿去清洗间消毒后按需要放好。工具用餐巾垫底，摆放在工作台上，量杯、酒吧匙、冰夹要浸泡在干净水中。杯垫、吸管、调酒棒和鸡尾酒签也放在工作台前（吸管、调酒棒和鸡尾酒签可用杯子盛放）。

7. 更换棉织品

酒吧使用的棉织品有两种，即毛巾和餐巾。毛巾是用来清洁吧台的，要湿水用；餐巾（镜布、口布）主要用于擦杯，不能弄湿。棉织品都只能使用一次清洗一次，不能连续使用而不清洗。每日要将脏的棉织品送到洗衣房更换干净的。

8. 工程维修

在营业前要仔细检查各类电器、灯光、空调、音响；检查各类设备，如冰箱、制冰机、咖啡机等；检查所有家具、酒吧台、墙纸及装修有无损坏。如有任何不符合标准要求的地方，要马上填写工程维修单交酒吧经理签名后送工程部，由工程部派人维修。

9. 单据表格

检查所需使用的单据表格是否齐全够用，特别是酒水供应单与调拨单一定要准备好，以免影响营业。

（二）营业中的工作流程与注意事项

1. 各项准备工作做好后，面带微笑，双手背后，昂首挺胸，以饱满的精神状态迎接第一位客人或第一张单的到来。

2. 迅速、精致、美味地出品，认真遵照工作程序及工作规范。

3. 工作中动作潇洒，仪态优美，姿势干净利落。

4. 看清每一张单，绝对凭单出品，有任何疑难问题及时汇报主管予以解决，绝不能与客人或其他部门发生争执。

5. 与同事及传菜员有良好的配合和沟通，做到准确快速地出品，任何情况下以出品为先。

6. 严格遵照酒谱要求规范出品，做到用料正确，用量精确，点缀、装饰合理优美。

7. 随时保持个人卫生和工作区域的卫生。

8. 注意成本控制，杜绝浪费。

9. 正确地使用礼貌用语以服务宾客或与上司及同事打招呼。

10. 维持酒吧的良好秩序。不得招引与工作无关的人员进入吧台；不与其他部门人员高声谈笑，在吧台内东倒西歪，挖鼻挠耳，做与工作无关之事；不得偷吃、偷喝、偷拿、偷卖公司酒水，做违章舞弊之事；保持良好的精神面貌，做好一天的工作。

11. 随时检查设备运转、吧台卫生、原料供应，保持货品、器具的供应。

12. 勤力、醒目、热情周到地招待宾客。

13. 调酒过程应注意：先按配方把所需的酒水找出来；准备好调酒所需的工具、酒杯、香料、装饰品；调酒、制作、出品；清理工作台面，将用完的酒水、工具放回原处。

（三）营业结束后的工作流程与注意事项

1. 注意火灾隐患：查看各处有无烟头、热炉是否关掉、插座是否松动等。

2. 清洁酒吧：每天的收吧清洁工作很重要，一来保证酒吧无卫生死角、无积水、无不良气味；二来次日开吧也相对轻松。

3. 认真清点酒水及做好盘点表，开好次日营业所需货品领料单，并反复检查。根据当日营业量开具领料单。短缺任何物品及时汇报主管予以申购。做完盘点表，签名，连同小票、领料单、电脑汇总、吧台钥匙一起交给生果房，每星期日，销售、领料一览表，连同过去一周领料底单和汇总底单一起交到生果房。

4. 工作中有任何疑点、难点，及时与主管沟通，主管酌情予以解决。

5. 锁好陈列柜及酒水、工具，再次检查设备运转情况。

6. 各项工作确认检查无误，经主管检查确定后，写出当日工作日志交由当值主管，打卡下班。

参考书目

[1] 马特．酒水知识与文化［M］．北京：清华大学出版社，2019.

[2] 何立萍，卢正茂．酒吧服务与管理（第 3 版）［M］．北京：中国人民大学出版社，2021.

[3] 龙凡．酒吧服务与管理［M］．北京：高等教育出版社，2019.

[4] 匡家庆．酒水知识与酒吧管理（第二版）［M］．北京：中国旅游出版社，2021.

[5] 王勇．酒水知识与调酒［M］．武汉：华中科技大学出版社，2023.

[6] 贺正柏，祝红文．酒水知识与酒吧管理［M］．北京：旅游教育出版社，2021.

[7] 蔡洪胜．酒水知识与酒吧管理［M］．北京：清华大学出版社，2020.

[8] 缪佳作，倪晓波．酒水知识［M］．北京：清华大学出版社，2016.

[9] 王洪渊，孟宝．中国白酒文化与产业［M］．成都：四川大学出版社，2021.

[10] 单铭磊．酒水与酒文化（第 3 版）［M］．北京：中国财富出版社，2022.

图书在版编目（CIP）数据

酒水知识与酒吧管理 / 胡湘兰主编. -- 湘潭 : 湘潭大学出版社, 2023.9
ISBN 978-7-5687-1292-7

Ⅰ. ①酒… Ⅱ. ①胡… Ⅲ. ①酒—基本知识②酒吧—商业管理 Ⅳ. ①TS971 ②F719.3

中国国家版本馆CIP数据核字（2023）第219490号

酒水知识与酒吧管理
JIUSHUI ZHISHI YU JIUBA GUANLI
胡湘兰 主编

责任编辑：丁立松　肖　迪
封面设计：张丽莉
出版发行：湘潭大学出版社
社　　址：湖南省湘潭大学工程训练大楼
电　　话：0731-58298960 0731-58298966（传真）
邮　　编：411105
网　　址：http://press.xtu.edu.cn/
印　　刷：长沙印通印刷有限公司
经　　销：湖南省新华书店
开　　本：787 mm×1092 mm 1/16
印　　张：13.25
字　　数：298千字
版　　次：2023年9月第1版
印　　次：2023年9月第1次印刷
书　　号：ISBN 978-7-5687-1292-7
定　　价：48.00元